O *Adolescente*
POR *Ele* MESMO

Obras da autora

Educar sem culpa
Sem padecer no paraíso
Encurtando a adolescência
Diabetes sem medo
A escola em Cuba (Editora Brasiliense)
Rampa
Limites sem trauma
Os direitos dos pais
Escola sem conflito
O professor refém

TANIA ZAGURY

Mestra em Educação pela Universidade Federal do Rio de Janeiro
Professor adjunto da Faculdade de Educação da UFRJ
Graduada em Filosofia pela Universidade do Estado do Rio de Janeiro

O Adolescente POR Ele MESMO

15ª EDIÇÃO

EDITORA RECORD
RIO DE JANEIRO • SÃO PAULO

2006

CIP-Brasil. Catalogação-na-fonte
Sindicato Nacional dos Editores de Livros, RJ.

Zagury, Tania, 1949-

Z23a
15ª ed.

O adolescente por ele mesmo / Tania Zagury.
15ª ed. – Rio de Janeiro: Record, 2006.

Inclui anexos e bibliografia

1. Adolescentes – Brasil – Pesquisas. 2.
Adolescentes – Brasil – Comportamento. I. Título.

96-0165

CDD – 305.23
CDU – 3-053.6

Direitos exclusivos desta edição reservados pela
EDITORA RECORD LTDA.
Rua Argentina 171 – Rio de Janeiro, RJ – 20921-380 – Tel.: 2585-2000

Impresso no Brasil

ISBN 85-01-04424-5

PEDIDOS PELO REEMBOLSO POSTAL
Caixa Postal 23.052
Rio de Janeiro, RJ – 20922-970

EDITORA AFILIADA

Ao adolescente brasileiro
e a seus pais.

Agradecimentos

— Ao meu querido "consultor" Dr. Leão Zagury, pela paciente leitura dos originais e, principalmente, pelas excelentes e sempre pertinentes contribuições;
— Ao caro amigo Prof. Edwin Hubner, pelo carinho, solicitude e competência de sempre;
— À Prof.ª Cláudia Princhake, ao Prof. Helio Mudesto Prado e ao Irmão Egídio Sette, do Colégio Marista de Brasília;
— À Prof.ª Sonia Engel Pinto e à Direção do Colégio Satélite de Juiz de Fora, MG;
— À Prof.ª Gizele Machado Imbelloni, do Colégio Santa Catarina, de Juiz de Fora, MG;
— Ao Prof. Eanes Silva Terra, do Colégio de Educação Integral de Divinópolis, MG;
— À Dra. Rosângela Réa, de Curitiba, Paraná;
— À Prof.ª Lilian Mendes A. Nunes, do Colégio Objetivo de Belém, Pará;
— À Prof.ª Maria Elizabeth Mello, do Colégio Cirandinha de Belém, Pará;
— À Equipe do Colégio Estadual Benjamin Constant, de Belém, Pará;
— Aos Srs. Wantuir José de Caires e José Eustáquio L. Soares, do Centro de Desenvolvimento de Pessoal da Usiminas, MG;
— Às Prof.ᵃˢ Geni Sampaio Costa, Luiza Gripp Torres e Tania da Costa Rangel Alves, do Colégio Padre de Man, de Coronel Fabriciano, MG;

— À Profª Terezinha Araújo, do Colégio Santo Agostinho, de Belo Horizonte, MG;
— À Profª Isa Ribeiro Borges, do Colégio Estadual Paraná, de Curitiba, Paraná;
— À Dra. Adriana Costa e Forte, de Fortaleza, Ceará;
— Ao Prof. Wilson Ademar Griesang, do Colégio Mauá, e a Maria da Glória Zanon, da APM do Colégio Mauá, de Santa Cruz do Sul, RS;
— À Profª Ivone Maria Kirst e ao Prof. Erno João Kuhn, da Escola Estadual Ernesto Alves de Oliveira, de Santa Cruz do Sul, RS;
— Ao Prof. Henrique Frederico Rohsig, da Escola Municipal Duque de Caxias, de Santa Cruz do Sul, RS;
— À Profª Sônia Maria Varella de Souza, da Escola Municipal Dr. Cícero Penna, do RJ;
— À escritora Regina Drummond, de São Paulo.

Todos vocês, com seu empenho, entusiasmo e generosidade, contribuíram decisivamente para que este projeto se concretizasse — meu carinho e amizade sinceros.

Aos que, com seu incentivo, compreensão e apoio, direto ou indireto, incentivaram-me a prosseguir, meu mais profundo muito obrigada.

Sumário

Prefácio

O livro de Tania Zagury vem preencher uma grande lacuna para todos os educadores que lidam com adolescentes no Brasil: mestres, pais verdadeiros ou adotivos, terapeutas, orientadores etc., além dos próprios adolescentes em busca de orientação. Não é por acaso que um livro como esse surge no país que se propôs a imitar de forma não-crítica as propostas pedagógicas da moda, vindas diretamente da Europa e dos Estados Unidos. Afundados na crise por conta de muitos fatores sócio-econômicos, mas também devido às confusões criadas pela adoção mecânica de tais modelos, mal analisados, mal assimilados, mal empregados, que transformou os pais em eternos culpados e os filhos em confusos chantagistas emocionais dos pais e educadores em geral, precisávamos de um livro assim, que emerge da fossa apontando caminhos, mostrando muitas luzes, variadas, otimistas, sensatas, cautelosas, carinhosas. É, pois, um bom sinal para todos que finalmente esse livro tenha sido concebido por alguém que aqui vive, que aqui estudou os adolescentes e que, baseada na experiência acumulada como mestra e mãe, dispôs-se a compartilhar seu aprendizado com todos nós, e com toda a coragem necessária para romper com meias verdades e equívocos transformados em fatos indiscutíveis à prova de "correção política".

O livro baseia-se em pesquisa feita em sete capitais e nove cidades do interior, entrevistando adolescentes de todas as classes sociais que freqüentavam escolas nessas cidades. Com isso, a autora é capaz de derrubar vários medos, vários mitos acerca do comportamento e do pensamento dos adolescentes no Brasil em relação aos mais variados assuntos. A vivência da autora como educadora no Brasil, pesquisadora em outros países, como Cuba, onde foi estudar o sistema de alfabetização lá implantado com tanto sucesso, permite-lhe falar com a segurança e a autoridade de quem não se deixou impressionar pelas modas intelectuais nem pelos apelos de pedagogias demagógicas. As propostas são seguras, mas não eximem ninguém das responsabilidades que devem ser assumidas para o êxito no enfrentamento dos mais variados problemas que hoje afligem as famílias de várias classes sociais. Drogas, sexo, estudo, religião, política, felicidade, relação entre irmãos e entre pais e filhos são tratados a partir daquilo que pensa e sugere o adolescente, criando pontes entre ele e os que lidam com ele, desfazendo pavores infundados, criando alternativas para a demonização maniqueísta daqueles que, mais por curiosidade ou por não encontrarem maneiras de dialogar e discutir com os pais os problemas que os afligem na difícil passagem para a idade adulta, embarcam em viagens onde perdem a bússola e o norte. Este livro é um antídoto para a radicalização das diferenças, para a incompreensão e a intolerância. É um chamado para o encontro de saídas conjuntas, baseadas no respeito mútuo, na fixação de regras justas que deveriam reger as relações entre adultos e jovens. Nada de "liberou geral", nem de aceitar qualquer coisa que venha do jovem porque ele é jovem. Os limites não são apenas necessários, eles são valorizados e pedidos pelos adolescentes que os percebem como sinal de cuidado e carinho. Mas sobretudo é a conversa ou o diálogo que vão permitir a todos, conscientes de suas responsabilidades e direitos, a construção de uma sociedade mais justa que começa em casa, com o exemplo dado pelos pais e querido por seus filhos, mesmo que os modelos sejam variados, mesmo que seus heróis sejam outros. Só os cínicos e os já estragados pela ausência de orientação, que são poucos segundo a pesquisa de Tania Zagury, não poderão participar deste grande movimento que vai transformar a sociedade brasileira desde a sua base mais importante na vida das crianças e dos jovens.

Este livro é um guia sem a pretensão de apresentar a fórmula correta. É muito mais um incitamento à formação dos círculos virtuosos em substituição aos círculos viciosos que já tragaram tantas vidas prematura e inutilmente. É um chamado para a participação ativa dos verdadeiros protagonistas desta história, da qual, assim, não vão perder o bonde.

ALBA ZALUAR
*Professora Titular do Departamento de Ciências Sociais
e Instituto de Medicina Social da Universidade Estadual do
Rio de Janeiro*

Introdução

Primeiro foi a gravidez — longa e ansiosa espera, mescla de doces, adoráveis devaneios e terríveis presságios. Depois, o parto. A recuperação. A chegada a casa com o frágil bebezinho nos braços. As longas noites amamentando, esquentando a barriguinha cheia de cólicas, os milhares de fraldinhas para trocar, a noite feita dia, as inseguranças, o umbigo que está com uma secreçãozinha, o cocô que está mole, o cocô que está duro, o leite que é fraco, as mil opiniões. A espera pelo arroto, as regurgitações na manga das nossas blusas... O marido que reclama do nosso cansaço, da falta da amante dos primeiros meses de casados, o ouvido sempre alerta a qualquer ruído, o pulo extravagante ao mínimo sinal de movimento no pequeno bercinho...

Depois, passados poucos meses, o primeiro sorriso dirigido *conscientemente* a você, o encontro do olhar, o profundo olhar confiante que o bebê lança única e exclusivamente para a sua mamãe, que ele reconhece entre todas as pessoas, sinônimo de proteção, amor... e pronto, todos os nossos medos, as noites não-dormidas, o cansaço que parece infindável são milagrosa e imediatamente esquecidos...

Quando o frágil pescoço parece afinal capaz de sustentar a simpática cabecinha, inicia-se uma sucessão de vigorosas e ágeis conquistas: sentar, engatinhar, balbuciar, falar, andar... Incrível a quantidade e qualidade das conquistas que se sucedem. É um turbilhão de coisas maravilhosas, de progressos fantásticos, acompanhados evidentemente de muitas e muitas preocupações e cuidados.

A seguir surgem as fases — a fase do "porquê", a do "eu-também", a do "é-meu", a da "mordida", a dos "chiliques" no meio da rua ou na frente dos amigos (que nos fazem morrer de vergonha), os ciúmes e brigas com os irmãos: nossas lutas diárias parecem sem perspectivas de um fim.

Porém, lá pelos oito, nove anos até mais ou menos onze ou doze, depois de tantas e sofridas crises, desponta uma inesperada fase de calmaria, de concordância, de convivência harmônica e pacífica. A criancinha mais birrenta torna-se calma, agradável até. As de personalidade pacífica tornam-se ainda mais cordatas... Aquelas que nem sabiam dar um bom-dia repentinamente passam a cumprimentar os mais velhos, a dar beijinhos... Que coisa boa! Que relação gostosa!... Que descanso para os pais.

A natureza é sábia. A fase conhecida como *pré-adolescência ou fase da latência*, segundo Freud, é um período no qual tem-se a impressão de que todo o organismo está "descansando *a priori*" em face das grandes transformações que estão a caminho. Mas esta espécie de "parada" do organismo e da alma do pequeno jovem é também uma importante fase de relaxamento para os pais. É como uma brecha, um intervalo, entre as primeiras infâncias e a adolescência que se aproxima.

Por isso repito, a natureza é sábia. Providenciou um tempo necessário e suficiente para a recuperação das partes — pais e filhos vivem um período de harmonia e agradável convívio durante cerca de dois anos. É algo como uma trégua. Neste período, para a criança os pais ainda são um pouco "heróis". Embora já apresentem uma capacidade crítica incipiente (que logo irá desabrochar com intensidade), ainda estão muito ligados às figuras primeiras de segurança e afeto. Para os pais, é um tempo muito agradável de ser vivido.

Talvez por isso mesmo "o choque" que muitos dizem sentir com as mudanças operadas pela chegada da puberdade seja tão flagrante, tão palpável...

Você viu seu filhinho passar por uma série de dificuldades (as tais "fases" a que me referi antes) no decorrer dos anos, desde o nascimento. Aí, num determinado momento, tudo parece que se resolveu: você o viu tornar-se uma pessoa de trato fácil e até agradável, você se habituou a conversar com ele, encantado pelo desenvolvimento intelectual que ele vem demonstrando adquirir a cada dia. Vocês se tornaram companheiros. Ele mostra que aprecia sua companhia, ri com carinho e condescendência do seu jeito de ser. Se é menino, acompanha o pai a jogos de futebol, assistem juntos a lutas de boxe ou filmes de ação na TV e no cinema. São amigões... A mãe é tratada com carinho e gentileza. Se é menina, a mãe é confidente, ajuda, conversa... O pai é beijado, "paparicado", se "derrete" todo pela filha tão carinhosa. Tudo parece perfeito!

Aí, quando tudo está nesse pé, sem que você consiga precisar *quando,* as coisas começam a mudar paulatinamente. Maus humores acontecem com desoladora freqüência, respostas rudes e grosserias injustificadas sucedem-se. Tudo que você diz começa a ser contestado. Você se sente observado, analisado, julgado. E por um juiz sem nenhuma complacência. De herói, você subitamente sente-se jogado no banco dos réus: agora, seu papel é sempre o de vilão... É esta desnorteadora mudança que produz aquele clima de guerra permanente, de bate-bocas intensos e aparentemente sem propósito, de oposição férrea.

Declarada a guerra, após um tão lindo período de paz, os pais sentem-se atônitos. Entreolham-se assustados. Buscam ajuda um no outro. Ou brigam loucamente. Cada um é o culpado da situação. Por vezes aliam-se. O tumulto é generalizado. A menor e mais inocente atitude ou frase pode provocar uma discussão infindável com o antes tão dócil filhote. Você vê seu filho, mãos nas cadeiras, dizendo "que não pediu para nascer", como a lhe cobrar por tê-lo trazido a este mundo... Tudo que você fala ou faz, seu jeito de ser, de agir, de sentir — antes apreciado e festejado — são passíveis de duras críticas ou, pelo menos, sujeitos a permanentes ares de desaprovação. Você está atordoado. É natural. Caiu do pedestal em que estava colocado e, agora, parece ter ao seu lado não mais o companheiro, o filho que tanto o amava e admirava, mas sim uma pessoa diferente, espinhenta, meio desajeitada, crítica, ácida, irônica, às vezes debochada — um estranho que você não reconhece — *SEU FILHO ADOLESCENTE.*

Nas muitas palestras e encontros que venho tendo com pais, pude perceber que há uma grande, uma enorme ansiedade no que se refere à chegada dessa fase do desenvolvimento. Seja porque tanto a mídia escrita como a eletrônica ou os inúmeros livros publicados a respeito parecem difundir uma certa aura ao mesmo tempo mágica e temida a respeito dessa etapa, como pelos relatos de amigos, ou testemunhas pessoais dessas dificuldades, o certo é que existe uma grande expectativa sobre "como será, quando o meu filho for um adolescente?"

Inúmeras perguntas sobre a adolescência se sucederam nos debates que tivemos oportunidade de conduzir sobre a relação pais e filhos. Como lidar com uma fase tão decisiva e tão complicada? Como enfrentar o problema das drogas, a violência nas ruas, a onipotência, a sexualidade exuberante, os medos, as agressões? Como enfrentar TUDO? Como enfrentar tudo isso e cumprir bem nossa tarefa?, perguntam-se os pais.

Foi a presença clara e intensa dessa necessidade que me levou a iniciar um estudo sobre o adolescente brasileiro. Existem muitos e bons manuais publicados a respeito do que acontece com o jovem, nas sociedades ditas civilizadas, desde o período em que ocorre a puberdade até a saída da adolescência para a juventude. Entretanto, nesse meu estudo, considerei importante partir da realidade do que pensam os jovens, de seu modo de ver o mundo, de seus interesses, para poder, com base nesses dados colhidos, refletir e tentar esclarecer alguns dos pontos cruciais.

O meu propósito, ao começar o trabalho, era ver até que ponto as descrições teóricas dos livros/manuais correspondiam à realidade da década de 90.

Será que muito do que se fala não é mito? Ou pelo menos uma parte não seria mito?

Será que existe muita diferença entre o adolescente que nós, pais de hoje, fomos e o adolescente que é hoje o nosso filho?

Será que o jovem da cidade grande pensa e age da mesma forma que os do interior, das pequenas cidades?

Será que a chamada "globalização dos comportamentos" é mesmo verdadeira?

O jovem das camadas mais favorecidas economicamente terá as mesmas aspirações daquele das chamadas camadas populares?

E o sexo? Serão os jovens de hoje promíscuos? De que forma

estarão eles utilizando a liberdade sexual conquistada com muita luta pela nossa geração (anos 60/70)?

E quanto ao amor? Quais serão seus sonhos?

O que priorizam em suas vidas? Interessam-se por política ou são alienados? Até que ponto o movimento dos "caras-pintadas" foi um evento expressivo, representativo de toda uma geração? Ou terá sido apenas um fato isolado, de apenas um grupo mais politizado, mais consciente?

Será que os nossos jovens são muito ou pouco místicos?

A nossa geração, pelo menos uma parte dela, quebrou mitos e tabus como virgindade, casamento, sexo, posição da mulher na sociedade. E os nossos filhos? Terão progredido nessa trilha? Ou seriam eles mais conservadores do que nós fomos?

Com essas e muitas outras perguntas na cabeça, entrevistei 943 jovens estudantes do primeiro e segundo graus (47,6% do sexo masculino e 52,4% do feminino) entre quatorze e dezoito anos de idade, das classes A, B, C, D e E, em seis capitais de importantes estados brasileiros, na própria capital federal (65,4%) e em nove cidades do interior (34,6%). Cada um dos que se propuseram a colaborar espontaneamente na pesquisa respondeu a um questionário estruturado com 84 itens, em que a identidade de cada um foi totalmente preservada. Os itens compreendiam ao todo 104 questões, abrangendo sua forma de ver os estudos, a família, profissão, lazer, o sexo, a religião, a política e as drogas (ver Anexos 1 e 2). A não-identificação foi muito importante para possibilitar aos jovens responderem com liberdade e sem medo questões que envolviam, por exemplo, suas preferências sexuais, uso de drogas, vida sexual etc. Procuramos atingir parcela representativa dos jovens brasileiros. Uma das condições para participar da pesquisa foi a necessidade de o jovem ter domínio pelo menos razoável do processo de leitura e interpretação de textos, devido à relativa complexidade das questões propostas. Os semi-alfabetizados e os não-alfabetizados não teriam, pois, condição de fazê-lo sem comprometer o estudo.

As características da amostra poderão ser mais bem conhecidas analisando-se os dados constantes do Anexo 3.

Os resultados foram tratados e analisados estatisticamente, totalizando centenas de dados com muitas e muitas informações relevantes sobre o que pensa, como age, como vive o adolescente brasileiro, estudante e/ou trabalhador.

Os mais importantes achados da pesquisa serão aqui comentados e discutidos, visando orientar e auxiliar pais e educadores em geral a, através da reflexão e dos dados da realidade, entenderem melhor os jovens e, principalmente, a partir desse conhecimento e do mesmo posicionamento que vimos assumindo nos nossos trabalhos anteriores (relação democrática na família e na escola, com muito equilíbrio e amor, mas com limites, responsabilidades divididas, sem tiranias de parte a parte), levar a posturas educacionais conscientes e claras, que facilitem o convívio harmônico das gerações.

A autora

O ADOLESCENTE POR ELE MESMO

Capítulo 1

Características da Adolescência — Breves Traços

Para conhecer melhor nosso jovem, convém relembrarmos as características principais dessa fase do desenvolvimento humano. Para um estudo a respeito existem inúmeras boas publicações disponíveis. Autores nacionais e estrangeiros lotam as prateleiras das livrarias, de modo a fornecer excelente material para pais e professores aprofundarem, o quanto queiram ou necessitem, seus conhecimentos sobre o assunto.

Devido a essa riqueza de material disponível, e por não ser nosso objetivo escrever *mais um livro sobre as características teóricas da adolescência*, apresentaremos aqui uma síntese das principais modificações pelas quais passa a criança ao entrar nessa etapa da vida (nas sociedades ocidentais e ditas civilizadas), apenas para que o leitor possa ter sempre em mente quem é a pessoa com a qual está lidando, quais as suas dificuldades, o que é esperado e o que não é de se esperar.

A adolescência caracteriza-se por ser uma fase de transição entre a infância e a juventude. É uma etapa extremamente importante do desenvolvimento, com características muito próprias, que levará a criança a tornar-se um ser adulto, acrescida da capacidade de reprodução. As mudanças corporais que ocorrem nesta fase são universais, com algumas variações, enquanto as psicológicas e de relações variam de cultura para cultura, de grupo para grupo e até entre indivíduos de um mesmo grupo. Nesse trabalho enfocaremos o adolescente brasileiro estudante e/ou trabalhador.

A característica mais visível e clara é o **acentuado desenvolvimento físico** com fortes transformações internas e externas. Ocorrem também mudanças marcantes nos campos intelectual e afetivo. Os pais que souberem aproveitar poderão maravilhar-se, por exemplo, com o crescimento qualitativo do pensamento nesse momento da vida. Conversar com os filhos pode se tornar uma fonte de enorme prazer e até de surpresas instigantes. Claro, às vezes é muito difícil conversar com um adolescente, porque eles parecem estar em permanente oposição a tudo que se diz (e, além do mais, muitas vezes eles não querem conversar com a gente, só com os amigos...). Mas, se se consegue superar essa dificuldade, pode-se ter muitos bons momentos juntos.

Outra importante mudança é o **amadurecimento sexual** o disparar do relógio biológico, colocando em funcionamento glândulas que produzirão hormônios importantíssimos. Há, portanto, uma grande atividade hormonal, glandular, que levará à capacitação reprodutiva.

Em geral, as meninas amadurecem sexualmente mais cedo (por volta de dez anos) do que os meninos (em torno dos treze anos). Nas meninas aparecem os seios, a cintura afina, enquanto alargam-se e arredondam-se os quadris e ocorre a primeira menstruação (menarca), seguida de um crescimento notável. Em muitos casos, aos doze, treze anos, a menina pode já ter alcançado sua altura final ou quase isso, deixando os meninos bem para trás em estatura e compleição. Alguns pais, orgulhosos, dizem "como ela vai ser alta!", "olhem o comprimento das pernas, esta menina vai ser manequim...", "nossa, ela está mais alta que os amiguinhos, já passou todos eles...", "está uma mulher feita!!!". Para sua surpresa (por vezes decepção), elas podem, a partir daí, nem crescer mais. Não há uma idade "certa", determinada, para esse crescimento, que varia de indivíduo para indivíduo. Em geral, após o estirão puberal, acrescentam algo em torno de sete centímetros à estatura dessa fase.

Um pouco mais tarde, os meninos têm o seu estirão puberal: crescem como "movidos a fermento", ultrapassando então as meninas. O crescimento estatural pode se prolongar, em ambos os sexos, até os dezenove, vinte anos. Ou mesmo, em alguns casos, até os 21. Mas torna-se mais lento: um ou poucos centímetros a cada ano, ao contrário da fase da puberdade, em que o crescimento é muito visível. As mães costumam dizer que os filhos dormem de um tamanho e acordam de outro... E não se está muito longe da verdade (sabe-se hoje que o hormônio do crescimento é secretado principalmente à noite)...

Nos meninos, embora o pênis ainda mantenha o aspecto e tamanho infantis, os ombros alargam-se, crescem os testículos, podendo também ocorrer um certo aumento dos mamilos, que depois tende a regredir. Começam a despontar os primeiros fios de barba e os pêlos corporais, começando nas axilas, virilhas, e um início de bigode (a ordenação do aparecimento dos pêlos também varia de indivíduo para indivíduo), enquanto, paulatinamente, a voz vai engrossando. Ocorre a primeira ejaculação (semenarca).

A masturbação é comum nessa fase, em ambos os sexos.

Paralelamente ao desenvolvimento físico interno e externo, ocorrem **modificações também a nível social**. O grupo de amigos tende a aumentar em importância (para desespero de muitos pais) e a tendência à imitação acentua-se novamente (a mídia aproveita muito bem essas tendências da idade...). Assim, a forma de vestir, de falar, de agir, até mesmo os gostos tendem a ser muito influenciados pelo grupo. Temem não serem aceitos e valorizados pelos amigos e, portanto, procuram agir de acordo com o que faz a maioria.

Os meninos continuam a apresentar grande atividade física, o peito tende a alargar-se, cresce a musculatura em geral (lembro-me sempre de meu filho caçula, que assistia à TV plantando bananeira e que aprendeu a subir pelos batentes das portas até quase o teto da nossa casa — era uma atração à parte para a família assisti-lo, tal a agilidade e constante atividade física que possuía). A prática de esportes é uma excelente forma de extravasar a força muscular que adquirem a cada dia.

Em ambos os sexos, o desenvolvimento intelectual também é notável, com o **surgimento do raciocínio hipotético-dedutivo**, permitindo generalizações mais rápidas, bem como compreensão de conceitos abstratos. Em decorrência, a independência intelectual surge com força, muitas vezes apresentando-se como rebeldia em relação às autoridades em geral. Este fato está ligado a essa recém-adquirida capacidade de abstração, reflexão e generalização a partir de hipóteses. Essa nova habilidade leva os jovens a uma abordagem mais filosófica e independente sobre quaisquer conceitos que lhes sejam apresentados. Assim, se anteriormente tudo que lhes era dito — principalmente pelos pais e professores — era aceito como verdade absoluta, agora não é mais. Começam a questionar os princípios da sociedade, da religião, da política e até da família. Têm tendência a buscar novas alternativas, novas respostas. É um exercício intelectual a que se entregam de corpo e alma, passando alguns a participar de movimentos estudantis, agremiações de caráter político e outros, num envolvimento em que procuram mostrar e exercitar essa nova capacidade, recém-descoberta. Daí o crescente e às vezes permanente questionamento com relação a tudo o que os pais colocam. Sob este aspecto, é preciso muita tranqüilidade, para que as coisas não se compliquem em termos da relação, porque os pais se sentem magoados com a súbita queda de ibope junto aos filhos. Acostumados a serem ouvidos e a terem sua opinião considerada, essa nova postura dos filhos freqüentemente os choca. Esta característica é chamada de onipotência pubertária. É o aparecimento de uma nova identidade, oposta à infantil, para a qual muitos pais não se encontram preparados. E que é difícil mesmo...

Nos meninos, ela se expressa por mau humor, agressividade, insatisfação, impulsividade. Nas mocinhas, caracteriza-se mais pela necessidade de expor e lutar pelos seus pontos de vista, pela defesa contra as injustiças, pela labilidade emocional (chora com freqüência, fala muito).

Devido ao rápido e intenso crescimento, há um grande **aumento do apetite**. Parece que tudo que comem é pouco. A esse respeito lembro de uma vez em que, já na adolescência, meu filho mais velho, que sempre foi muito, muito magro, principalmente na infância, trouxe um amigo para fazerem um trabalho em dupla, que a escola pedira. Convidei-o para almoçar. Os dois sentaram-se e coloquei na mesa toda a refeição preparada para a família. Arroz, feijão, bifes, salada e batata frita. Meu marido, eu e o caçula iríamos comer mais tarde. Passados uns dez minutos, voltei à sala e qual não foi minha surpresa ao ver todas as travessas completamente vazias... O almoço, que era para cinco, só dera para dois... E eles ainda estavam com fome. Lembro que, diante do olhar interrogativo, porém educado, dos dois, voltei à cozinha para fazer uns ovos fritos e pegar pão. Assim, eles rebateram o finalzinho do apetite que restara... Para mim era inacreditável, prazeroso (qual a mãe que não gosta de ver os filhos comendo bem?) e cômico assistir à chegada dessa voracidade; ver meu filho, que mal comia duas colheradas e já estava muito, muito satisfeito, comendo daquele jeito, esfomeado mesmo...

A sociabilidade também é maior, embora a insegurança seja muito grande. Há uma busca de identidade, para a qual o jovem precisa de um tempo, pois acarreta angústia, dificuldades de relacionamento, confusão e medo. Por isso alternam períodos em que parece que quanto mais amigos à sua volta melhor com outros em que se enfurnam no quarto, pouco ou nada falando com ninguém durante dias e até semanas. Há um crescente interesse pelas coisas que ocorrem no mundo, e é comum o surgimento de preocupações sociais. Começam a perceber com acuidade — às vezes com angústia — as diferenças sociais, as carências de determinados segmentos da população. Não é à toa que um grande número de movimentos revolucionários encontra nos jovens seus maiores defensores e até líderes. É o momento do sonho, em que se acreditam verdadeiros "super-homens", capazes de corrigir as injustiças, de endireitar o mundo. Esta fase incendiária e romântica é importante para que o adolescente e o jovem, mais tarde, quando há um equilíbrio emocional maior, se engajem socialmente num trabalho em que a preocupação social coexista com o desejo de realização pessoal, tornando-os cidadãos conscientes, não apenas preocupados com o seu próprio bem-estar, mas com a melhoria e aperfeiçoamento da sociedade como um todo.

Outro fator importante refere-se à parte afetiva, que se apresenta muito contraditória. É comum períodos de serenidade sucederem-se a outros de extrema fragilidade emocional, com demonstrações freqüentes de instabilidade. A insegurança que o adolescente sente apresenta-se ora sob a forma de uma aparente "superioridade" com relação aos adultos, ora por uma total dependência. Essa ebulição interna pode expressar-se de várias maneiras. Uma delas, por exemplo, é a tendência a deixar suas coisas desarrumadas, o quarto, os armários, as roupas. Às vezes até a aparência torna-se desleixada. Isso quase sempre provoca infindáveis conflitos com a mãe, principalmente se a criança costumava ser ordeira e organizada. Importante é compreender que, por trás do aparente descaso, estão a insegurança, o medo interno, numa fase em que tudo se transforma com muita rapidez para eles. Mas passa. É só saber esperar. Isso é que é o bom: saber que com o tempo passa...

É importante ressaltar o quanto essa fase é, também para os pais, complicada e difícil. Porque só o fato de saber que o adolescente é contraditório, inseguro, às vezes agressivo, às vezes carente, não torna mais fácil o dia-a-dia de quem com eles convive.

Os pais, mesmo movidos pelos melhores propósitos, são muitas vezes bruscamente afastados pelos filhos. Você vai com aquela paciência, com aquele jeitinho que aprendeu, lendo tudo que pode sobre psicologia e comportamento, e pergunta docemente: "Meu filho, que é que você tem? Algum problema, alguma coisa em que eu possa ajudar?" E, por vezes (freqüentes vezes...), recebe por resposta *no mínimo* coisas como: "Não tenho nada, *pô*...", ou: "*Num tô a fim* de falar sobre isso", ou ainda: "Será que você poderia respeitar a minha privacidade?"

Se, por outro lado, você então decide deixar correr frouxo, não levar tudo a ferro e fogo por compreender o que se passa com o jovem (afinal você já leu e se informou o quanto pôde sobre as diversas fases do desenvolvimento), poderá ter a surpresa (quase com certeza é o que acontecerá) de ouvir queixas muito, muito sentidas, do tipo "se aqui em casa houvesse diálogo, se quisessem me ouvir como na da fulaninha, aí sim, tudo seria diferente..." Difícil para eles, sem dúvida, que não estão representando (eles se sentem realmente assim), mas para nós não menos... A nós, pais, parece-nos em dados momentos que a nossa casa é sempre a pior de todas e que nós também somos os menos compreensivos, os piores pais do mundo...

É fácil compreender o quanto esses anos são difíceis para os jovens. O difícil é conviver com tanta contradição. Sentem-se imortais, fortes, capazes de tudo. Momentos depois acham-se feios, desengonçados, deselegantes. Espinhas e cravos acabam com a pele, há pouco deliciosamente perfeita, suave, agradável ao tato. E isso é um capítulo à parte, um golpe fatal na sensibilidade e no orgulho deles. A beleza e a integridade física assumem aqui talvez seu momento mais proeminente. Em nenhuma outra fase da vida é tão importante ser forte, belo, desejável. E aí, justo neste momento, a carinha se apresenta cheia de protuberâncias vermelhas, amarelas ou pretas... Ah, que tragédia! Parece inclusive que elas teimam em aparecer mais ainda em dias de festas ou encontros importantes... Oh, Deus! E aí, sobra mau humor para pai, mãe, irmãos... Mas não acabam aí as agruras da fase...

A menina em poucos meses perde as características infantis, tomando formas femininas, quase que as definitivas de toda a juventude. Entretanto, ainda se sente e age como uma criança, aprisionada num corpo que, somente aos poucos, irá incorporando como seu de fato.

Os meninos, por seu turno, também passam por dificuldades. O engrossar da voz, por exemplo, os deixa em situações difíceis, porque ora ela soa aguda e desafinada, ora eles têm a sensação nítida de que é seu próprio pai que lhes fala... As ereções e polução noturna trazem embaraços adicionais, principalmente quando não têm, em casa, liberdade suficiente para tocar em tais assuntos.

As emoções são contraditórias. Deprimem-se com facilidade, passando de um estado meditativo e infeliz para outro pleno de euforia e crença em suas possibilidades.

Depois desse grande e aflitivo período de transformações em que inicialmente se sentiam envergonhados do próprio corpo, emerge afinal o jovem na plenipotência de sua energia vital e sexual. É quando se tornam vaidosos e confiantes, voltando-se quase que exclusivamente para seus próprios interesses e necessidades. A turminha de amigos é o centro de suas atenções. A família — pelo menos aparentemente —, apenas o fator que aborrece, enfada e limita.

UM ALERTA — CRISE NÃO É SINÔNIMO DE GROSSERIA OU DESRESPEITO

De uma maneira geral, essas são as principais características da fase. As dificuldades que os pais têm com os filhos nessa época são maiores do que em outras, por toda a complexidade de fatos biopsicossociais que a envolve.

Em alguns casos porém, essas dificuldades poderão ser exacerbadas, porque, apesar de tudo o que foi apresentado aqui, se não se tiver estabelecido na família como um todo e na relação pais e filhos em particular uma relação de respeito, afeto e civilidade, as coisas poderão tornar-se bem mais complicadas. Isso porque **a relação com o filho adolescente faz parte de um processo que se inicia logo nos primeiros anos de vida da criança**. A forma de relacionamento que se estabelece desde a mais tenra idade é, provavelmente, a que vai predominar no futuro. As coisas não acontecem por acaso. Se desde pequena uma criança é habituada a fazer tudo e tão somente o que quer, se nunca aprendeu o sentido de ter um limite, se não se habituou a eventualmente suportar um "não", se se habituou a sempre fazerem o que ela quer, evidentemente não será fácil, exatamente nessa fase atribulada, de necessidade de auto-afirmação e corte de vínculos, aprender a aceitar qualquer tipo de controle.

Na adolescência, a relação com os pais terá, de maneira geral, características e formato semelhantes aos que tomou a partir dos primeiros anos de vida. A tônica será a mesma, porém sempre com algum tipo de exacerbação, devido à crescente necessidade de auto-afirmação e independência.

Se o adolescente foi acostumado a sempre lhe concederem tudo o que quer, se não aprendeu a aceitar que todos têm direitos mas também deveres, provavelmente essa será sua forma de ver e viver o mundo também agora. Só que acrescida dos problemas naturais da fase. Por outro lado, se, desde cedo, aprendeu a dividir, a pensar um pouquinho que seja nos outros, a respeitar os demais membros da família, o mais provável é que a fase transcorra sem maiores transtornos, desde que os pais compreendam e os auxiliem nas dificuldades pertinentes.

Apesar de muito difícil, é justamente nesse momento que eles mais precisam do apoio e compreensão da família (muito embora às vezes não pareça, dada a onipotência que costumam demonstrar). Conhecer portanto o pensamento dos jovens dos anos 90 certamente irá auxiliar muito nesse propósito de apoio e entendimento.

É o que vamos tentar fazer a partir de agora, ressaltando porém que a compreensão do processo visa a auxiliar pais e jovens a juntos atravessarem esse período conturbado e marcante nas relações familiares. O que não significa passar a mão na cabeça, apoiando tudo o que o jovem fizer, por conta da "crise". É preciso compreender sim, mas também separar o joio do trigo. Estar em crise ou com problemas próprios da idade não dá a ninguém o direito de esquecer regras básicas de convivência e de educação. De respeito ao outro e, principalmente, de respeito a si próprio. Muitos pais, na tentativa de apoiar os filhos, dentro de uma visão moderna e talvez excessivamente psicologizada, terminam por conseguir apenas a infantilização do jovem, o alongamento excessivo da adolescência, que muitas vezes perdura até os 24, 25 anos. Não devemos ignorar que, apesar das dificuldades, o nosso filho adolescente já está de posse de toda a sua capacidade cognitiva, de entendimento, passível portanto de compreender e assumir responsabilidades. Quanto mais cedo desenvolvermos esse processo, melhor para eles e para nós. Compreender, apoiar, amar, dialogar — sim. Sem dúvida que sim. Mas sem confundir com acobertar, infantilizar, superproteger, não lhes desenvolver a capacidade de autocrítica, de se ver e de ver o outro, todos com direitos sim, mas com deveres também. Mesmo os que estudam nas universidades, o que pode estender-se até os 24 anos aproximadamente, devem ter suas obrigações paralelas em casa e responsabilidades com os outros membros da família. Mas este é um assunto para mais adiante...

Capítulo 2

Os Estudos e a Escola

OS ESTUDOS

Uma das coisas que mais nos preocupam é a relação dos nossos filhos com os estudos.

Nas camadas populares, a escola e o estudo são vistos como elementos de ascensão social, muito importantes portanto. Essa idéia é fundamental para a manutenção do adolescente no sistema de ensino regular. Traz ainda a excepcional vantagem de mantê-lo ocupado e sob a supervisão de educadores, tirando-o das ruas. Evita-se assim que, enquanto os pais trabalham, executando sua longa jornada diária até o retorno ao lar à noite, muitas crianças e jovens fiquem à mercê de influências perniciosas.

Nas camadas mais favorecidas economicamente, na quase totalidade dos casos, os pais colocam como única obrigação dos filhos o estudo, a freqüência à escola. É uma coisa de que eles não costumam abrir mão. Podem ser inseguros com relação a muitas coisas, mas não quanto a esta. E é muito bom que continuem agindo assim. Nossos estudos indicaram que o jovem assimila essa forma de ver, sentir e pensar a escola e os estudos.

Sempre ouvimos falar que o adolescente não quer saber de estudar, critica tudo, "cola" muito, "mata" aulas sempre que pode, não sabe o que quer etc. E, na verdade, há mesmo uma certa mudança em relação aos estudos e à escola nesta fase. Surgem novos interesses, a criança se torna mais crítica, não aceita tão passivamente o que vê de errado, seja nos professores, nos inspetores, na metodologia ou no conteúdo que lhe é ministrado. Assim como nós, pais, descemos gradativamente do pedestal em que nos encontrávamos quando nossos filhos eram pequeninos, também a escola e todos os elementos que a compõem começam a ser vistos de outra forma. Daí ocorrer, com muitos alunos, um decréscimo, embora nem sempre muito acentuado, no interesse pelos estudos e na própria forma pela qual eles se portam com relação a trabalhos, leituras, provas — enfim, às obrigações escolares do dia-a-dia. Para os pais desavisados, este fato pode provocar muita ansiedade. Aquele aluno maravilhoso, caprichoso, que só tirava "notão", começa a trazer um "seis" para casa hoje, um "quatro" amanhã...

"O que significa tudo isso? Será que são más companhias? Será que ele anda vendo televisão demais? Será que os professores não explicam direito?" Os pais se fazem mil interrogações. Tentam conversar com o filho. Os temores se agigantam quando o ouvem, antes sempre tão estudioso, afirmar por exemplo "odeio estudar...", "na escola só tem coisa *chata*"... "se eu pudesse nunca mais ia à escola"...

Mas não é caso para desespero. Essa é apenas uma das situações que podem ocorrer na adolescência, com força maior ou menor, dependendo da criança, e cuja solução depende muito, mas muito mesmo, da segurança e da tranqüilidade com que nós a enfrentemos. Esse comportamento pode aparecer quando a criança está na quinta, sexta séries, ou pode manifestar-se apenas no segundo grau. Ou nem acontecer. O importante é manter a tranqüilidade e não abrir mão de certos princípios. Se nossos filhos souberem — desde sempre — que estudar é coisa sobre a qual não existe discussão, eles certamente aceitarão muito melhor o fato de que têm que estudar.

Se, ao contrário, perceberem brechas ou insegurança na atitude dos pais, muito provavelmente procurarão utilizar-se disso. É estranho mas é a verdade. Parece que os filhos sempre descobrem o calcanhar-de-aquiles dos pais e não se sentem nem um pouco constrangidos em usar esse saber para conseguir o que querem (não ir à escola, por exemplo). Ocorre que hoje em dia muitos pais escutaram dizer, leram ou assistiram em programas de televisão a coisas como: "Einstein era péssimo aluno e foi um gênio"; "muitos excelentes alunos não são bons profissionais depois"; "nem todos nasceram para estudar"; "não é todo mundo que tem que ir para a universidade" etc. E aí, quando o adolescente começa a apresentar problemas no rendimento escolar ou defender idéias do tipo "parar de estudar", os pais ficam sem saber o que fazer. Ponderar sobre as diferenças individuais é certamente coisa salutar. Só que alguns pais tornaram-se tão dúbios em relação a tudo devido a essa multiplicidade de colocações que os filhos percebem e utilizam essa insegurança de forma a atender seus objetivos imediatos. Realmente nem todos precisam obrigatoriamente cursar uma universidade. Também é verdade que nem sempre os melhores estudantes são os melhores profissionais, mas, enquanto os nossos filhos são pequenos e até que eles tenham maturidade para tomar decisões, é bom que eles pensem que não lhes daremos opções sobre alguns assuntos. Terminar o primeiro grau, por exemplo. Ou o segundo. Ou até o terceiro. Aí a decisão é de cada família. Mesmo que não pretendamos impor isso a eles mais tarde, é prudente que eles pensem, pelo menos durante alguns anos, que o assunto não está em aberto. Quando ele concluir a oitava série, batalhemos pelo segundo grau. Se realmente percebermos que o nosso filho não quer mais estudar mesmo — não para ficar vagabundeando por aí, mas para fazer alguma coisa útil, trabalhar por exemplo, aí o assunto poderá e deverá ser discutido com toda a calma e as decisões tomadas. Agora, se desde pequeno ele achar que pode estudar ou não, muitos deles optarão por não estudar. E nos cobrarão isso mais tarde. É nossa obrigação dar uma formação profissional aos nossos filhos. Dentro das nossas possibilidades financeiras, claro, mas sempre a melhor formação possível. Se demonstrarmos cedo que temos dúvidas quanto a isso, eles terão certezas.

Justamente devido à importância que os estudos têm na sociedade moderna, uma das primeiras preocupações na nossa investigação foi exatamente saber como o adolescente vê a escola e os estudos.

A primeira pergunta a respeito foi: "Por que você estuda?" O quadro que se segue mostra as opções que lhes apresentamos e quais foram suas escolhas.

QUADRO 1
Por que você estuda?*
(em %)

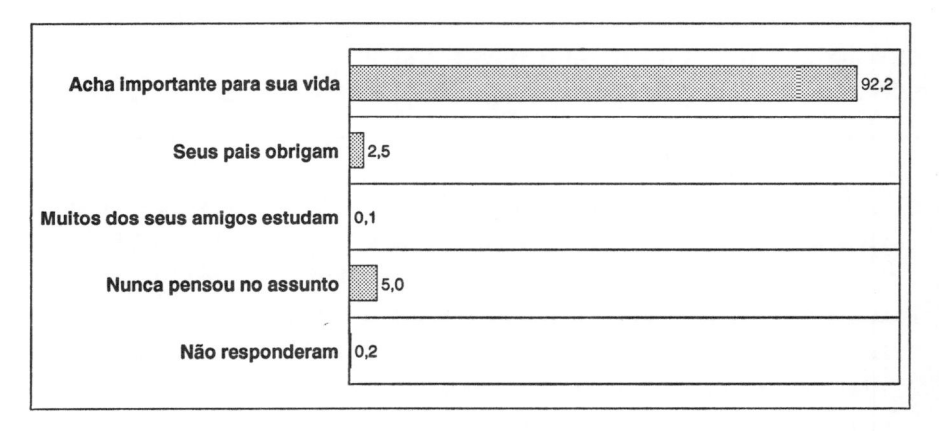

Dos 943 jovens entrevistados, 92,2% afirmaram estudar porque **"consideram importante para as suas vidas"**; enquanto apenas 2,5% afirmaram estudar "porque os pais obrigam". Traduzindo em miúdos, apenas uma pequena minoria só estuda porque os pais obrigam — a grande maioria, ao chegar à adolescência, já incorporou ESTUDAR como um valor importante.

Poucos foram os que afirmaram que estudam "porque os amigos estudam" ou porque "os pais obrigam", duas outras opções apresentadas. E só uma pequena parcela deles afirma nunca ter pensado em "por que" estuda, e, portanto, o estariam fazendo mecanicamente.

É bem provável que na escola, na hora da aula, uma parte deles se sinta aborrecida ou dispersa ou sem interesse, mas a verdade é que a escola e os estudos têm importância reconhecida pelos jovens.

---

*O questionário completo utilizado para a pesquisa encontra-se no Anexo 2.

Outra coisa importante que se pode depreender desse resultado é que, mesmo que seja lá no fundo, no fundo, ainda que encoberto por mil disfarces, na adolescência os pais continuam a ter importância e influência, mesmo que, no dia-a-dia, pareça que o grupo, a "patota" são os únicos que contam. É certo que os amigos são muito importantes, mas, somado todo o trabalho que os pais fazem ao longo dos anos, do nascimento até a pré-adolescência, ainda têm um poder, uma influência muito, muito grande. Saber disso, principalmente tendo por base dados colhidos da realidade, é fundamental para podermos continuar nosso trabalho junto aos nossos filhos, para que não esmoreçamos ao nos depararmos com a agressividade, a ironia ou o ar de enfado que eles apresentam quando lhes falamos sobre a importância dos estudos (ou sobre outra coisa qualquer)...

Mesmo que os pais tenham inicialmente, a partir da infância, trabalhado arduamente para incutir-lhes a idéia, percebe-se que, ao chegar à adolescência, essa forma de encarar a escola e os estudos já está devidamente interiorizada pela grande maioria. Mesmo que não gostem de estudar, eles compreendem seu valor e importância social. E, graças a isso, muitos continuam a estudar. E mais — fazem-no imbuídos da certeza de que é uma coisa importante. Agora, se nem nós apresentamos aos nossos filhos os estudos como algo verdadeiramente importante, onde eles irão buscar esse valor?

Os pais de hoje, muito inseguros com relação ao estabelecimento de limites e com muito medo de se tornarem autoritários, muitas vezes questionam-se sobre a forma de atuar, de influenciar a criança quanto aos estudos. O primeiro e mais importante fator é a segurança. Qual o pai ou mãe que tem dúvidas sobre a importância do saber na nossa sociedade? Então, nunca esquecendo esta premissa, você jamais se deixará influenciar pelas tentativas da criança primeiro e do jovem mais tarde de colocar os estudos ou a escola em um plano secundário. O que poderá ser definido mais tarde, como dissemos anteriormente, é *até que nível* estudar. Nem todas as pessoas querem, podem ou devem fazer curso superior ou pós-graduação. Mas aí já é outra coisa. Em algumas famílias o jovem pode mesmo precisar parar de estudar para trabalhar ao final do primeiro grau; em outras, poderá apenas estudar até o final do segundo grau. Em outros casos ainda, terá que estudar e trabalhar.

Tudo bem. A situação pessoal e familiar precisa realmente ser levada em conta, mas a partir de uma certa idade. Digamos, lá pelo final da adolescência, quando já podem realmente ter independência para tomar decisões relativas à sua própria vida com algum equilíbrio. O que não se pode permitir é que uma criança de cinco, seis anos decida por exemplo não ir à escola "porque não gosta" ou "porque não quer" ou "porque é chato"...

Alguns pais me perguntam como fazer os filhos estudarem. Alegam que saem para trabalhar e não podem portanto controlar ou verificar o que os filhos estão fazendo. Outros me contaram que, ao sair de casa, tiram uma peça da televisão (a grande competidora da escola dos dias de hoje), de modo a que não funcione na sua ausência, porque "senão eles não obedecem" e ficam assistindo horas a fio. Outros me confidenciaram que se desligam o aparelho, mesmo estando em casa, os meninos voltam a ligá-lo, num flagrante desafio à autoridade dos pais. *O que fazer?*, indagam, perplexos e confusos.

Estes fatos caracterizam **a necessidade absoluta de os pais terem segurança daquilo que fazem e das idéias que defendem**. A presença física dos pais nunca foi necessária para que a autoridade deles exista de fato. A autoridade se faz pela segurança e pela forma de agir. Com carinho e amor, mas também com firmeza e evitando discussões em que os pais se coloquem em pé de igualdade com o filho, alcança-se autoridade junto a eles. Explicar sempre os motivos não implica discutir com os filhos *ad aeternum* as mesmas coisas. Se desde que a criança é pequena, você, pai ou mãe, estabelece algumas normas, alguns limites e faz por onde eles sejam cumpridos, porque, em primeiro lugar, você próprio acredita na necessidade da existência dessas regras e, em segundo, se você zela pelo seu cumprimento através do diálogo, da autoridade e das sanções, nesta ordem — os fatos que os pais relataram não irão acontecer. Pelo menos, se acontecer será uma vez apenas (a criança e o jovem estão sempre testando seus limites), porque a ação educativa se fará presente e inibirá comportamentos como os descritos.

Nenhuma criança obedece a tudo, sempre. É parte da tarefa dos pais se fazer obedecer, até que elas possam decidir sua vida por si próprias. Inicialmente, explicando o porquê e a razão de ser das coisas; depois, caso não funcione apenas o **diálogo**, utilizando sua **autoridade** de pais e, em última instância, **sancionando a atitude inadequada**.

Por exemplo, você estabeleceu com seu filho de doze anos o horário de estudos através de uma conversa franca, amiga. Sem agressividade, com carinho — você ouviu-o sobre suas preferências —, cada um tem um jeito de ser, e seu filho, suponhamos, explicou que precisa de umas duas horas depois que chega da escola para "descansar a cabeça" e poder, em seguida, realizar os estudos e as tarefas que a escola propôs. Vocês então, através do diálogo, estabeleceram que ele dedicará o horário das quinze às dezessete horas para os estudos em casa. Tendo sido estabelecido um acordo e acertado tudo, caberá aos pais supervisionar a execução do que foi planejado em conjunto. Mesmo trabalhando fora, você poderá dar um telefonema para saber se ele está cumprindo o combinado. De preferência falando com ele próprio, para que a confiança se estabeleça. Eventualmente, você poderá se informar com a empregada ou um parente que more com vocês se ele está realmente cumprindo o que se combinou. Nunca pense ou se sinta "espionando" seu filho. Não. Você está cuidando dele e do seu futuro. Caso tudo esteja sendo feito como combinado, ótimo. Incentive-o a continuar, mostre sua satisfação em poder confiar nele. Mas mostre-lhe que você o está acompanhando, mesmo de longe, e que está satisfeito com o que está vendo. Caso contrário, promova uma nova conversa em que ele deverá explicar por que não cumpriu o que estava estabelecido de comum acordo. Chame atenção para este fato, importantíssimo, de que a decisão foi conjunta e respeitadas as necessidades que ele próprio colocou. Restabeleça as normas. Dê-lhe uma segunda chance, avisando que, caso ele não cumpra mais uma vez o combinado, você se sentirá no direito e no dever de punir esta atitude. E, se realmente acontecer de novo, a sanção deverá ser utilizada. Nunca uma sanção exagerada ou injusta, mas adequada, exatamente pela sua justeza. Quanto mais imediata for esta ação, mais efeito positivo ela terá. Uma forma eficiente é trocar uma atividade de que ele gosta pela que ele deixou de fazer. Se ele costuma descer um pouquinho à noite para o *playground* ou se fica no portão conversando com os amigos, você (que agora já está em casa e pode verificar a execução) lhe dirá com firmeza, sem maiores discursos ou reprimendas: "Como você não usou as horas combinadas para estudar, hoje ficará à noite em casa, para cumprir o combinado." E só. Nada de discursos enormes, moralistas. **A ação é que vale. Agora, não deixe de fazê-lo. Só assim o jovem e a criança entendem que as coisas com você são para valer.** Que se ele empenha a palavra, assim como você cumpre a sua, ele também terá que cumprir a dele. Como será depois na vida, ao conviver em sociedade, na escola, na profissão, nas relações afetivas.

Alguns pais me perguntam se isso não é "chantagem" com os filhos. Certamente que não! Chantagem, que palavra inadequada... Na chantagem uma pessoa pressiona a outra de forma a coagi-la a fazer algo que ela não quer ou não pode; em geral coisas ilícitas que prejudicarão terceiros, usando alguma informação que a possa envergonhar ou que a pessoa não quer ver revelada, fazendo valer a força bruta, a coação física ou emocional. Agora vamos pensar juntos — será que é a mesma coisa? Qual é o mal que você está causando ao seu filho? Fazê-lo estudar causa-lhe mal? Ensiná-lo a respeitar regras vai fazer-lhe mal? Mostrar que ele é responsável pelas conseqüências de seus atos vai magoá-lo? Ou levá-lo *a ser gente*?

Só uma palavrinha a mais: logicamente, vez por outra poderá haver um motivo real e justo para que o jovem não cumpra o trato. Neste caso, claro, mostre-lhe sua compreensão, mas exija o restabelecimento do combinado, assim que possível. **A rigidez é tão pouco educativa quanto o descaso, a falta de atenção, de segurança e de dedicação dos pais.**

Outra coisa importante — não se preocupe se o estudo está sendo ou não produtivo. Alguns pais se angustiam ao perceberem que os filhos "fingem" estudar ou se dispersam muito durante o estudo. Não se angustie. Você tem que vencer uma etapa de cada vez. Alguns pais me dizem que os filhos cumprem o tempo de estudo, mas não estudam. Tudo bem. É outra forma de reagir. Mas pense só: ele decide ficar lá, duas horas sentado, olhando para o nada. Que coisa *chata* para eles, não é? Mesmo sabendo o que está ocorrendo, vamos fazer de conta que não estamos percebendo nada. Devemos esperar porque, aos poucos, eles próprios perceberão que é menos desgastante aproveitar produzindo as horas em que ficam sentados sem fazer nada. Porque depois, ao supervisionarmos, vendo que não fizeram os deveres, ou que não dominam os conteúdos que vão "cair na prova", eles serão instados a completar ou refazer, o que implicará mais tempo de estudo ainda. Assim, em breve, eles começarão a ver que é mais vantajoso cumprir logo as tarefas...

Também os pais que ficam fora de casa em horário integral podem verificar se os filhos fizeram as tarefas indicadas pela escola, se arrumaram o material necessário para o dia seguinte, se estudaram para um teste. Mesmo chegando à noite em casa, esta verificação deverá ser feita. É preciso porém que haja disponibilidade por parte dos pais desde os primeiros anos, logo que a criança começa a freqüentar a escola. É preciso que haja uma rotina. É muito importante porém não confundir supervisionar com fazer os deveres junto ou pela criança. Não se importe se houver algum errinho no trabalho. É tarefa dos professores, na escola, essa verificação. Você, mãe ou pai, irá apenas zelar pelo cumprimento, por um mínimo de capricho e organização nas tarefas. E, claro, atender às dúvidas ou perguntas que os filhos espontaneamente lhes façam durante a realização das tarefas. Ajudar, sim, fazer por eles, nunca!

Depois de um certo tempo, esta atividade deverá ir sendo paulatinamente deixada de lado ou poderá ser feita eventualmente, porque a criança, aos poucos, vai interiorizando o comportamento. Então se poderá prescindir dessa supervisão. Em geral, essa automatização deverá estar completada (se a iniciamos cedo, logo que a criança começa a trazer tarefas para casa) por volta da terceira, quarta série do primeiro segmento do primeiro grau. É o momento em que os pais podem ir deixando, pouco a pouco, a responsabilidade a cargo da própria criança. O acompanhamento far-se-á a partir daí, basicamente, pelo controle dos boletins escolares e dando uma olhada nos testes que eles trazem para casa ou uma folheada eventual em algum caderno. E sempre mostrando-se feliz com os resultados alcançados, a não ser, claro, que estejam péssimos. Os pais ficam muito ansiosos quando o filho (especialista em "noves" e "dez" nas provas) traz o primeiro "seis" ou "cinco" para casa. Não espere sempre que seu filho seja o primeiro da turma, todos os anos, em todas as matérias, por toda a vida.

Na adolescência é bem comum haver uma queda no rendimento

escolar, mesmo discreta. Além do mais, no segundo segmento do primeiro grau (antigo ginasial), há uma crescente complexização dos conteúdos, podendo ser mais difícil para a criança apresentar tantos "noves" ou "oitos" quanto trazia nas primeiras séries.

Quando os pais são os primeiros a desvalorizarem os estudos, priorizando outras atividades (em geral por interesse dos adultos), então é preciso compreender que será esta a mensagem que os filhos incorporarão. Já tenho visto pais programarem viagens de lazer em pleno período letivo. Levam os filhos a viajar quando não estão de férias, fazendo com que se ausentem das aulas por até quinze dias ou mais. Depois fazem provas e testes "em segunda chamada". Nestes casos, foi colocado para a criança, através de fatos e não de palavras (que aliás é o que mais funciona em educação), que a escola e os estudos podem ficar em segundo plano. Vai ficar difícil para esses pais, em outra ocasião, convencerem o filho a fazer o dever de casa ou a estudar para uma prova antes de assistir horas à televisão ou antes de jogar os joguinhos eletrônicos ou do computador... Por isso é importante evitar situações como as citadas, a não ser que sejam absolutamente necessárias.

Outra coisa que já vi acontecer — pais reclamando que a escola marcou prova na segunda-feira, depois de um feriado de três ou quatro dias. *Que absurdo*, dizem. *Como é que a criança vai estudar num feriado de quatro dias? Tadinhos...* Justamente quando a criança tem mais tempo para estudar, os pais reclamam. Por quê? Porque não têm firmeza para organizarem os horários da criança ou porque não querem se dispor a isso. Como conseqüência, há no jovem um enfraquecimento da certeza de que estudar é importante. Há também a percepção de que família e escola não estão juntos, em prol do mesmo objetivo. A família tem pena da criança ter que estudar. Isso leva a uma desmoralização da escola e de seu papel na vida do jovem. Família e escola têm que, sempre, trabalhar em conjunto.

Outra reclamação que já vi acontecer: *Como é que a escola marca duas provas no mesmo dia? Tadinho do meu filho! Como é que ele vai ter tempo de estudar? Isso é um absurdo! Ele está exausto!* Assim, pouco a pouco, a escola vai sendo "empurrada", compelida a exigir cada vez menos dos alunos. E qual a conseqüência? Nossos filhos têm cada vez mais tempo livre, menos obrigações, menos compromisso com o futuro e com a sua formação.

Se os pais são os primeiros a acharem que, em quatro dias de folga, a criança não "tem tempo" para estudar, por que justo ela irá pensar assim? Então viva a televisão, o videocassete, os joguinhos eletrônicos, e abaixo os estudos e a escola...

Se, ao contrário, a cada vez que seu filho não fizer o trabalho todo, ou o fizer de forma inadequada (não se trata de corrigir os trabalhos, mas sim de verificar se foi feito com cuidado, dedicação e atenção), você, com carinho porém com muita firmeza, o induzir (ou exigir, se for necessário) a completar ou a melhorar a apresentação, estará trabalhando no sentido de desenvolver-lhe a organização e o hábito de estudo.

Embora muitas vezes os jovens esperneiem e se revoltem, a nossa pesquisa mostrou que, lá dentro, eles agradecem a nossa dedicação e precisam muito da nossa firmeza. Afinal, são eles os diretamente beneficiados.

Não presenteie seus filhos porque tiraram boas notas — eles apenas cumpriram sua obrigação. Estimule-os sim com seu carinho, com palavras que expressem a admiração e a satisfação por ter filhos tão inteligentes, responsáveis e dedicados. Exalte o quanto eles estão crescendo como pessoas. Diga-lhes que sempre soube que podia confiar neles. O incentivo é fundamental. Mas sempre ficando claro (sem agressões ou verbalizações desagradáveis para a criança) que o ganho é deles, que eles não estão fazendo nada *para* vocês.

Esta forma de agir se refere também ao desenvolvimento da capacidade de cooperação e organização. Ajudar em casa desde cedo, colaborar em algumas atividades, manter seu quarto em ordem (sem compulsão por excesso de limpeza) contribuem para formar pessoas organizadas e responsáveis também nos estudos e futuramente na profissão. É importante incentivar a que o jovem tenha algumas obrigações em casa. Comprar o pão para o café da manhã, por exemplo. Ou levar o irmão menor para uma aula de natação. Ou lavar o carro da família. Assumir funções, pequenas primeiro e de mais responsabilidade aos poucos, fará com que o jovem se sinta participante de uma comunidade, e não um mero usufruidor do que os pais produzem. Embora possa não parecer, essa forma de viver democraticamente em família é um estímulo a que o jovem se sinta produtivo e responsável. É cada vez maior o número de pais que superprotegem os filhos, deixando-os ociosos e sem visão da realidade do mundo que os cerca.

Alguns pais acham que têm que pagar a criança ou o jovem pelas contribuições que eles dão em casa, lavando uma louça, arrumando um quarto ou engraxando um sapato, ou até por uma boa nota. Conheci um pai que pagava os filhos da seguinte maneira — a cada nota dez, ele lhes dava dez reais, a cada nove, nove reais, a cada seis, seis reais, e assim sucessivamente. Achava que os estava incentivando a estudarem mais. Este tipo de atitude contribui para que o jovem tenha uma visão distorcida de sua função dentro da constelação familiar, não permitindo que se perceba como parte de uma comunidade na qual também tem responsabilidades. Tirar a mesa junto com os irmãos enquanto a mãe está lavando a louça, lavar uma louça como faz a mãe, ajudar a guardar as compras do supermercado, qualquer atividade dessas deve ser vista como um estímulo à participação no todo familiar, no contexto do qual ele faz parte e do qual lhe advêm conforto, bem-estar, carinho, amor etc. Não carece portanto de recompensas materiais. A recompensa é fazer com que o jovem se sinta capaz, participativo, responsável. Que ele perceba que seus familiares confiam na sua capacidade de trabalho e de cooperação. Que não o vêem (e não o querem ver) como um "parasita", um mero recebedor de benesses, uma pessoa incapaz de produzir.

Criar os nossos filhos, desde pequenos, longe do ócio e da preguiça, incentivando-os a uma participação saudável e positiva nas atividades da casa e nos estudos, é um excelente estímulo para que ele comece a confiar, desde pequeno, em si próprio e nas suas capacidades. Também é fundamental para que ele encare como uma coisa natural e importante batalhar por uma profissão e, mais tarde, por sua independência financeira. Mais ainda, essa postura dos pais é a melhor prevenção com relação à marginalização, às drogas e à criminalidade.

Portanto, mesmo que todas as aparências indiquem o contrário, mesmo que nos sintamos muitas vezes desanimados, cansados, desiludidos, não podemos nos dar por achados. A coisa está funcionando bem.

Devemos continuar naquela mesma cantilena de sempre — valorizar os estudos e a escola, sem nos deixarmos levar por falsas impressões. Mesmo que nesse difícil momento da adolescência eles nos digam que somos *caretas, quadrados, que a gente já era, que todos os outros pais são diferentes* — não acreditem. É só mesmo aquela necessidade de auto-afirmação e de destruição dos velhos mitos. No fundo, no fundo, eles sabem que estamos certos. Por isso tantos continuam a estudar, mesmo afirmando a cada momento que odeiam a escola, os professores, que tudo está errado e é horrível no ensino.

Estamos no caminho certo, mesmo que as evidências pareçam indicar o contrário. Os números da pesquisa foram contundentes. Sabe lá o que são 92,2% num total de quase mil jovens?

RECADO DOS JOVENS AOS PAIS

Nós, adolescentes, valorizamos os estudos, mas precisamos de vocês para nos ensinarem esse valor.

A ESCOLA

Professor de adolescente trabalha dobrado. Conviver com a irreverência (algumas vezes com a falta de limites e de educação mesmo), com o questionamento constante, com a rebeldia, a auto-afirmação, a insegurança, enfim, com as características próprias dessa fase, mesmo tendo muito conhecimento sobre o assunto, não torna mais fácil a tarefa do professor. Principalmente daqueles que anseiam por bem cumprir sua tarefa. Formar e informar o jovem, atender aos objetivos dos conteúdos de ensino, ter um bom relacionamento com os alunos podem ser extremamente difíceis para os professores, sobretudo numa época em que a escola vem sofrendo problemas crescentes.

O primeiro deles e talvez o mais importante é o próprio desprestígio com que o ensino e os professores são tratados, em termos de política de governo. Mudam os partidos no poder, mas a situação continua a mesma. Salários achatados, *status* diminuído, cursos de formação de qualidade questionável, desprestígio profissional, enfim, uma série de fatores contribui para que a auto-estima do professor esteja muito, muito baixa. Basta ver o crescente percentual de evasão de profissionais na área. Quem pode fazer outra coisa vai fazer outra coisa.

Por outro lado, a própria pedagogia e a didática vêm vivendo momento complicado, em que as formas de ensinar são constantemente revistas e questionadas. Afinal, nossos filhos são a geração da TV, do computador e dos joguinhos eletrônicos. Como tornar o ensino e a escola atraentes frente a tão poderosos competidores? E como fazê-lo justamente no momento em que os professores se encontram tão mal remunerados, desprestigiados, mais e mais despreparados e, conseqüentemente, bastante desmotivados?

Com relação aos alunos das camadas populares discutem-se novas fórmulas de ensino, diversas daquelas das chamadas classes dominantes, mas não se chegou ainda a respostas que tenham apresentado resultados realmente palpáveis. As escolas de formação de professores não têm condições — nem intelectual nem emocionalmente — de prepará-los para os problemas com que se defrontam nas salas de aulas das escolas públicas, que, o mais das vezes, referem-se não somente a dificuldades de aprendizagem, mas principalmente a outras bem mais difíceis de se lidar ou vencer (abandono, espancamento, fome, criminalidade incipiente, uso de drogas, falta de recursos financeiros até para aquisição de material escolar, falta de apoio em casa, falta de local apropriado para estudar, crianças que trabalham ou cuidam da casa e dos irmãos etc.).

Por tudo isso, os professores encontram dificuldades crescentes para impor limites, para motivar, para se relacionar satisfatoriamente com crianças e jovens que, no ensino particular, por exemplo, a todo momento sentem-se no direito de dizer que os pais *pagam muito e caro*, o que, numa visão canhestra, lhes daria direito a não prestar atenção às aulas, a não respeitar os professores, a não serem punidos, a não serem reprovados, a não estudar etc. No ensino público, as dificuldades relativas ao próprio rendimento dos alunos, à violência contra os professores (que vem crescendo de forma inegável) e à desmotivação são algumas das problemáticas recorrentes.

Estes são alguns dos fatores que concorrem para o crescimento das dificuldades docentes e discentes.

O conteúdo do ensino nas escolas

Ao longo de anos ouço alunos referindo-se aos conteúdos ministrados nas escolas como ultrapasssados, fora da realidade, sem utilidade.

Para que aprendo isso? Será que vou usar algum dia? Essa matéria é um "saco"... É muito freqüente ouvirmos os estudantes, principalmente os adolescentes e pré-adolescentes, questionando as matérias que estudam.

Para que quero saber quem foram Nero, Carlos Magno, Churchill? Eles já morreram há um tempão...

Números primos, produtos notáveis, m.d.c., m.m.c., equações — ah não, eu não dou pra Matemática...

Literatura brasileira — Machado de Assis, Castro Alves, Rubem Fonseca —, só leio porque vai ter prova, é muito chato...

Geografia é um monte de "decoreba"...

Essas e outras afirmativas pais e mães ouvem todo dia. Principalmente quando seus filhos vão ter prova ou têm que fazer algum trabalho. Reclamam, esbravejam, falam mal da escola, dos professores, da forma de ensinar, de tudo... Mas será que é o que, no íntimo mesmo, eles sentem? Serão essas críticas verdadeiras? Ou, considerando que o jovem é muito imediatista, não estaria ele apenas "condenando" coisas porque, naquele momento, lhe estão causando incômodo? Essa forma de falar não seria apenas um jeito de extravasar a raiva por ter que estudar numa hora em que gostaria, por exemplo, de jogar futebol ou ver televisão? Sabemos que o ensino necessita mudar muita coisa realmente. Mas será tanto quanto dizem? Essas críticas duras, ferozes, não poderiam ser também um sentimento ainda infantil, um sintoma da imaturidade, da instabilidade emocional própria da idade?

Justamente para avaliar essa questão é que os nossos entrevistados foram instados a responder como vêem o que aprendem na escola, o que acham do conteúdo que lhes é ministrado. E o que encontramos foi:

QUADRO 2
Em geral, considera que o que aprende na escola:
(em%)

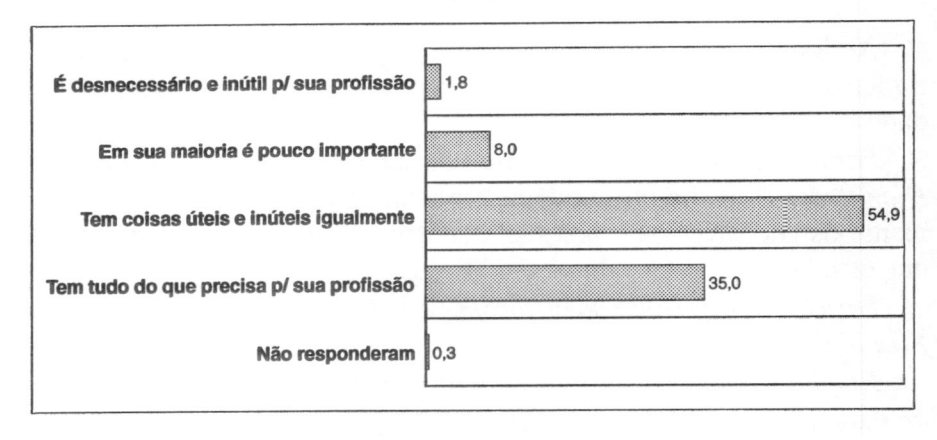

Podemos ver claramente que de 943 jovens 35% aprovam inteiramente o conteúdo que lhes é ministrado na escola, enquanto a maioria, 54,9%, considera que tem coisas úteis e inúteis equilibradamente. Apenas 1,8% consideram tudo completamente desnecessário e 8% acham que a maioria do que aprendem é pouco importante.

Já é uma indicação para que as escolas realmente revejam, pelo menos em parte, seus currículos. Por outro lado, considerando-se o resultado como um todo, podemos afirmar que o jovem não acha que a escola está tão horrorosa como ele afirma no dia-a-dia. É mais mesmo aquela coisa de "achar *um saco* estudar"... Então, tome crítica. Entretanto, na hora em que foram convidados a participar da pesquisa, a falar seriamente sobre o assunto (e o fizeram com a maior boa vontade e empenho no trabalho, querendo opinar, felizes por estarem sendo ouvidos), eles foram bem menos contundentes em suas críticas.

Outro aspecto que vale comentar:

No nosso estudo, fizemos também uma comparação entre o que afirmavam os jovens em cada classe social e comparamos os resultados para ver se havia diferenças importantes (chamamos a isso, em estatística, cruzamento de dados). Nesse trabalho comparativo entre as cinco classes sociais, houve uma diferença significativa indicando que, quanto mais baixa a classe social, maior o nível de aprovação quanto aos conteúdos ministrados (54,5% na classe E consideraram que tudo o que aprendem na escola tem a ver com as futuras necessidades profissionais), em contraposição a um aumento no nível de exigência na classe A (10% consideraram completamente desnecessário e sem utilidade o que aprendem na escola, contra apenas 4,5% na classe E e 6,5% na D).

Isso pode significar duas coisas — a primeira, que os jovens economicamente mais afortunados são mais exigentes. Talvez por terem mais bagagem cultural, mais base, isso os tornaria mais críticos. Ou que, justamente por terem muito, por verem seus desejos o mais das vezes satisfeitos, não dão à escola a importância que as camadas populares dão — para estas talvez a escola seja ainda vista como a única oportunidade de ascensão social.

Qual a verdadeira razão desse achado? A primeira hipótese? A segunda? Ou as duas, em conjunto?

Alguns professores afirmam que, em geral, é mais fácil lidar com os alunos das escolas que atendem às camadas populares do que com os das classes mais altas. O aluno de baixa renda ainda vê o professor como alguém com *status*, com saber, alguém a ser respeitado, alguém que vai ajudá-lo a "subir", a ser "alguém na vida". É um adolescente que, em geral, está acostumado a ver seus pais tratarem com respeito os "doutores", como costumam chamar as pessoas de maior nível cultural. Já os jovens das camadas A e B principalmente — afirma grande parte dos professores que lidam com as duas realidades — são mais difíceis de lidar, tratam o professor em pé de igualdade (sem hierarquia, ou às vezes até com superioridade), são irônicos, por vezes debochados, consideram-se imunes a castigos ou sanções (*senão minha mãe me muda de escola*). Alguns agem como se vissem nos professores uma espécie de "empregados" deles, já que em geral estudam em escolas particulares, onde as mensalidades são caras, e ouvem, freqüentemente, os pais dizerem: *Eu pago uma nota, como é que o professor fez isso?*, e outras coisas do gênero.

É claro, não se pode generalizar. Há de tudo em toda parte. Alunos das camadas populares também podem ser muito problemáticos e desrespeitosos, como outros das camadas mais altas apresentam-se respeitosos, excelentes alunos, com ótima formação moral.

O importante é lembrar que a maneira pela qual nós pais, em nossas casas, falamos dos professores e da escola influencia demais a atitude dos nossos filhos. Se criticamos, desvalorizamos, não participamos dos eventos ou reuniões quando solicitados (e ainda dizemos *ah, esses encontros não servem para nada*), se incentivamos nossos filhos a enforcar os dias de aula estrangulados entre um feriado e um fim de semana, se temos pena dos nossos filhos quando eles têm que estudar num sábado ou domingo (*tadinhos...*), vai ser muito difícil que eles ajam e pensem de modo diferente.

Em todo caso, os dados encontrados são sem dúvida uma excelente fonte de informação para que nós, pais, estejamos atentos à forma pela qual nossos filhos lidam com seus professores e com a escola. Inculcar nas nossas crianças e jovens o respeito por seus professores e a valorização à escola só lhes pode trazer benefícios. Não a obediência passiva e sem consciência, mas sim o hábito salutar de pensar e repensar a realidade no sentido de melhorá-la, aperfeiçoá-la. Criticar é válido, desde que se tenha por base dados reais. Ouçamos nossos filhos no que têm a dizer sobre escola/professores, mas ouçamos também — e com a mesma intensidade — o que a escola e os professores têm a dizer sobre nossos filhos.

Se queremos melhorar a qualidade da escola, podemos fazê-lo através da participação direta em reuniões, associações de pais e mestres, procurando supervisores, diretores e orientadores para expressar nossos pontos de vista. Isto não só é válido como é desejável. O que não ajuda é a crítica feita à boca pequena, em casa, no portão da escola, sem que uma atitude concreta e objetiva seja tomada. E aí, daqui a pouco, vamos ver nossos filhos adotando também atitudes de desprestígio e desvalorização, exatamente como nos viram fazer.

RECADO DO ADOLESCENTE SOBRE A ESCOLA

Tem coisas boas, mas ainda dá
para melhorar um bocado...

Como ensinam os professores

Com a auto-estima lá embaixo devido a situação financeira insustentável e às crescentes dificuldades profissionais, até que é muito bom para os professores saberem que o adolescente, de maneira geral, os vê da seguinte forma:

QUADRO 3
Dos professores que teve até hoje, você acha que:
(em%)

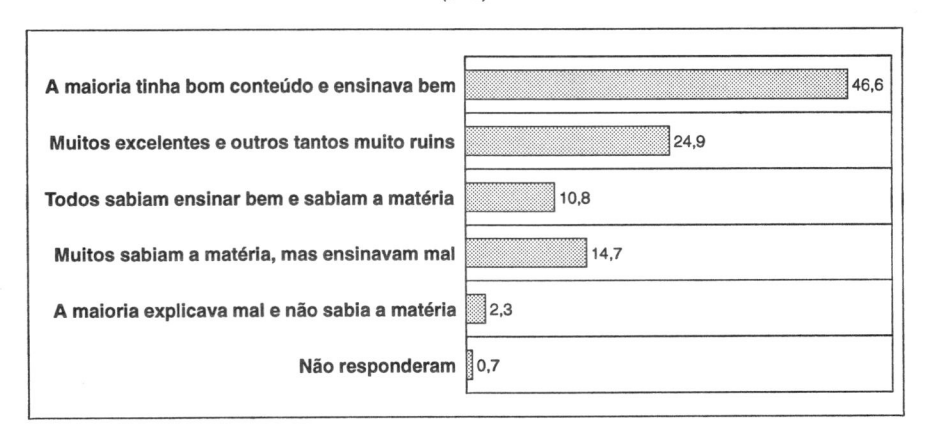

A maioria tinha bom conteúdo e ensinava bem	46,6
Muitos excelentes e outros tantos muito ruins	24,9
Todos sabiam ensinar bem e sabiam a matéria	10,8
Muitos sabiam a matéria, mas ensinavam mal	14,7
A maioria explicava mal e não sabia a matéria	2,3
Não responderam	0,7

Como se pode ver claramente, as opiniões positivas sobre os professores prevaleceram sobre as negativas. Apesar de todos os problemas que vêm afligindo a área da Educação no país, parece que

51

os jovens adolescentes brasileiros ainda vêem com *bastante* bons olhos a atuação de seus professores.

A análise comparativa entre as diferentes classes sociais, por outro lado, indicou que os jovens de classe A são mais exigentes e críticos com relação aos professores que os das classes D e E. Assim, enquanto na camada A da população 7,5% dos jovens consideraram que a maioria dos professores ensinava mal e tinha pouco conhecimento da matéria, na camada D somente 3,3% assim classificaram seus professores. Já na classe E, apenas 4,5% os viram desta maneira.

Já quanto à aprovação total (opção "Todos tinham bom conteúdo e ensinavam bem"), tivemos 5% na classe A, 18,2% na classe D e 22,7% na classe E — diferenças bastante marcantes. Ou seja, os jovens das classes economicamente mais baixas vêem seus professores de forma bem mais positiva.

Ao compararmos as posições dos jovens da capital e do interior, bem como entre os que trabalham e os que não trabalham, não encontramos diferença significativa. Parece que um elemento que diferencia o julgamento do jovem é exatamente a classe social a que pertence. Como no item anterior, **os jovens das camadas economicamente mais favorecidas mostraram-se mais críticos e exigentes que os das camadas populares**. Este fato, aliás, já nos havia sido apontado em depoimentos informais dos professores. O estudo de campo comprovou a veracidade dessas colocações.

RECADO DO ADOLESCENTE PARA OS PROFESSORES

*Nem todos os nossos professores
são excelentes, mas, mesmo
assim, aprovamos, com algumas
críticas, o trabalho que
a maioria deles faz.*

O professor como "modelo"

Há muitos e muitos anos... assim começavam as historinhas que nossas mães nos contavam. E uma das histórias em que muitos acreditavam era aquela que apontava os professores como modelos a serem seguidos, pessoas que influenciavam a nossa vida como tinham influenciado no passado a de nossos pais e, no futuro, influenciariam a de nossos filhos. Diga-se de passagem, essa aura que acompanhava os professores, tão bonita, tão ideal, ajudava a que muitas pessoas escolhessem a carreira do magistério, dada a sua importância social.

Mas parece que o passado passou e o nosso jovem é muito mais independente. Pelo menos, assim eles se expressaram. Vejam:

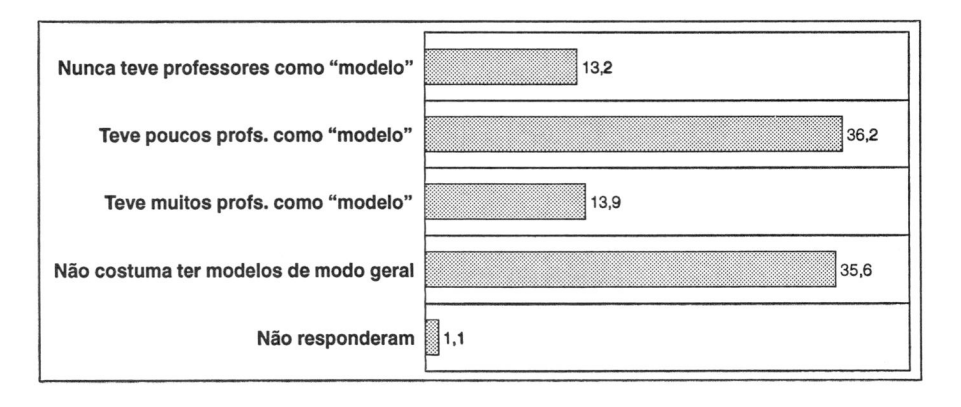

QUADRO 4
Na escola você
(em %)

Nunca teve professores como "modelo"	13,2
Teve poucos profs. como "modelo"	36,2
Teve muitos profs. como "modelo"	13,9
Não costuma ter modelos de modo geral	35,6
Não responderam	1,1

Grande parte dos adolescentes de hoje (35,6%) afirma que, em geral, não costuma ter modelos. Mas, de toda forma, 13,9% continuam vendo nos professores exemplos a serem seguidos, e uma parte também significativa (36,2%) não negou que eles continuam a influenciá-los, embora tenham tido poucos professores como modelo.

É importante saber que um terço dos jovens de hoje procura escolher, por si mesmos, sua forma de ser. É um mecanismo mais consciente, mais independente. É provável que esta forma de ser diminua o poder de influências indesejáveis sobre eles, mas isso irá depender, certamente, dos valores que tiverem assimilado até a chegada da adolescência. O resultado indica uma caminhada em direção à definição pessoal baseada em valores próprios, e não de terceiros. Embora não neguem a influência dos professores, os jovens mostram-se mais capazes de se opor ou de aceitar influências, de acordo com seus próprios critérios e conceitos — foi muito expressivo o número de jovens que afirmaram não costumar ter modelos (35,6%). Quer dizer, eles procuram a autodeterminação. Ainda que possam apreciar determinadas pessoas, não costumam elevá-las à posição de mito. Pelo menos, grande parte deles. O que é muito bom.

E já que as coisas estão nesse pé, a famosa expressão *é de pequenino que se torce o pepino* continua mais atual do que nunca. Temos desde o nascimento até a adolescência para consubstanciarmos, para trabalharmos os conceitos, a ética, a formação primeira de nossos filhos. Depois... bem, depois é acreditar no que fizemos. E torcer, torcer muito para que tudo dê certo! Porque o caminhar a partir dos quatorze, quinze anos começa a ser, a cada dia que passa, necessariamente mais independente. É bom que assim seja. É o caminho da vida. É o que tem que ser. Mas é muito importante que nesse momento nossos filhos já tenham vivenciado uma vida de relações que os leve a comportamentos de cidadania, de produtividade, de desejo de melhoria da sociedade.*

O adolescente nas aulas

O grande desafio da escola hoje é sem dúvida conseguir conquistar a atenção e a motivação da criança e do jovem para o estudo. Principalmente o jovem, que, nessa fase, se torna naturalmente atraído por muitas outras coisas. Afinal, é uma fase de grandes transformações não só corporais, como vimos, mas também de grandes e importantes

---

*A esse respeito, seria importante que os pais lessem o livro *Sem padecer no paraíso*, de minha autoria, onde esses conceitos fundamentais são trabalhados (livro publicado pela Editora Record).

descobertas. O prazer sexual, a atração pelo sexo oposto, as festinhas, o encontro com o grupo de amigos, tudo parece (e é...) mais interessante, mais atraente, mais fascinante do que a escola. *Ai, se aquela gata me olhasse! Será que hoje ele vem ao jogo? Adoro ficar olhando aqueles músculos!*, confidenciam uns para os outros. Quem quer saber de "matemáticas", livros, contas??...

Isso sem nem ao menos contarmos com o fato — crucial — de que a nossa é uma escola desinteressante do ponto de vista de apelo visual, metodológico e mesmo de conteúdo. As aulas continuam, em sua grande maioria, meras explanações orais, com reduzido ou nenhum apoio audiovisual. Enquanto isso, em casa... Ah, os computadores, os joguinhos eletrônicos em três dimensões, a realidade virtual, a televisão... Quanta coisa atraente e bonita... Quantos desafios novos a cada momento! Quem pode gostar da escola? Como fazer com que nossos alunos/filhos se interessem verdadeiramente pelas aulas? Será isso possível ainda? Os pais ficam angustiados com a sinceridade e a tranqüilidade absoluta com que os filhos afirmam que a escola é *chata*, com a forma pela qual representam os professores quando em conversas com os amiguinhos... Pelo que dizem os alunos, a grande maioria das aulas continua seguindo o modelo clássico: são tradicionalistas, quer na forma, quer no conteúdo. Verdade seja dita, a capacidade crítica dos jovens é incrível, e pode-se saber muito sobre a didática e ensino prestando atenção e deixando que eles se expressem sobre o assunto.

Propostas pedagógicas modernas não faltam. Mas, em defesa dos mestres, é preciso que se diga que a maioria absoluta dessas propostas mais modernas do ponto de vista pedagógico demanda, pelo menos, duas coisas: primeiro, um professor muito mais bem preparado didaticamente e em termos de conteúdo e, segundo, condições de infra-estrutura muito diversas das existentes para a sua consecução. Turmas com pequeno número de alunos seriam apenas uma das primeiras exigências para que se pudesse verdadeiramente implementar um ensino moderno, com diversificação de atividades, participação ativa dos alunos e criatividade na elaboração das atividades. Na verdade, muitas propostas interessantes têm surgido, mas muito poucas providências têm sido tomadas para que elas possam verdadeiramente acontecer na prática.

Esse anacronismo das escolas fica cada dia maior face às características da sociedade moderna e ao surgimento quase diário de tecnologias cada vez mais avançadas. Mas a necessidade crescente e urgente de mudanças e de aperfeiçoamento vem ocorrendo num momento em que a classe do magistério (em todos os níveis) se encontra cada vez menos estimulada, mais desmotivada e sem ânimo para a atualização de seus conhecimentos e a modernização de seus métodos de ensino. Afinal, é compreensivelmente cada vez menor o número de profissionais dispostos a darem *o seu suor* por uma carreira cada vez mais desprestigiada — começando pelos péssimos salários e passando pela completa desvalorização social e governamental da carreira.

Paralelamente, com maior espaço de diálogo e menos repressão, nossos filhos sentem-se realmente à vontade para expressarem seus sentimentos em relação a uma série de coisas. Por exemplo: falar mal dos professores era considerado *desrespeito*. Nossos filhos conquistaram o direito de falar o que sentem. O que é ótimo, até certo ponto, porque é bom que continue a existir o limite entre liberdade e respeito. Se a escola está longe do ideal — e creio que todos concordamos quanto a isso —, por outro lado, ainda é a melhor escola, porque é a que temos. Essa minha afirmativa não significa, de forma alguma, acomodação, reacionarismo ou incentivo à manutenção do *status quo*. Pelo contrário, como educadores, devemos lutar sempre para superar os limites e os problemas educacionais, o que não implica, de forma alguma, aceitar por exemplo a sugestão do escritor Ivan Ilich de uma sociedade sem escolas. Muitos jovens talvez gostassem disso, mas pergunto: o que fariam nossos filhos se não fossem mais à escola por estar ela longe dos padrões ideais? Aliás, o que faríamos todos se cada instituição que não corresponde à ideal fosse destruída sem que antes já tivéssemos algo para colocar em seu lugar?

Mesmo com todos os defeitos, a instituição escola é ainda um lugar em que as novas gerações convivem com o respeito e a orientação, é ainda um lugar em que o saber é valorizado e no qual, apesar de seus erros e problemas, o ser humano se socializa, aprende a conviver, torna-se um cidadão.

Colocar para fora certas inquietações, certas insatisfações, é muito importante e produtivo para o ego e até para a melhoria do sistema, mas é bom que nós pais deixemos sempre claro que, mesmo que nossos filhos a considerem menos atraente do que outras atividades, a escola será sempre uma OPORTUNIDADE que estamos lhes oferecendo, oportunidade que, se desprezada, será substituída por outra de igual responsabilidade.

Se você deseja ver seu filho terminar pelo menos o primeiro ou o segundo grau, é importantíssimo que ele saiba quais são suas opções: estudar ou trabalhar, por exemplo. Seja qual for a classe social a que pertença, é muito importante que esse limite esteja claro e definido desde cedo. É fundamental que o jovem saiba que, se ele não deseja estudar mais, poderá optar por isso, mas nunca para ficar na ociosidade, na improdutividade. Se um dos seus objetivos como pai for dar uma profissão a seus filhos, lembre-se de que o excesso de liberdade, a falta de responsabilidades e de limites na relação, comum hoje principalmente nas camadas mais abastadas da população, têm gerado uma série de problemas com relação aos estudos, por exemplo. Temos assistido à crescente evasão de jovens nos cursos de segundo grau e nas universidades, sob a cândida alegação de que *as aulas são chatas* ou de que *não era bem isso que eu queria*. Com facilidade abandonam inclusive vagas em cursos considerados nobres como Medicina, Direito, Comunicação, porque não têm capacidade para tolerar quaisquer contrariedades ou frustrações. Alguns podem realmente ter feito opções inadequadas do ponto de vista profissional, mas, dado o fato de que grande parte dos jovens abandona os estudos ainda no ciclo básico ou até no primeiro período de aulas, fica evidenciado que eles ainda não tiveram tempo para julgar apropriadamente o que afirmam ter sido "uma escolha errada". Assim, muitos jovens simplesmente param de estudar ou deixam de fazer um curso para ficarem em casa, dia após dia, hora após hora, deitados, vendo televisão, esperando o milagroso momento em que irão descobrir sua "verdadeira vocação" — por um passe de mágica.

Se, por outro lado, desde cedo eles estiverem a par de uma regra simples — se pararem de estudar, irão trabalhar (não como um castigo, mas por postura firme dos pais de combate à inércia) —, o julgamento acerca de "se gostam ou não da escola" será feito com muito mais cuidado, sem dúvida. O ócio é um grande perigo para os jovens. Como o é também para os adultos e as crianças. Nossos filhos devem ter responsabilidades desde cedo. Mesmo tendo boas condições financeiras, ensinemo-los a participar das tarefas da casa, dividamos com nossos filhos algumas obrigações. Estabeleçamos que o estudo é questão sobre a qual não se discute, a não ser que ele prefira começar a trabalhar ainda que não esteja profissionalizado e, portanto, com menos chances de progresso na vida. Mostre-lhes que eles têm direito a optar sim, mas que deverão assumir as conseqüências de suas escolhas. Isso em todas as áreas.

Se somos de classes financeiramente menos favorecidas, estimulemos ainda mais a que estudem, para que tenham melhores chances futuras. Se for necessário trabalhar e estudar, ajudemos a que possam conciliar as duas coisas. Assim estaremos realmente contribuindo para que sejam produtivos e tenham menos tempo para "enfastiamentos", "depressões" e outros sentimentos oriundos muitas vezes da falta do que fazer. Ressalvem-se os problemas psicológicos reais, os casos de desequilíbrio emocional graves, que demandam tratamento e acompanhamento. Estamos aqui nos referindo aos casos em que, psicologizando, o jovem aprende a "usar" aquilo que alega serem *suas dúvidas, seus problemas psicológicos*, para ficar dois, três anos (se deixarmos, toda a vida) sem nada fazer.

É preciso separar o que é problema real daquilo que muitas vezes o jovem aprende a utilizar no que considera seu benefício (objetivo imediato). Cabe a nós pais julgarmos se há realmente um problema em questão ou se o que existe é apenas uma desculpa, uma fórmula encontrada para justificar atitudes de comodismo e inconseqüência, que a médio prazo só o irão prejudicar.

Uma das formas de sentir como está a motivação na escola é analisar a freqüência com que se assiste ou não às aulas. No Quadro 5, podemos verificar como está a situação, apontada pelos próprios alunos.

Os índices não apresentaram diferença significativa nem nos cruzamentos relativos à classe social nem entre os grupos de alunos que trabalham e que não trabalham.

Se somarmos os dois primeiros itens, teremos um total percentual de 38,1% de jovens que assumem o fato de que "matam" aula, seja de

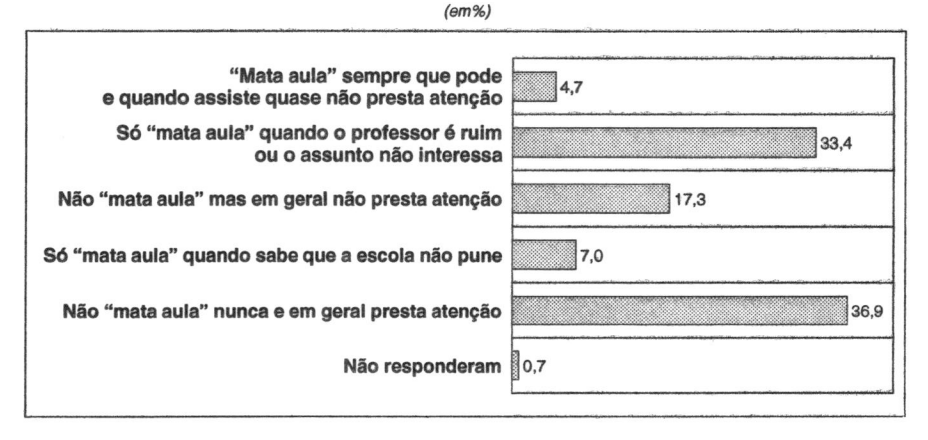

QUADRO 5
Na escola você:
(em%)

"Mata aula" sempre que pode e quando assiste quase não presta atenção	4,7
Só "mata aula" quando o professor é ruim ou o assunto não interessa	33,4
Não "mata aula" mas em geral não presta atenção	17,3
Só "mata aula" quando sabe que a escola não pune	7,0
Não "mata aula" nunca e em geral presta atenção	36,9
Não responderam	0,7

forma regular, seja apenas quando as aulas são muito desinteressantes. Aliando-se a esses itens o quarto (quando a escola não pune), teremos 45,1% de adolescentes que admitem a prática de "matar" aula. O mais importante porém é que o maior número de cabuladores das aulas só o faz quando o professor é ruim ou se o assunto da aula não interessa. Voltamos aqui à necessidade de repensarmos os currículos e as metodologias que as escolas utilizam. Tudo indica que, melhorando esses aspectos, a freqüência às aulas deverá também melhorar, e o mais importante, com alunos participando efetivamente, com mais motivação.

Interessante é a confirmação de que, dentre os que não costumam "matar as aulas", 17,3% admitem que, embora fisicamente presentes, *não prestam atenção nunca*. Por outro lado, 36,9 % não "matam" aula nunca e prestam atenção às explicações dos professores. Em resumo, quase 63% de alunos cabulam aula ou não prestam atenção quando estão presentes.

Não é o suficiente para indicar que alguma coisa precisa mudar na forma de ensinar?

OUTRO RECADO DOS ADOLESCENTES
PARA OS PROFESSORES

Não basta professores
com bom conteúdo...
queremos aulas motivadoras,
atraentes.

Como é vista a avaliação

Provas, testes, trabalhos, argüições... palavras que provocam arrepios em muita gente grande. E em muita gente pequena também.

Na Escola Tradicional não tinha conversa: era aula, resumo, decorar a matéria e... tome prova! Prova escrita, prova parcial, prova final, prova oral... Os professores muitas vezes usavam as provas como uma espécie de arma, uma força que garantia a disciplina. E por vezes o estudo também. Se a turma fazia muito barulho, já sabe, o professor avisava: *Não tem problema não; a prova vem aí, gente...* E todo mundo já sabia que era melhor se comportar... E os testes-surpresa então? Era só a turma estar muito inquieta ou desatenta que a qualquer momento podia ouvir do professor: *Podem guardar todo o material. TESTE!!!*

Assim, num paralelo com o que ocorria na família, a obediência e a disciplina eram conseguidas através do medo. Alguns chamavam de respeito.

Com o advento da Escola Nova, as coisas melhoraram muito. As provas deixaram de ser a única fonte de avaliação dos alunos. Fichas de acompanhamento individual, trabalhos individuais, trabalhos de grupo, trabalho de recuperação, testes e... provas também. Hoje o aluno tem várias e várias notas por bimestre. Fora ainda alguns casos em que à nota é acrescido um conceito, que retrata a parte formativa do currículo, ou seja, o empenho, a responsabilidade, a participação, a pontualidade, a limpeza, a cooperação etc. Conceitos que são dados a partir da forma pela qual o aluno se comporta com relação aos professores, aos colegas e aos trabalhos escolares como um todo. O professor se reúne com seus colegas, com o supervisor escolar, com o orientador educacional, e juntos discutem uma gama de elementos que vão compor o conceito bimestral.

Toda uma nova didática da avaliação foi erigida para minorar os efeitos gerados na memória dos estudantes daquilo que geração após geração era chamado o famoso trauma de prova. É bom lembrar que na prática, infelizmente, ainda existem muitos casos em que se adota a prova como uma espécie de castigo ou vingança contra alunos irrequietos, desinteressados ou desrespeitosos, mas, pelo menos do ponto de vista teórico, a maioria dos professores e das escolas já tem uma outra visão do assunto, o que contribui para aos poucos melhorar a prática pedagógica — ainda que ela esteja longe da ideal.

E então, depois de toda essa mudança, como se sentem nossos jovens frente às provas? Frente à AVALIAÇÃO como um todo? Terão as coisas melhorado nesses sentido?

Antes de discutirmos esse ponto, convém refletirmos um pouco sobre um fato corriqueiro e sempre presente nas escolas, que está ligado indiretamente ao problema da avaliação:

A "cola"

Que nossos filhos colam vez por outra, quem não sabia? Aliás, quem no passado, qual o aluno (hoje pai ou mãe) que, salvo raras exceções, não deu pelo menos uma conferidinha com o colega, uma rápida olhadinha só para ter certeza? E assim continua a história... Quantos não abrem direto o livro? Quantos não escrevem nas mãos, nas pernas, no papel preso com elástico na alça do sutiã (este sistema era comum no Curso Normal, porque a blusa do uniforme tinha mangas compridas...) E qual o professor que não sabe disso? Modernamente surgiram os *walkmen*, que algumas escolas permitem levar para a sala de aula. Só que em vez de fita-cassete com música alguns alunos criativos agora usam fitas com toda a matéria gravadinha... É só ouvir e escrever... Cada aluno pensa que é o maior, que o professor nem desconfia que ele está "colando". Tadinhos! Mal sabem eles que a maioria dessas invenções sobre "cola" já tinha patente há dezenas e dezenas de anos... Existem histórias e mais histórias antológicas sobre o assunto. Daria até para escrever um livro...

É famosa por exemplo a história de um professor que adorava surpreender os "alunos coladores". Iniciada a prova, ele sentava-se à mesa, escancarava um jornal enorme, que ficava lendo, imóvel. A turma, pouco a pouco, ia se soltando... *Olhem lá, ele está distraidão!* Quando menos esperavam, ouvia-se a voz do mestre: *João, Marcos, Antônio... Entreguem a prova.* Todos que estavam "colando" eram irremediavelmente descobertos. Depois souberam: ele se dava o trabalho de fazer uns furinhos com alfinete no jornal. Assim, ao pensarem que o professor lia, ele, pelo contrário, estava tendo uma visão perfeita de tudo que acontecia por trás das folhas de papel..

Esta e outras historinhas (algumas já folclóricas) têm mais de trinta anos de idade... a "cola" não é, portanto, uma novidade da atual geração.

A esse respeito, os jovens entrevistados na nossa pesquisa responderam o seguinte:

QUADRO 6
Durante suas provas você:
(em%)

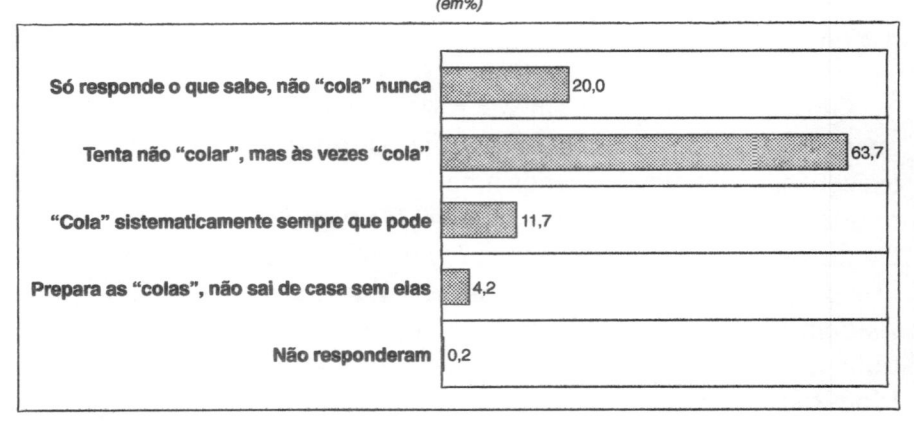

Assim, 63,7% admitem que "colam" quando não sabem, mas pelo menos tentam não "colar"; 20% preferem manter uma postura perfeitamente ética e só responder ao que sabem. Já 11,7% admitem, com toda a sinceridade, que "colam" sempre que podem, e alguns, 4,2%, que nunca saem de casa sem a "colinha" já preparada (tipo muleta mesmo).

A instituição da "cola" continua a pleno vapor... Em todo caso, o fato de que a maioria tenta não o fazer, pode indicar que eles próprios não a consideram uma atitude correta. A "cola" também não se mostrou privilégio de nenhuma classe social. Nem do aluno que trabalha ou do que só estuda. Isto é, na comparação entre jovens das cinco classes sociais não encontramos diferença significativa quanto à "cola", assim como também não houve diferença entre os que só estudam e os que trabalham e estudam.

Já os jovens do interior parecem "colar" mais dos que os da capital: o estudo apontou — "só respondem o que sabem" — 23,6% nas capitais contra apenas 13,5% no interior — e na opção "cola sistematicamente" 10,6% na capital contra 14,1% no interior.

A "cola" é sintoma, não é doença em si. Ou seja, o aluno cola por vários e vários motivos. Vejamos alguns deles:

- porque não gosta de estudar;
- porque não estudou, mas não admite tirar uma nota que reflita essa realidade;
- porque tirar boas notas dá *status* no grupo;
- porque trazer boas notas para casa lhe dá uma série de vantagens;
- porque assim ninguém *torra* a paciência dele em casa;
- porque é mais fácil do que estudar;
- porque acha as matérias desinteressantes;
- porque alguns professores fazem *vista grossa*;
- porque os pais ficam felizes e ele pode ficar fazendo o que gosta;
- porque ainda não entendeu o sentido verdadeiro do aprender.

Entretanto, mesmo com a instituição da "cola" funcionando a mil por hora, os jovens pronunciaram-se sobre a AVALIAÇÃO na escola da seguinte forma:

QUADRO 7
Em termos de avaliação na escola
você se sente ou já se sentiu:
(em%)

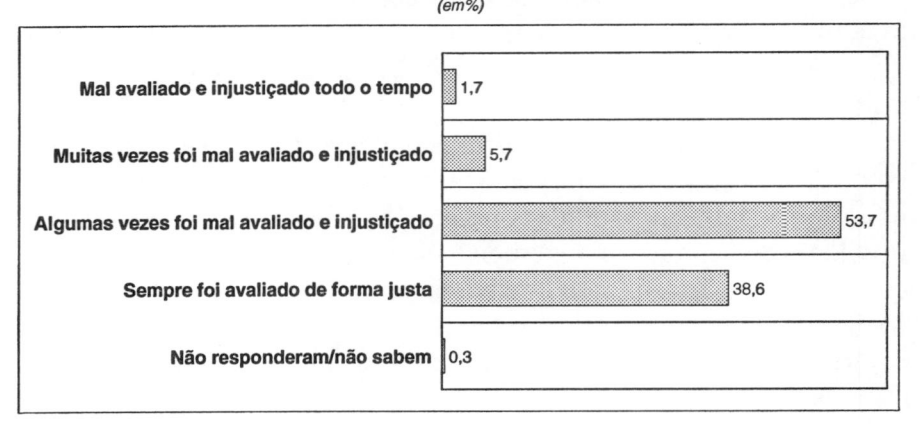

Mal avaliado e injustiçado todo o tempo	1,7
Muitas vezes foi mal avaliado e injustiçado	5,7
Algumas vezes foi mal avaliado e injustiçado	53,7
Sempre foi avaliado de forma justa	38,6
Não responderam/não sabem	0,3

Com certeza, há ainda muito o que melhorar em termos de avaliação na escola: a maioria dos alunos afirma que, pelo menos algumas vezes, já se sentiu injustiçada neste aspecto. De qualquer forma, 38,6% consideram-se avaliados de forma justa sempre, o que não é pouco, considerando-se o número de provas, testes e trabalhos que são feitos em cada disciplina a cada ano letivo. Somando-se as duas primeiras opções que são francamente negativas, o percentual não é muito alto: apenas 7,4%.

Na comparação entre os dados não encontramos diferença significativa quanto à classe social, nem entre estudantes que trabalham e que não trabalham, nem com relação ao local de residência. **Ou seja, a forma pela qual os estudantes vêem a avaliação independe de sua classe social, de morar na capital ou no interior e de ser ou não um aluno que só estuda ou que trabalha e estuda.**

Pelos dados expostos, podemos concluir que o nível de consciência é bastante bom entre os nossos adolescentes — mostraram que têm consciência crítica e honestidade. Souberam se reconhecer em suas deficiências e as confessaram sem falsos pruridos, mas também analisaram com distanciamento a atuação dos professores quanto à forma de avaliá-los.

O que o jovem tem a propor

Muitas pessoas acreditam que o jovem critica só por criticar, por ser a adolescência uma fase de auto-afirmação, por pura necessidade de se contrapor aos mais velhos, às autoridades em geral e aos pais em particular. Realmente essas variáveis existem e muitas vezes até determinam o comportamento dos adolescentes. Mas o estudo que fizemos mostrou claramente que uma boa parte deles critica com base e teria contribuições a dar, se fossem solicitados e ouvidos.

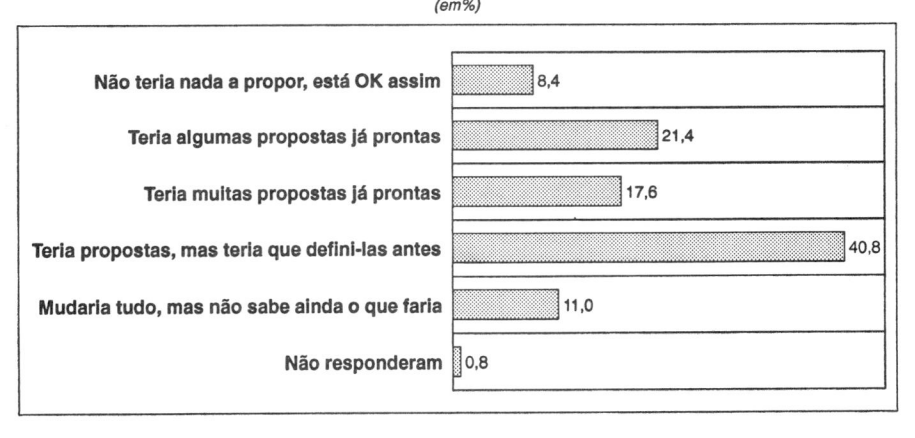

QUADRO 8
Se fosse convidado a reformar o currículo e a forma de ensinar de sua escola, você:
(em%)

Não teria nada a propor, está OK assim	8,4
Teria algumas propostas já prontas	21,4
Teria muitas propostas já prontas	17,6
Teria propostas, mas teria que defini-las antes	40,8
Mudaria tudo, mas não sabe ainda o que faria	11,0
Não responderam	0,8

Importante ver que "rebeldes sem causa", como se diz por aí, aqueles que só querem destruir, irritar os mais velhos pelo simples prazer de vê-los se descabelando, são poucos — só 11%. Quer dizer, radicais daqueles que querem destruir tudo, mas não sabem por que nem o quê colocariam no lugar, são relativamente poucos. Levando-se em consideração a idade e as características da fase, podemos dizer que realmente não são muitos os jovens que querem criticar para destruir pura e simplesmente, apenas por oposição. Afinal, 21,4% teriam **algumas** propostas já prontas a apresentar e 17,6% teriam **muitas** propostas já prontas. No total, estes são 39% dos jovens. Outros 40,8% teriam propostas a fazer, mas ainda teriam que pensar a respeito. É uma postura de equilíbrio, de cautela, também. É como se nos dissessem: *Sei que tem muita coisa a ser feita, mas preciso pensar mais um pouco a respeito antes de concretizar minhas críticas.*

Os jovens sabem, em sua maioria, o que querem e por que fazem críticas. E saber disso é importante, para que possamos levar suas reivindicações em consideração.

O Serviço de Orientação Educacional (SOE)

Os adolescentes também mostraram-se bastante equilibrados nas suas opiniões sobre a Orientação Educacional nas escolas. Na verdade, incluí essa avaliação do SOE na pesquisa porque é o serviço a que os alunos têm mais acesso. Em geral, a Administração Escolar (Direção) se vê envolvida com tantos problemas e resoluções de cunho geral que é realmente com o Orientador Educacional ou com o Psicólogo Escolar que os alunos têm maior contato para apresentar seus problemas e suas queixas, suas dúvidas e apreensões. A Supervisão Escolar o mais das vezes contacta os professores. Isso explica por que só pedimos a avaliação desse serviço que a escola coloca à disposição de seus alunos.

A inclusão dessa questão está ligada também a uma discussão que se vem processando no âmbito escolar sobre a validade ou não de se ter especialistas em educação nas escolas. Cada novo governo ou secretário de Educação muda de opinião a respeito. Já houve época em que os especialistas eram considerados fundamentais para a qualidade do trabalho nas escolas. Depois, políticas educacionais opostas fizeram com que seus quadros, principalmente nas escolas públicas, fossem gradualmente esvaziados. Nas faculdades de Educação, os cursos de Pedagogia refletiram essas posturas nas últimas décadas, engordando e emagrecendo suas estatísticas com relação à procura de alunos por seus cursos. Parece porém que os jovens têm bastante clareza sobre a questão.

Com certeza a opinião de quem mais diretamente se beneficia desses profissionais ajudará a clarificar a polêmica:

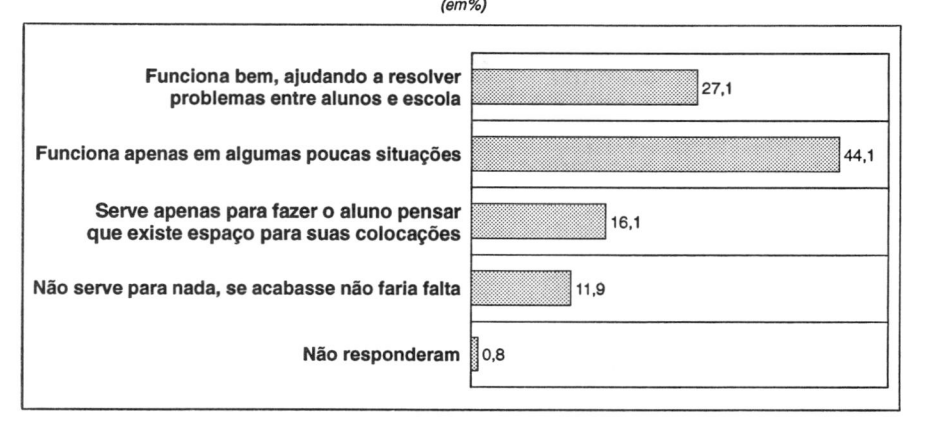

QUADRO 9
A sua opinião sobre o SOE é de que:
(em%)

Funciona bem, ajudando a resolver problemas entre alunos e escola	27,1
Funciona apenas em algumas poucas situações	44,1
Serve apenas para fazer o aluno pensar que existe espaço para suas colocações	16,1
Não serve para nada, se acabasse não faria falta	11,9
Não responderam	0,8

A postura da maioria dos adolescentes é favorável à manutenção do SOE, embora a grande maioria ache que ele funciona apenas em algumas situações (44,1%). As opiniões favoráveis (duas primeiras opções) somam 71,2%. Mesmo considerando que apenas 27,1% demonstraram acreditar que o SOE cumpre bem seus objetivos, em contrapartida somente 28% apresentaram posturas francamente negativas com relação ao trabalho dos orientadores (duas últimas opções).

RECADO FINAL DOS JOVENS PARA A ESCOLA

A escola é boa, nós queremos estudar, valorizamos os professores, mas há muita coisa que queremos melhorar — e nisso nós nos dispomos a ajudar.

Capítulo 3

O Adolescente e a Vida Profissional

A adolescência vem se tornando, ao longo dos tempos, na nossa sociedade, uma fase de mais longa duração. As gerações de há três décadas tinham como principais sonhos a independência e a autosuficiência. Estes dois motivos levavam os jovens a cedo saírem de casa, mesmo ainda não-profissionalizados. Ter o seu cantinho, não depender dos pais, era uma questão de honra. Assim, nas décadas de 60/70, era comum adolescentes e jovens dividirem um mesmo apartamento, morando vários num quarto-e-sala ou em comunidades. No Rio de Janeiro, Santa Teresa, por exemplo, foi um bairro que abrigou muitos e muitos desses jovens, que lutavam para ter a sua vida. Esse desejo estava muito ligado à recém-adquirida liberdade sexual, ao surgimento da pílula, à saída da mulher para o mercado de trabalho, à revolta contra a imposição de guerras como a do Vietnã e ao fato de estarem ainda, naquele momento, travando verdadeiras batalhas para mudar o comportamento eminentemente tradicionalista dos pais. Para conquistar o direito às suas próprias escolhas de vida — muito influenciados também pelo existencialismo, principalmente por Sartre e Simone de

Beauvoir —, os jovens deixavam a segurança e a proteção de suas casas em troca de maior liberdade e novos caminhos.

O jovem na década de 90 (especialmente das classes A, B e C) pode ficar tranqüilamente sob o mesmo teto que sua família até 20, 25, 27 anos, sem pressa de alcançar a independência financeira, afetiva ou profissional. Esse tipo de comportamento provavelmente está ligado ao fato de que as novas gerações já usufruem das conquistas pelas quais seus pais tiveram que lutar. Assim, eles não sentem mais aquela urgência de partir — afinal, dentro de suas casas eles têm uma liberdade e um espaço que a geração passada nunca teve. Os jovens namoram, *ficam*, se beijam, conversam, se encontram com os amigos com a maior liberdade, em suas próprias casas ou na de seus amigos e namorados/as. A atual geração de pais lhes permite um tipo de vida que concorre para esse alongamento da adolescência. Qual a pressa de assumir compromissos, dívidas e preocupações se em casa têm tudo — respeito, direito à privacidade e às suas escolhas?

Atualmente, alguns pais mostram-se inclusive preocupados com este fato: não estaríamos, com todas essas facilidades, tornando nossos filhos eternamente crianças, sem preocupações, comodistas, sem objetivos na vida?

Fala-se muito também atualmente no problema de as escolhas profissionais serem feitas muito precocemente, quando os jovens estão na faixa de dezesseis, dezessete anos, o que talvez explicasse enganos nas decisões. Entretanto, este não me parece ser o problema. Se pensarmos bem, voltando à geração passada antes da última reforma de ensino, quando havia o primário, o ginásio e o científico ou clássico, com que idade o adolescente fazia sua escolha? O primário tinha cinco anos, o ginásio, quatro e o colegial (científico ou clássico) outros três. Então alfabetizados com, digamos, sete anos, aos quinze, se não repetisse nenhuma vez, *antes de entrar para o colegial* o estudante já tinha que fazer uma opção determinante — ou ele se encaminhava para o científico ou para o clássico (ou fazia Curso Normal), o que implicava saber, pelo menos, qual campo de conhecimentos o atraía. Quer dizer, aos quinze anos nós, nossos pais e avós tivemos que decidir se nossa vocação estava na área científica, tecnológica ou humana. A partir da Lei de Diretrizes e Bases de 1971, essa divisão foi eliminada. Nossos filhos só fazem sua escolha no terceiro ano do segundo grau, com dezessete anos ou mais. Dois anos mais tarde do que nós. Não é portanto um aspecto que possa explicar as inquietações do jovem de hoje em relação à carreira.

O que preocupa realmente o jovem em termos profissionais? Foi o que procuramos averiguar (ver questões 24 a 28, Anexo 2).

O que encontramos? Dos 943 entrevistados, jovens entre quatorze e dezoito anos, a maioria, **63%, já fizeram sua escolha profissional,** enquanto 36,9% ainda não se definiram a respeito. A maior parte deles, portanto, ao completar dezoito anos, já escolheu uma carreira. Os resultados foram semelhantes tanto nas capitais quanto nas cidades do interior, entre os jovens que trabalham e os que não trabalham e nas diferentes classes sociais.

Outra idéia que se tem do jovem de hoje é a de que ele é utilitarista, materialista, ligado mais à retribuição financeira da profissão do que a algum ideal ou ao desejo de contribuir socialmente. O quadro que se segue mostra o que responderam os adolescentes a esse respeito:

QUADRO 10
O mais importante para você em termos profissionais é ter um trabalho que:
(em%)

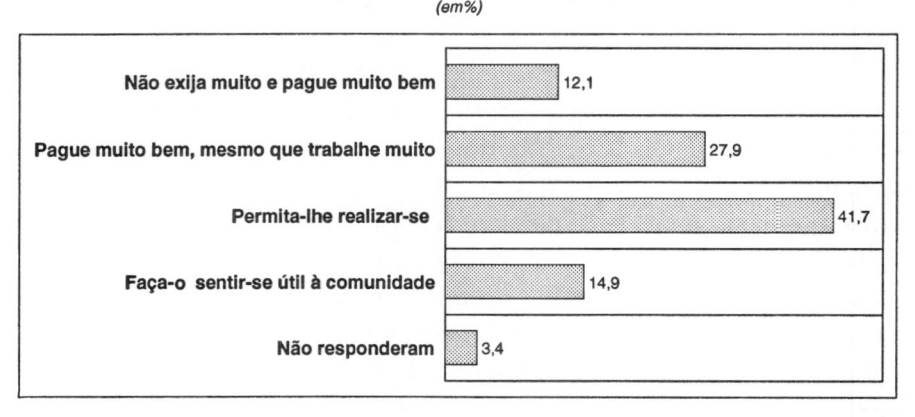

O item mais destacado pelos jovens foi a realização pessoal, com expressivos 41,7%. O jovem de hoje, criado na época da supervalorização do psicológico, coerentemente, mostra como seu mais importante objetivo profissional é a felicidade, a realização como pessoa. O "eu" é prioritário ao "nós" — somente 14,9% priorizam, através do trabalho, serem úteis à comunidade.

O desejo de ser muito bem remunerado foi o segundo item mais importante para o adolescente. Porém, foram somente 27,9% dos jovens que o elegeram, não se importando, entretanto, se para isto tiverem que trabalhar muito. Do nosso ponto de vista, é uma posição saudável e realista. Realizar-se financeiramente numa sociedade capitalista é um objetivo plausível, necessário até. Além do mais, este desejo, aliado ao fato de estarem dispostos a trabalhar, e muito se necessário, mostra, mais uma vez, uma visão bastante equilibrada e madura. Mostra ainda que os nossos jovens percebem quais os valores vigentes e estão dispostos a batalhar para atingir suas metas.

No país onde surgiu a *lei de Gérson* (que difunde a idéia de que inteligente é aquele que tira vantagem em tudo, não importa por que meios), foi de grande alívio verificar que somente 12,1% (o mais baixo índice) escolheram a opção que a representaria — "trabalhar pouco e ganhar muito".

No quadro que se segue, pudemos medir a coerência do adolescente em termos de escolha profissional — a maioria elegeu a carreira a partir de um ideal, daquilo que gosta ou imagina que gostará de fazer. O que vem ao encontro do que pudemos apurar no quadro anterior. Vejam:

QUADRO 11
O que mais influenciou sua escolha profissional?
(em%)

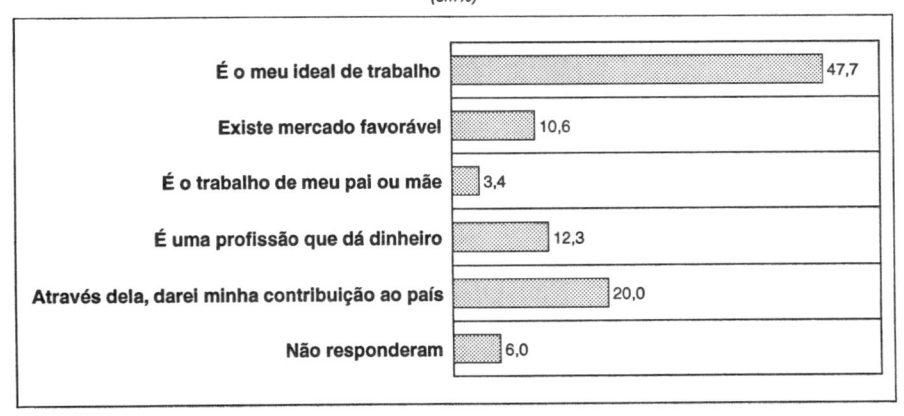

É o meu ideal de trabalho	47,7
Existe mercado favorável	10,6
É o trabalho de meu pai ou mãe	3,4
É uma profissão que dá dinheiro	12,3
Através dela, darei minha contribuição ao país	20,0
Não responderam	6,0

Outro aspecto que avaliamos foi aquele relativo às preocupações ligadas com a carreira (ver Questão 27, Anexo 3). E o que encontramos foi que a maior preocupação do jovem é **não se realizar com a profissão escolhida (29,8%)**. Por outro lado, 30,3% afirmaram não se preocupar com o futuro em relação à profissão escolhida, enquanto 20,9% temem não conseguir sustentar-se através dela e 14,3% preocupam-se em não conseguir conciliar carreira e lazer.

Em síntese, podemos afirmar:

O QUE O JOVEM QUER
(EM ORDEM DE IMPORTÂNCIA):

1) realização profissional
2) realização financeira
3) contribuição social
4) ganhar bem fazendo o mínimo possível

Ainda do ponto de vista profissional, um dado importante que levantamos foi sobre a/s pessoa/s que os influenciou/aram na escolha profissional. **A maior parte (52,2%) afirmou que não sofreu influência de ninguém** — ou seja, consideram a escolha uma coisa sua, pessoal. Mãe e pai são as influências mais importantes a seguir, com índices muito próximos (7,4 e 7,9%, respectivamente). Em terceiro lugar, apontaram os pais em conjunto, os amigos ou algum professor.

A importância da família e da escola torna-se bem clara, portanto. Muito embora tudo indique o contrário, **os pais ainda são a maior fonte de influência para os filhos** (comparando com as outras opções que lhes foram apresentadas). São pontos de referência, mesmo que, por momentos, nos pareça que eles vivem *apenas* para nos exasperar. A influência dos pais sobre a profissão dos filhos é diferente hoje do que era ontem, evidentemente. Antes os pais decidiam "o quê" e "se" os filhos iam estudar.

Atualmente o papel dos pais consiste em orientar, esclarecer, indicar opções, conversar — e este tipo de apoio é muito importante —, mas a escolha final é feita pelo jovem.

Fora isso, o melhor que podemos fazer pelos nossos filhos é

dar-lhes um bom exemplo como profissionais. A forma pela qual exercemos nossas profissões, se somos lutadores, realizados, se procuramos fazer bem o nosso trabalho, se mostramos sentir prazer e valorizamos nossas realizações, tudo isso vai repercutir de forma importante na vida dos nossos filhos. Se o profissional é zeloso, cumpridor, responsável, se relata, se comenta feliz suas conquistas, se estas conquistas são valorizadas e festejadas pelos demais membros da casa, os filhos começam a ver o trabalho como uma fonte importante de prazer e satisfação. Se, ao contrário, o trabalho parece ser sempre um fardo, um peso, uma fonte constante de sofrimento e de aborrecimentos, esse sentimento provavelmente se refletirá nas crianças. O pai (ou mãe) que chega sempre em casa aborrecido, sem paciência, estafado, contrariado não pode, evidentemente, passar para os filhos a idéia de que trabalhar é bom, é positivo.

Também a mãe que somente trabalha em casa mas que faz isso com amor, com afeto e dedicação, transfere para os filhos uma sensação de realização e produtividade que os levará a desejá-la em suas vidas também.

É claro, nos dias em que, como em qualquer trabalho, estamos com problemas, os comentários e o humor refletirão obrigatoriamente esse momento. Mas, desde que essa não seja a tônica, o que ficará, o que pesará na balança será realmente o sentimento maior dos pais em relação ao trabalho.

Mostrar a realidade, as dificuldades, discutir com os jovens uma proposta que tenha recebido, ouvir suas opiniões, pedir que ajudem nas decisões também são formas importantes de fazê-los crescer e amadurecer.

Alguns pais tendem a esconder todo e qualquer problema profissional ou econômico pelo qual a família esteja passando. Acham que com isso os estarão protegendo, porque ainda são muito novos ou porque acreditam que assim será melhor para eles. Mas não é verdade. É muito importante criar nossos filhos dentro de uma concepção realista, em que eles estejam conscientes e participantes do dia-a-dia da família. Dessa forma, aprenderão a ver a vida como ela é, com seus bons e maus momentos, com suas dificuldades e/ou vitórias. Assim aprenderão a encarar com naturalidade percalços que surjam futuramente em seu caminho. Estarão criando condições de pensar, de refletir e de tomar decisões sem que estes fatos constituam problemas maiores — repetindo exatamente o que vêem os pais fazerem.

Conversar sobre o nosso trabalho com os filhos é importantíssimo, principalmente se os deixamos exprimir suas opiniões e se lhes damos condições para isso. Levá-los para conhecer nosso local de trabalho é também uma excelente idéia, até para que ele vá aprendendo quais são as profissões e como se vive o dia-a-dia de trabalho. Deixá-los ajudar em pequenas tarefas que estejam a seu alcance também é uma ótima forma de fazê-los acreditar em si próprios, na sua capacidade, já que estamos mostrando que nós confiamos neles.

Desenvolver desde cedo a idéia de que trabalhar é uma coisa boa, positiva e importante e que todos os membros da família devem ser produtivos é essencial para nossos filhos. Para tanto, basta começar, desde cedo, a dar-lhes pequenas responsabilidades. E quanto mais cedo o fizermos, melhores serão os resultados. Mesmo nas famílias de alta renda, que podem se dar o luxo de ter vários empregados em casa, a orientação à criança deverá ser de participação. Pequenas tarefas podem e devem lhes ser atribuídas, de acordo com a idade, logicamente. O que devemos evitar é criar nossos filhos sem qualquer tipo de relação com o que se passa em casa ou com a forma pela qual uma família se estrutura e vive. Assim, se desde pequena a criança é mobilizada e incentivada a ter alguma responsabilidade, nem que seja arrumar seus brinquedinhos antes de ir dormir (pode significar apenas, por exemplo, jogar tudo dentro de um baú ou cestão colocado no quarto), desde que feito de forma firme porém não-persecutória, nem compulsiva, pode conduzir a bons resultados. Ir buscar um jornal na banca, comprar um remédio na farmácia, fazer uma comprinha na padaria são exemplos da colaboração que um adolescente pode dar. Todos esses pequenos servicinhos são formas de fazê-los entender que pertencem a uma comunidade da qual não apenas usufruem, mas para a qual também contribuem. Essa é a primeira e a melhor maneira de fazê-los valorizar, desde cedo, o trabalho — fazendo-os sentir-se úteis e produtivos.

RECADO DOS ADOLESCENTES

Para aprendermos a produzir temos que entender como funciona o processo produtivo. E para tanto é necessário que nos ensinem, que nos mostrem o caminho. O exemplo é a forma melhor para aprendermos qualquer coisa.

Capítulo 4

O Adolescente e o Lazer

Quando nossos filhos são pequenos a gente reclama do trabalho que dão, da dedicação total e exclusiva — noite e dia, dia e noite — da forma exaustiva e interminável pela qual sempre parece que fizemos pouco ou que ainda há algo por fazer.

Reclamamos de ter que levá-los a tudo que é lugar, de ter que fazer tudo por eles, porque são tão dependentes de nós e nada podem fazer por si próprios. Tomar sol, tomar banho, tomar vacina, ir ao médico, ir brincar na pracinha ou no *playground*, ir à praia, levar a festinhas, dar de comer, dar banho, botar para dormir, brincar com eles, contar historinhas, repetir de novo a historinha, repetir novamente a historinha (e do mesmo jeitinho, sem tirar nem pôr, senão eles nos corrigem), cuidar quando estão doentinhos, agüentar quando estão *chatinhos* ou *chorões*, separar briguinhas (coisa pouca, umas vinte por dia), se preocupar porque não estão comendo o que deviam e comendo demais o que não deviam, falar com a vovó que está mimando demais, ver se a empregada está cuidando direitinho na sua ausência, lembrar de telefonar para o pediatra, levar para a creche, acalmar quando tem pesadelos, cortar as unhas, ver se não estão com piolhos (uma vez por ano tem infestação nas escolas), ajudar na pesquisa que a escola pediu, ver se fizeram os trabalhinhos de casa... Que mais? Ah, tem muito, muito mais. Não preciso enumerar. Todos nós, pais, sabemos.

Depois eles vão crescendo e aprendendo a fazer por si mesmos uma porção de coisas. Parece até que as coisas vão melhorar!

Quando a gente se dá conta, eles estão saindo sozinhos. Indo a barezinhos, à casa de amigos, à praia, a cinemas, aos clubes ou simplesmente ficando nas esquinas para *bater papo*. Rejeitam a nossa companhia, parecem envergonhar-se de nós. Olham-nos como se olha, no mínimo, o inimigo. Trazem nos lábios uns sorrisinhos marotos, um certo ar superior que nos enlouquece. Em casa quase não nos falam; em compensação, não saem do telefone por horas e horas...

Aí a gente começa a sentir saudade dos tempos em que podíamos levá-los para onde achássemos seguro, sem perigos maiores. O tempo em que precisavam de nós para tudo. *O tempo em que havia amor por nós em seu olhar...* E agora? Onde estarão eles? Quem serão seus amigos que nem sempre conhecemos? Por que será que só vão à última sessão de cinema? Por que só voltam às três ou quatro da madrugada? Será que não acreditam que a violência e o perigo existem?

Depois eles começam a dirigir e saem por aí, viajam. E a gente passa as noites esperando ouvir o barulhinho tão querido, tão aliviante, da chave abrindo a porta... Deitados, fingindo dormir, para não *pagar mico*. Imagine só — ficar na sala esperando... *"Num dá..."*, como eles nos dizem. Só fingindo uma insônia repentina ou a atração irresistível da leitura de um romance eletrizante... *Afinal, confiamos ou não neles?*, logo nos questionam.

De repente, a gente entende o dito popular: "Filhos criados, trabalho dobrado." Preocupações dobradas, sem dúvida. O trabalho físico dos pais diminui sensivelmente à medida que eles crescem, mas o mental cresce geometricamente.

Se a gente mora na cidade grande, os perigos de assalto, a violência urbana, o trânsito caótico e descontrolado nos tiram o sono. Nas cidades do interior, é a falta do lazer que preocupa. *Pegas* e *rachas* são organizados pelos jovens para *animar a vida*. Seja onde for que moremos, o alcoolismo, as drogas, a AIDS apavoram.

É, nossos filhos cresceram. O que estarão eles fazendo do seu tempo livre?

Em que tipo de atividade gastam mais tempo?

Será realmente essa uma geração que não lê? Será que a televisão é mesmo a coisa de que eles mais gostam? Será diferente o lazer nas grandes cidades e no interior?

O quadro que se segue mostra as preferências dos jovens em termos de lazer, e em ordem de classificação. Cada entrevistado podia escolher quantas opções quisesse.

QUADRO 12
Como gasta seu tempo livre?
(em%)

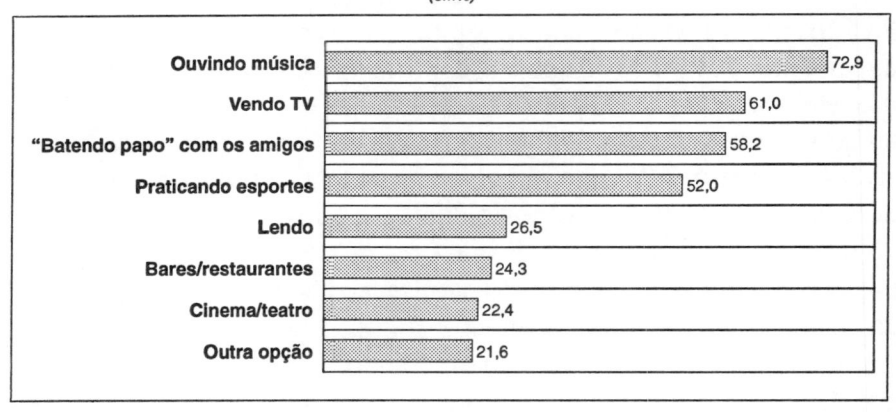

Como se vê, as mais escolhidas foram **a música, seguida da televisão,** ambas com índices bastante elevados.

Como era de se esperar, os jovens das classes mais ·elevadas freqüentam mais os teatros e cinemas dos que os das camadas populares. Também é mais alto o percentual de jovens que freqüentam restaurantes e bares nas classes A e B, baixando gradativamente até chegar às classses D e E. Embora possam parecer óbvios, esses achados são importantes na medida em que mostram que as respostas dadas foram verdadeiras e confiáveis. Isso reforça a credibilidade do estudo e de seus resultados.

Nas capitais e nas cidades do interior não encontramos diferenças significativas, a não ser quanto à freqüência a cinemas e teatros. No interior, foi uma opção significativamente mais baixa, justamente porque em muitas dessas cidades há apenas um ou dois cinemas e um teatro, enquanto outras nem os têm.

Também entre os jovens que trabalham e os que não trabalham não houve diferença significativa. As opções de lazer são as mesmas.

A MÚSICA, PRIMEIRA OPÇÃO DE LAZER. A *coisa* que os adolescentes mais gostam de fazer é saudável, positiva. Seja qual for o tipo de música, só faz bem. Mesmo aquelas que nos deixam de cabelo em pé (como os Beatles e o *rock* deixavam nossos pais). Portanto, seja *rap* ou *funk*, seja *jazz*, samba ou axé *music*, só podemos ficar felizes com isso. O único mal que a música pode fazer é provocar alguma deficiência ou uma diminuição da capacidade auditiva, porém só se *ouvida* muito alta, excessivamente alta e por muito tempo (nas discotecas, por exemplo, ou através de *walkman*). Fora isso, devemos, antes de tudo, apoiar essa opção. O prazer trazido pela música é uma das poucas formas positivas de entorpecimento, relaxamento e enlevo.

A TELEVISÃO. Quanto à segunda opção, não podemos dizer a mesma coisa. É inegável o nível, o poder de atração que a televisão exerce sobre as pessoas. Infelizmente, as nossas emissoras, em sua grande maioria, não parecem nem um pouco interessadas em explorar suas possibilidades educativas. Ao contrário, para nosso desgosto, elas vêm seguindo quase que exclusivamente a direção indicada pelos anunciantes. Ou seja, o que vende mais é o que vai interessar colocar na programação. Se dá ibope então tudo bem, ainda que a mensagem não seja das mais sadias ou enriquecedoras para a formação das crianças e jovens.

O problema dos pais frente à televisão é semelhante ao dos professores na escola. É tudo uma questão de motivação. A maioria dos jovens prefere ver televisão a ler, por exemplo (a leitura ficou num modesto quinto lugar). Hoje, em muitas casas, é comum haver mais de um aparelho de TV, dois ou até três: um na sala, outro no quarto, um na cozinha... Os pais estão cientes do seu poder, tanto que, por vezes, *não ver televisão* é um *castigo* bastante usado.

O problema é que esse poder aumenta a cada dia. NET, TVA... A cada vez mais opções, mais possibilidades. Como explicar essa potência? De certa forma, ela atua como que "hipnotizando" as pessoas. Leva a um relaxamento físico e mental comparável ao do *yoga,* segundo alguns estudos. Atinge simultaneamente dois órgãos dos sentidos, e, pela sua capacidade técnica aprimorada, consegue concretizar a mensagem, tornando-a extremamente persuasiva. Por outro lado, exige muito pouco esforço do telespectador, ao contrário do livro. Ler é uma atividade que exige poder de concentração, atenção, compreensão da mensagem, além do domínio da técnica da leitura.

A televisão não é má em si, não é uma bruxa que deve ser combatida a todo custo. É necessário entender que ela é hoje uma realidade, um fenômeno irreversível, algo que faz parte da vida de todos nós; tornou-se tão importante que em muitas casas simples do interior, feitas apenas com tijolos, sem reboco ou pintura, é possível ver no telhado uma antena parabólica moderníssima. Captar a imagem da *telinha* — uma prioridade. A maioria das pessoas pode até deixar de lado outros confortos, mas a televisão não. O adolescente de hoje nasceu quando a televisão já estava com seus doze, quatorze aninhos. Ele não conhece o mundo sem televisão. Então antes de entrarmos numa guerra que tem tudo para ser uma batalha perdida, melhor procurar a forma de conviver com ela com o mínimo de perdas possíveis.

Quando a criança é pequena, é lícito e até necessário que os pais façam algum tipo de censura quanto à programação. Sem medo da palavra, *censura* aí representando a nossa responsabilidade sobre o equilíbrio emocional e afetivo dos nossos filhos. Então desligar ou não permitir que assistam a programas a partir de uma certa hora, evitar que fiquem muitas horas seguidas passivamente sentadas, recebendo mensagens nem sempre adequadas à idade ou à sua capacidade crítica, é uma tarefa que, embora trabalhosa e desgastante, vale a pena ser feita. Em se tratando porém, como é o caso, de adolescentes e jovens, não há como proibir, nem se deve. Até porque eles já sabem tudo ou quase tudo que poderia ser "desaconselhável" para a idade deles. Hoje as crianças tomam conhecimento muito mais cedo de coisas que muitos pais ainda nem sonham que eles sabem. Então, a atitude sensata é a do equilíbrio (como em tudo, aliás). Uma menina ou menino de doze, treze anos poderá ter um limite sim, mas apenas de horário, principalmente na época das aulas. Aí já não se trata nem de evitar que vejam certas coisas, mas sim de manter um mínimo de organização e planejamento nas atividades, de forma a que eles até consigam assistir às aulas no dia seguinte sem dormir em sala. Por outro lado, podemos tirar partido quando eles assistem a alguns programas horrorosos, tratados de forma não-pedagógica ou equivocada — eles podem servir como disparadores da discussão do tema. Coisa que às vezes é até mais difícil de ser feita se o assunto for encaminhado como uma conversa formal.

Nós reclamávamos da falta de diálogo; hoje muitos jovens fogem das tentativas dos pais de conversar sobre assuntos tais como contracepção, AIDS, uso de preservativos, alcoolismo, drogas... Acham *careta*, *chato* etc. Nesses casos, o programa pode servir como pretexto para a família discutir em conjunto. Às vezes, dessa forma, consegue-se até uma aproximação mais fácil.

Enfim, **o nosso principal papel continua sendo o de "despertadores da consciência e da reflexão".**

"BATER PAPO" COM OS AMIGOS. A terceira opção de lazer do jovem muitas vezes também preocupa os pais. Simplesmente porque, mais crescidos, nem sempre os pais sabem exatamente quem são os amigos dos filhos.

Na adolescência, nós, pais, já estamos colhendo um pouco dos frutos que plantamos. O conjunto principal de valores do jovem, o arcabouço da personalidade, já está definido. O que fizemos durante a infância (ou as infâncias) agora terá muita influência. Mesmo que os nossos temores sejam fundados, nessa idade, em geral, eles já sabem o que é certo e errado, o que devem e o que não devem fazer, em grande parte dos assuntos. Muito embora agora o grupo tenha grande influência, os ensinamentos, as sementes que os pais plantaram, com bastante probabilidade, irão frutificar. O que temos a fazer é confiar no que já fizemos. E conversar. Conversar, buscar espaço para discutir com eles suas amizades, os programas que fazem, o que pensam sobre as coisas em geral. Não adianta impor o diálogo, porque aí eles fazem "ouvidos de mercador", e não funciona. Nessa fase, muitas vezes eles acham extremamente cansativo ouvir os pais. Mas se desde pequenos estão acostumados ao *papo* com os pais, fica mais fácil. No mais, é *retirar o time de campo* quando percebermos que a conversa não é bem-vinda. E esperar que o que plantamos no passado supere as derrapadas da idade. Alguns deslizes, algumas experiências poderão acontecer por curiosidade, espírito de aventura e de oposição, mas, na maioria dos casos, sem maiores conseqüências.

Sobre *o quê* nossos filhos tanto conversam? É no *playground*, na esquina, no telefone, na porta de casa, nos barezinhos... Que tanto assunto eles têm entre si se conosco eles mal falam? Alguns literalmente não falam, emitem estranhos grunhidos em resposta às nossas perguntas, outros têm um permanente ar de cansaço ao falar conosco... Já com os amigos não. Quanta simpatia, risinhos, alegria... É assim mesmo. Eles estão passando pelo processo de independentização. Então, nada a fazer. É entender e se acostumar com a nova realidade. São só alguns anos...

Fala-se tanto nesse processo de auto-afirmação, de negação dos pais para que eles possam se desenvolver... Tanta coisa... O que ninguém fala é no que os pais sentem, no quanto é estranho e terrivelmente difícil transpor sem maiores arranhões esse período. Se os filhos passam pelo processo de independentização, podemos dizer que os pais também têm que fazer o mesmo. *Cortar o cordão umbilical*, nesse caso, não pode se referir apenas ao adolescente. Também os pais precisam reaprender a conviver com os filhos. Na verdade, nem se trata de reaprender. É aprender mesmo. Tudo é novo também para os pais. Novos medos, novas inseguranças. Muita compreensão, muita paciência, muito carinho e muito altruísmo em troca de birras, maus-humores, desatenção...

É preciso saber se dar sem esperar receber nada em troca.

É preciso aprender a sair rapidinho de cena quando chega a namoradinha ou os amigos.

É preciso aprender a conviver com a porta do quarto sempre trancada.

É preciso ser agradável e simpático com quem muitas vezes não o é.

É preciso aprender a ignorar as risadinhas, os olhares de cumplicidade que eles e os amigos trocam — às vezes *contra* você.

Isso tudo dói — e é muito difícil. Mesmo sabendo que é natural, que é uma fase. A maioria dos pais parte *para a guerra* pura e simplesmente. O clima fica insustentável.

A melhor forma de atuar é evitando o confronto desnecessário. Se eles teimam em afirmar que o céu está nublado, mesmo que todos estejam vendo que é um dia maravilhoso, saia rapidinho de campo. É uma batalha em que mesmo o ganhador nada ganha. Então deixe que ele tenha esse prazer, já que isso é importante para a auto-afirmação dele, para o equilíbrio emocional. É difícil, às vezes quase impossível, não se descontrolar. Mas, se já conhecemos o processo, fica mais fácil dominar nossas emoções e ter razão; afinal, somos adultos. Não é um sacrifício tão grande perder uma discussãozinha boba dessas... E é bom saber que com isso os estamos ajudando.

Só entre em guerra se a causa for importante.

É bom lembrar, porém, que nada disso significa deixar os filhos xingarem, destratarem, desrespeitarem você. **Os limites da civilidade devem ser mantidos sempre.** Estou me referindo a certas discussões inúteis em que muitas vezes nos envolvemos, mas que servem apenas de pretexto para que o jovem realize sua necessidade de auto-afirmação. Então se a blusa é verde e eles começam uma infindável discussão dizendo que é azul — deixe. Não vai fazer diferença para você (que sabe que a blusa é verde), mas para seu filho acreditar que venceu umas ou outras pode ser fundamental. Não é nada de pessoal contra nós, embora pareça. Só não devemos permitir que tais situações descambem para o desrespeito ou que os filhos nos falem de forma agressiva e chula. A diferença entre essas duas situações deve ficar bem clara para os nossos filhos. Podemos tolerar e entender suas crises, mas não a falta de respeito e o deboche.

O jovem de hoje conversa com os amigos sobre os mesmos temas, sobre as mesmas coisas que nós conversávamos com os nossos amigos, há algumas décadas.

Nossos filhos, quando estão com os amigos, falam quase sempre sobre suas *paqueras*, trocando idéias para aumentar a segurança em relação ao sexo oposto ou falando aquelas bobagens sem sentido que os fazem morrer de tanto rir por horas a fio. O descompromisso, a

QUADRO 13
Entre amigos, o assunto MAIS comum é:
(em%)

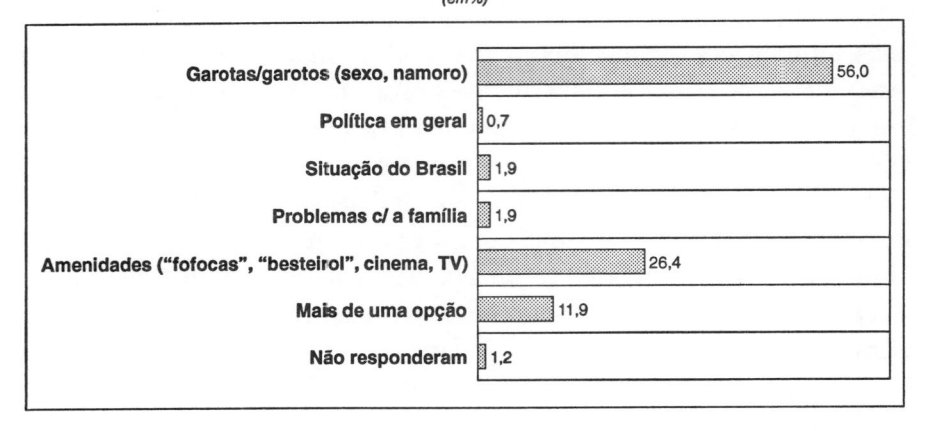

alegria de estar entre iguais — é isso que os atrai; 56% falam de sexo, namoro, enquanto 26,4% só tratam de amenidades. Muito pouco conversam sobre política ou problemas sociais de maneira geral. Até mesmo os problemas com a família ocuparam apenas 1,9%. Provavelmente esses assuntos ficam para a área de confidências mais íntimas com um ou dois amigos especiais.

É importante lembrar que aqueles que marcaram mais de uma opção também o fizeram preferencialmente em "amenidades" e "garotos/as".

É sobre isso que nossos jovens tanto conversam. E é o esperado. A sexualidade é a mais importante descoberta, a mais emocionante aquisição da idade. A descontração, a jovialidade são também marcos dessa fase.

ESPORTES. Mais de metade dos jovens pratica algum tipo de esporte. Ou vários. Que coisa maravilhosa! É uma forma extremamente benéfica de gastar as energias — que nesta fase eles têm de sobra —, de promover o desenvolvimento corporal equilibrado, o respeito pelo grupo e pelo próximo, de relaxar tensões, de levar ao aperfeiçoamento pessoal, à auto-afirmação, de conseguir a admiração do sexo oposto, de ter prestígio no grupo, enfim... São milhares os benefícios que o esporte traz. Sem contar um dos mais importantes, que é mantê-los ocupados, *sadiamente ocupados*. A preocupação com a boa *performance* nos esportes afasta o jovem e o adolescente do álcool e das drogas.

A LEITURA. Como já era de se esperar, a leitura não é o forte da maioria dos jovens desta geração. Um modesto quinto lugar; apenas 26,5% afirmaram ter na leitura uma opção de lazer. E que tipo de leitura seria essa?

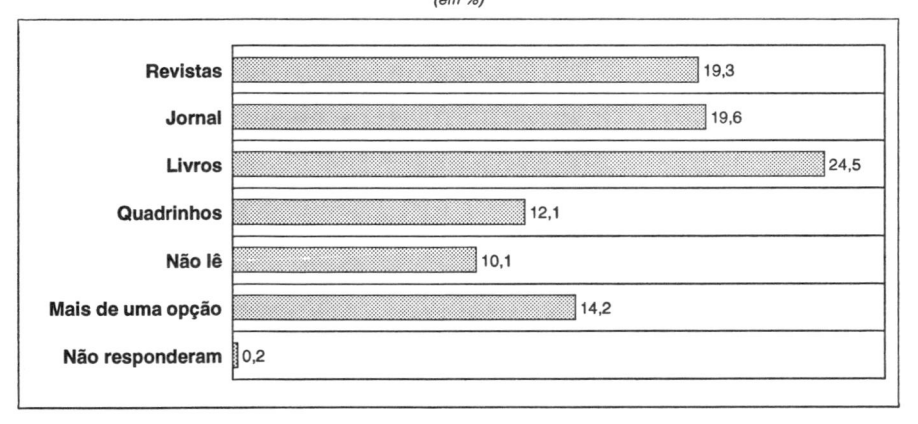

QUADRO 14
O que lê mais:
(em %)

Revistas	19,3
Jornal	19,6
Livros	24,5
Quadrinhos	12,1
Não lê	10,1
Mais de uma opção	14,2
Não responderam	0,2

Dos jovens que afirmam ler, os livros foram o tipo de leitura apontado como preferido. Quase empatados, revistas e jornais ficaram em segundo lugar.

Talvez esse resultado reflita realmente a realidade, mas é bom lembrar que muitas escolas vêm mantendo a leitura de um livro a cada bimestre ou mês como uma tarefa obrigatória. Talvez somente por isso tenhamos encontrado 24,5% nesta modalidade de lazer. Ou talvez eles realmente leiam mais do que nos parece. Foi um achado surpreendente, mas foi o que responderam. De qualquer modo, parece que a leitura não é realmente o forte desta geração... 10,1% afirmaram não ler nada, nem jornais, nem revistas, nem livros, nem quadrinhos. Os demais dividiram-se, como mostrou o quadro.

AS OUTRAS OPÇÕES. Como "outra opção" (na entrevista pedimos que especificassem qual seria esta "outra opção") foram citados:

- ir à piscina
- "ficar pensando"
- tocar instrumentos musicais
- escrever
- cuidar de animais domésticos
- jogar RPG
- telefonar para os amigos
- ir ao clube
- jogar *videogame*
- ir aos *shopping centers*
- comer
- usar o computador
- fazer ginástica
- dançar

- "bater papo" com a família
- ir à igreja
- pensar no futuro
- dirigir
- curtir meu quarto
- surfar
- jogar sinuca
- ir à praia
- ir a bailes *funk*
- fazer mixagens
- bater no irmão
- masturbar-se
- namorar
- dormir

Este estudo permitiu-me refletir sobre a capacidade que o jovem e a criança têm de sentir prazer nas coisas em si, aquelas que fazem parte do nosso dia-a-dia. Comer, dormir, "ficar pensando" são coisas que nós, com o passar do tempo e as atribulações e responsabilidades da vida adulta, perdemos a capacidade de sentir e valorizar. São coisas que fazemos sem nem ao menos percebermos. Que bom se pudéssemos rever essa nossa dessensibilização gradativa, trazendo de novo para nossas vidas essa capacidade, essa intensidade do sentir, essa possibilidade de se deslumbrar e de vibrar do adolescente e do jovem. Seria positivo também para entendermos melhor por que nosso filho adolescente dorme tanto — simplesmente porque a-do-ra dormir. Por que come a toda hora? Porque está crescendo muito, mas também porque está sem nada o que fazer — e é bom comer. Lazer para o jovem é tudo que lhe dá prazer. Quando está sem nada para fazer, eles visitam a geladeira. Abrem a porta, ficam parados olhando, olhando... Depois, toca a fazer sanduíche atrás de sanduíche...

Tudo que gostam de fazer eles classificaram como lazer. Daí a inclusão de opções como "fazer ginástica", "dançar muito", ir à igreja, conversar com a família, cuidar do cachorro, ir à aula de música... quando eles gostam do que fazem, tudo se transforma em prazer, em lazer.

Não é superengraçado e até de certa forma emocionante ver a sinceridade com que eles responderam às questões propostas? "Bater no irmão" como forma de lazer fez-me ficar rindo alguns bons minutos, porque como mãe sei bem o que significam para nós as brigas, as agressões entre nossos filhos. A gente se descabela, faz mil conjeturas, se questiona sobre a educação que deu (ou não deu), pensa mil e uma coisas: *Será que eles se odeiam?, E quando eu morrer, como vai ser? Será que eles vão ao menos se visitar, ser amigos?* Nós nos desesperamos e lá estão eles, vendo o mundo com essa leveza...

Namorar para nós era se conhecer, buscar relações significativas. Aí nos aparece namorar como opção de lazer... e a gente sente que tem, obrigatoriamente, que repensar os nossos conceitos, ajustar nossa cabeça para entender como as novas gerações vêem o mundo...

A masturbação — tão condenada há poucos anos — também foi citada várias vezes como "opção de lazer". É interessante estudar esse enfoque. Para nós, educadores e estudiosos do comportamento humano, a masturbação hoje é encarada como um fato natural e necessário em várias fases da vida. Na adolescência, ela está presente até como uma forma de autoconhecimento, de percepção da própria sexualidade. Também pode-se entendê-la como uma "válvula de escape" poderosa, face à ação intensa dos hormônios em franca expansão. Agora, podemos acrescentar uma nova maneira de encará-la — como lazer, fonte de prazer e recuperação do equilíbrio, relaxamento de tensões.

Comparando os dados relativos ao lazer, não encontramos diferença significativa em relação ao local de residência (capital x interior), nem quanto aos adolescentes que só estudam e os que trabalham. **Só houve diferença significativa em termos de lazer quando os dados**

foram cruzados com a classe social. Nesse ponto houve diferença significativa nas seguintes opções:

- cinema e teatro — os jovens da classe A vão muito mais do que todas as outras classes;
- barezinhos e restaurantes — 52,5% dos jovens da classe A costumam freqüentar; na B o percentual já cai para 31,8%; na C desce para 24,8%; 15,5% apenas na D e somente 4,5% na E. Mesadas mais gordinhas nas classes sociais mais favorecidas, sem dúvida!

Há ainda um aspecto a ser comentado. Quando pequenas, nossas crianças dão meio mundo para sair conosco. Choram, fazem chantagens incríveis quando não podemos (ou não queremos) levá-las. Esperneiam, gritam, sapateiam. Anos depois, alguns pais se surpreendem com a dificuldade que têm que vencer para que os filhos os acompanhem a qualquer lugar. Parece que dão o mundo para não sair conosco, para que os deixemos em paz, o que é certamente desconcertante e doloroso para os pais. Mas olhem só o que eles nos disseram na pesquisa:

QUADRO 15
Em geral, faz programas com a família (pais e irmãos)?
(em%)

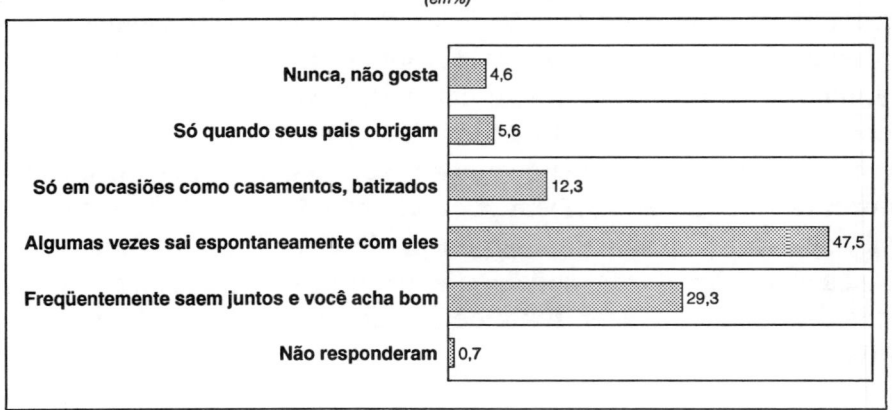

A opção mais freqüente foi "algumas vezes sai espontaneamente com eles" — 47,5% dos jovens entrevistados gostam de sair com os pais, embora não sempre. É normal que prefiram sair com os amigos — é a fase da paquera, dos namoricos, dos flertes. Nada mais natural.

Outro dado importante: quase 30% afirmaram que gostam de sair e o fazem com freqüência. Os números mostram que, embora haja tanta oposição, nós somos importantes e queridos. O processo de oposição realmente acontece porque precisa acontecer. Por mais que pareça, eles não nos querem mal. Pelo contrário. Saber disso é muito bom, porque dá novo ânimo para enfrentar o dia-a-dia tumultuado da convivência com o adolescente.

RECADO DO ADOLESCENTE SOBRE O LAZER

Nós gostamos muito da vida, queremos vivê-la intensamente, experimentar coisas novas, conviver com gente da nossa idade, amar, dançar, cantar e namorar. Como vocês fizeram na nossa idade — o que não significa necessariamente que não gostemos de vocês.

Capítulo 5

Adolescência e Drogas

Raríssimos são os que, hoje, não se preocupam com o problema das drogas. Nas grandes cidades ou no interior do país, esse é, junto com a AIDS, um dos maiores pesadelos que os pais enfrentam.

O que leva um jovem a se drogar? E o que é "se drogar"? O que são "drogas"? Quais os reais perigos que encerram? Como evitar que meu filho use drogas?

Essas e outras questões serão discutidas neste capítulo, ressaltando a necessidade de se ter consciência de que, neste campo, não existem certezas absolutas, nem fórmulas mágicas que evitem ou resolvam, com total segurança, esse problema tão complexo.

O QUE LEVA O JOVEM A SE DROGAR

Responder a essa indagação pressupõe refletir primeiramente sobre outros aspectos que lhe são anteriores. A primeira e mais importante questão é compreender que nosso trabalho de pais em relação a esse problema deve ser um trabalho preventivo. Prevenir leva a muito melhores resultados do que tentar curar. Nesse sentido, significa transmitir conhecimentos sobre o assunto, sempre dentro de um contexto de amor e diálogo. Transmitir, desde a mais tenra infância, valores sólidos aos filhos *pode significar* proteção contra a ameaça das drogas. A educação dos filhos dentro dos princípios de solidariedade, cooperação, responsabilidade, vida saudável, gradual encaminhamento para a capacitação e autonomia pessoais é a base para a integração social. E, é fundamental salientar, isso se faz basicamente pelo exemplo. Pais equilibrados, carinhosos, atentos e seguros, produtivos e estruturados emocionalmente são essenciais ao equilíbrio dos filhos.

Então por que alguns jovens escolhem o caminho das drogas e outros não, mesmo tendo os pais tomado medidas de esclarecimento, as famílias sendo estruturadas e tendo bons exemplos em casa? Porque não é somente um fator que leva ao uso das drogas, mas um conjunto de fatores. Também é bom ressaltar que até hoje não se sabe exatamente qual a força de influência de cada um, qual o nível de importância com que cada um deles atua. Os principais são:

As **CARACTERÍSTICAS PESSOAIS** influenciam muito na forma pela qual um acontecimento qualquer ocorrido na vida repercute num indivíduo (seja uma criança, um jovem, um adulto ou um idoso). Um fato simples e sem maior importância para uns pode significar um grande problema para outros. Algumas pessoas reagem de forma positiva e sem maiores preocupações a um fato, enquanto outras transformam tudo num *cavalo de batalha*. Esse jeito individual de ser de cada filho é cedo percebido pelos pais e constitui fonte permanente de dificuldades na família e na educação das crianças. Cada filho é totalmente diferente do outro. Uns são fáceis de levar, aceitam a vida de forma leve, *não esquentam*, como eles mesmos dizem. Outros vivem acabrunhados, têm uma personalidade mais complicada, desde cedo demonstram (com ou sem razão) sempre se sentirem injustiçados, perseguidos, menos amados. Essa forma de ver o mundo é inata, não tem a ver necessariamente com o meio em que se vive ou viveu. Isso significa que, mesmo que o meio lhe seja extremamente favorável, a pessoa que tem uma visão negativa das coisas não percebe esse seu mundo como positivo. Do mesmo modo, as pessoas altamente positivas, mesmo em condições adversas, conseguem sempre descobrir alguma coisa boa em tudo que lhes acontece. Isso significa, por exemplo, que uma simples reprimenda a um filho pode resultar numa tempestade ou numa *fossa* de longa duração, enquanto uma dura admoestação ou um castigo podem ser levados com a maior tranqüilidade por outro. Chamar a atenção, ralhar, mandar estudar, qualquer ato corriqueiro do dia-a-dia pode significar, para um, amor — para outro, rejeição. Quando um adolescente diz estar cheio de problemas isto pode, portanto, significar, dependendo das características de cada um, uma simples discussãozinha com o pai em casa ou realmente um problema sério como uma gravidez indesejada. E esse conjunto de características pessoais é um dos fatores determinantes para o encaminhamento da resolução de problemas. Uns *partem para a briga de frente*, enfrentam, pensam, procuram ajuda e, afinal, resolvem de algum modo o problema. Outros podem procurar caminhos de fuga, um dos quais pode ser o uso de substâncias que os ajudem a se alienar da realidade. As drogas, por exemplo. Nunca porém será somente um o fator determinante, como já afirmamos. Entretanto, essas diferenças existem, e, frente a isso, o que não deve ocorrer é ficarmos receosos, inseguros, com medo da reação peculiar dos nossos filhos — o que, convenhamos, não é nada difícil de acontecer, principalmente quando eles são daqueles que brigam, esperneiam, *criam caso* por tudo e por nada. A tendência natural dos pais é achar que esse filho é mais frágil ou mais problemático e, por medo das conseqüências que essas características possam trazer, iniciam um processo em que o jovem, em vez de aprender a dominar seus sentimentos e suas reações, pela atitude dos pais, começa a percebê-las como uma vantagem e a utilizá-las cada vez mais.

O que devemos fazer é buscar a dinâmica própria, o caminho que funciona melhor com cada um, mas sempre preservando a igualdade no tratamento de todos, sejam eles os filhos *bonzinhos* ou os *difíceis*. Mesmo que eles continuem a reclamar (e isso é inevitável — em maior ou menor grau, todos os filhos têm alguma ou muitas reclamações a fazer sobre seus pais), estaremos conscientes de que fomos justos e lutamos pelo aprimoramento de cada um. Por mais difícil que isso seja de realizar, é necessário, muito necessário mesmo que sejamos equânimes com os nossos filhos.

Uma boa dose de sensibilidade e equilíbrio é, em geral, suficiente para que os pais descubram a melhor maneira de lidar com cada um. Muitas vezes, porém, tudo que se tenta parece não funcionar. Lidar com personalidades assim pode ser muito difícil. Mesmo então, a única coisa que se pode fazer é justamente tentar manter essa postura (por mais complicado que seja), zelar por um tratamento igualitário, sem privilégios, justo, coerente. Estar atentos e acompanhar nossos filhos adolescentes o mais que pudermos. Acompanhar não no sentido físico, de ir junto, mas sim no sentido de manter sempre um tempo disponível para eles, para ajudar nos estudos, para estar presente se os amiguinhos vêm em casa (uma boa forma de conhecê-los), preparar um lanchinho gostoso para os coleguinhas (eles ficam orgulhosos de receber bem os amigos), quando for possível, participar (mesmo que seja só um pouquinho), rir junto com eles, brincar.

A esse respeito, das diferenças individuais, há uma anedota que gosto de lembrar porque ela facilita a compreensão desse fato:

Era uma vez dois irmãos. Um era otimista, o outro, pessimista. Certa vez, no Natal, ao abrirem seus presentes, os meninos encontraram o seguinte: o pessimista tinha ganhado uma bicicleta linda, de dez marchas, moderna e sofisticada. O otimista, ao abrir a linda caixa que recebera, deparou-se com um monte de fezes de cavalo.

Disse então o pessimista:

— Viu? Ninguém gosta de mim. Agora, com certeza, mais cedo ou mais tarde, eu vou cair e quebrar a cabeça com essa bicicleta que corre tanto...

Enquanto isso, o otimista já saíra correndo para a rua, disparado, gritando:

— Cadê meu cavalinho? Cadê meu cavalinho que ganhei de Natal?

A vida em família pode ficar extremamente complicada devido a essas diferenças de personalidade dos filhos, porque a tendência natural das pessoas é tentar evitar conflitos desnecessários e então o que acontece muitas vezes é se formar um comportamento em que o filho de personalidade mais difícil acaba sendo privilegiado, e o mais compreensivo e de tendência mais positiva vai ficando sempre em segundo plano (já que ele reclama menos). É impressionante verificar como é comum toda a família acabar se centralizando em torno justamente daqueles que criam mais problemas, o que, de certa forma, não deixa de significar uma premiação aos mais difíceis, quer em termos de atenção, quer em termos de receber privilégios.

Lembro-me de uma família que tinha dois filhos. O mais velho era de tal forma insistente e insatisfeito que sempre conseguia tudo que queria. Acabava *vencendo os pais pelo cansaço*. De certa forma, os próprios pais o temiam, porque cada negativa a um pedido seu era fonte de uma série de conflitos, manobras, insistências e reclamações que acabava dobrando-os. Eles terminavam por fazer tudo o que o mais velho queria, às vezes em detrimento do outro, porque assim a vida ficava um pouco mais fácil. Por exemplo, esse filho sempre tinha mais roupas que o irmão. No armário que dividiam, o lado que tinha espelho e gavetas ficou para ele. A melhor parte da estante a ser dividida entre os dois também ficou com ele, e assim sucessivamente. É compreensível que os pais, por vezes, tentem facilitar um pouco a própria vida, que já é tão complicada, e descansem um pouco em cima dos que são mais compreensivos. Mas é importante que não deixem que isso assuma uma conotação definitiva na estrutura familiar. Justamente esses, os negativistas e os mais difíceis, precisam muito, muito mesmo, da ação contínua, segura, carinhosa, mas firme dos pais. E os cordatos, os colaboradores, não podem sentir que por este fato estão sendo sempre injustiçados ou colocados em segundo plano.

A ação dos pais a que nos referíamos faz parte do segundo fator que age sobre os jovens — **O MEIO EM QUE VIVE**.

O meio pode influir positiva ou negativamente sobre as pessoas. Uma das mais fortes influências do meio, talvez a mais forte de todas, é a ação da família. Se não houvesse a influência do meio, o ser humano já estaria pronto aos cinco, seis anos, que é quando a estrutura básica da personalidade se consolida. Consolida-se sim, mas pode, felizmente, ser aperfeiçoada. Desde que nasce, a criança já tem características próprias. A ação educativa da família exerce um poderoso efeito sobre esse fator genético. A ação positiva do meio pode atenuar as características negativas e desenvolver ou aperfeiçoar as potencialidades e as capacidades já existentes no indivíduo. Graças a Deus!!! Se não fosse assim, não poderíamos acreditar em mais nada em termos de mudanças. Felizmente, muito pelo contrário, a ação da família, quando positiva, é importantíssima no aprimoramento do ser humano. Com atenção, carinho, paciência, muita conversa, firmeza, segurança e disposição, os pais conseguem minorar alguns aspectos da personalidade dos filhos, da mesma forma que podem contribuir enormemente para o pleno desenvolvimento das potencialidades de cada um deles.

Em contrapartida, também a sua ação negativa pode se fazer sentir. A acomodação, a insegurança, a falta de um projeto educacional, a desatenção, a falta de afeto, o descompromisso, a superproteção, a incapacidade para avaliar de forma objetiva os problemas de personalidade dos filhos podem ser uma forte alavanca para o estabelecimento de sérios problemas num futuro próximo. E este futuro próximo pode bem ser a adolescência, que, como vimos, é uma fase em que o jovem é tremendamente suscetível às influências de grupos e de pessoas.

Não se trata de culpar a família; pelo contrário, trata-se aqui de revalorizar o papel insubstituível da mãe e do pai na formação do jovem, do futuro cidadão. As drogas podem alcançar qualquer pessoa, independentemente de raça, religião ou classe social. Mas nós podemos, pelo menos, *tentar* evitá-las.

Se percebemos as dificuldades dos nossos filhos (e é bom que sejamos capazes de percebê-las) — ótimo! Ninguém é perfeito. Nosso trabalho será justamente contribuir para minorar esses problemas. Minimizar os problemas de personalidade dos nossos filhos não significa porém ignorá-los ou *passar a mão na cabeça*. Muito menos ignorar seus erros.

Quanto mais cedo começarmos a trabalhar com conceitos como responsabilidade, igualdade, direitos e deveres, solidariedade, cooperação, mais chances estaremos dando a nossos filhos de se tornarem pessoas íntegras, produtivas e com objetivos na vida. Nossos filhos devem saber que nós nos sentimos felizes em colaborar para a sua formação e desenvolvimento, mas devem estar cientes também de que isso não significa aceitarmos dependência ou improdutividade por toda a vida. Eles precisam saber que num futuro próximo terão que trabalhar para se sustentar, que se espera que tenham uma carreira na qual trabalhem para seu sustento, realização pessoal e para contribuir com a sociedade em que vivem. Eles devem sentir que esperamos que se tornem cidadãos produtivos, e não parasitas sociais.

Nunca apresentem aos filhos um futuro todo pronto e pleno de facilidades, com muito dinheiro e tudo resolvido. Alguns pais, cheios de amor, agem dessa forma, pensando que assim os estão protegendo, fazendo o melhor por eles. É um engano perigoso. Nossos filhos devem saber sim que contam com a nossa amizade, amor e proteção, mas não podem nem devem nunca confundir esse tipo de certeza com a idéia de que os sustentaremos para sempre — e até a seus filhos. Na verdade, quanto mais responsabilidades lhes dermos (dentro de suas capacidades e possibilidades, evidentemente), quanto mais cedo eles entenderem que terão que lutar pelo seu futuro, assumindo suas vidas e as conseqüências de seus atos (mesmo que depois os ajudemos, não o anunciemos com anos de antecedência), mais chances eles terão de evitar o caminho das drogas, da marginalidade e da frustração existencial. É disso que os jovens precisam — de ENGAJAMENTO, de OBJETIVOS. A inércia, a ociosidade, a certeza de que não precisam lutar por nada (os pais já lhes avisaram que lhes darão sempre tudo) são o melhor caminho para a falta de um ideal, para o desânimo, para o fastio e a depressão. E daí para a busca de emoções novas numa vida que se tornou precocemente vazia...

Na adolescência e na juventude devem existir sempre a chama, o desejo e a crença de que eles e somente eles mudarão a sociedade, construirão um mundo melhor, superarão todas as gerações passadas e futuras. Essa força, esse *élan*, esse ardor não devem jamais ser destruídos pela superproteção dos pais. Toda nova geração precisa acreditar que a sua é a melhor de todas as gerações. É assim que o mundo progride, é assim que o jovem se realiza e realiza ideais. É por acreditar nisso que ele produz, que ele trabalha, que ele se torna um profissional, um cidadão, um homem... Não roubemos isso deles, mesmo que seja por amor. Este é o melhor valor que podemos dar aos nossos filhos.

É fácil conseguir? Não, não é. Mas quem disse que alguma coisa é fácil na criação dos filhos? É muito, muito difícil. E quem disse porém que os pais não são capazes de tudo por seus filhos?

A família tem importante papel não somente em relação à educação como no que se refere à parte emocional, afetiva do adolescente.

Famílias mal-estruturadas, brigas freqüentes, falta de amor e de respeito entre as pessoas que convivem na casa, maus-tratos, alcoolismo, agressões físicas e morais repercutem de forma muito negativa na criança e no jovem. O grau de comprometimento, porém, vai depender, como já foi dito, das características de cada indivíduo. Esse tipo de situações porém, mesmo nos jovens mais *cuca-frescas*, sempre deixa marcas. Em alguns, esse tipo de estrutura familiar pode conduzir a graves problemas psicológicos ou até psiquiátricos (desde que haja predisposição para isso), bem como à criminalidade ou ao uso de drogas. Em outros, a repercussão pode ser bem menor. De todo modo, é inegável a importância de uma família harmônica para o desenvolvimento saudável do adolescente.

Além dos fatores citados, exercem ainda influência sobre o jovem **O GRUPO, A ESCOLA e OS LOCAIS QUE FREQÜENTA**, entre outros.

O GRUPO ganha importância muito grande na adolescência, mas o que a educação familiar e escolar plantaram deixam raízes muito, muito profundas. Portanto, sua influência, embora forte, pode ser minimizada pela estrutura ética que tivermos dado aos nossos filhos, pela forma de ver o mundo, pelo estabelecimento de objetivos de vida ricos e produtivos. Um adolescente bem formado pode até experimentar um cigarro de maconha (que não é incomum), uma *cheirada* numa festinha, mas provavelmente na maioria das vezes não passará disso. Com uma estrutura emocional equilibrada (por influência de um lar harmônico, onde a tônica seja o afeto e o diálogo, com pais justos porém severos se necessário, amigos mas seguros de suas metas, o jovem sentir-se-á capaz, o mais das vezes, de dizer não quando quiser, sem medo das tachações do grupo (bobão, filhinho da mamãe etc.).

Quanto mais harmônica e amorosa tiver sido a convivência familiar, menores as chances de a influência do grupo (quando negativa) superar as raízes que tiverem sido plantadas. Quanto mais o jovem tiver, ano após ano, se sentido amado, assistido, informado, menos necessidade terá de atitudes destrutivas e que o coloquem em risco; porque ele não precisará se fazer notado, nem precisará "aparecer".

A **ESCOLA** também contribui e muito para a formação equilibrada do jovem. Quanto maior o número de anos na **escola**, mais consciente ele se tornará a respeito de uma série de coisas pelo aumento do saber, e, assim, menos influências externas negativas encontrarão espaço para agir sobre o seu comportamento.

Quanto mais o meio como um todo lhe tiver sido favorável, menos chances de os componentes negativos da personalidade sobrepujarem os outros.

É o resultado da mistura de todas essas variáveis — cada uma com seu peso na mente e na emoção do jovem — que determinará suas decisões. Ir ou não ir àquela festinha onde ele sabe que vão *rolar* drogas e outras coisas mais? Experimentar ou não experimentar maconha? Cheirar ou não cheirar, uma vezinha só que seja, o *pó* que lhe ofereceram? Ouvir o que o grupo lhe diz ou lembrar do que lhe falaram os pais? Deixar-se levar por um amigo que admira e lhe garante que *uma vez só não vicia ninguém* ou guiar-se pela consciência que tem dos perigos? Todos esses componentes estarão presentes, mas qual ou quais deles pesarão mais na hora de decidir — isso ninguém sabe ao certo. Entretanto, a prevenção continua sendo o que de melhor a família pode fazer.

Por isso mesmo, nós pais temos que acreditar cada vez mais no poder da educação, do trabalho, do carinho e do afeto. É a chance, a melhor chance que podemos dar aos nossos filhos. **Desenvolver neles uma percepção menos individualista, um interesse pela sociedade como um todo, a crença na possibilidade de realização pelo trabalho, pela produtividade, o desejo de contribuir pela melhoria do país, a fé nos melhores valores humanísticos, em lugar da preocupação míope e pobre apenas consigo próprio, com seu prazer pessoal, com os seus interesses individuais.** Quando a pessoa aprende a só pensar em si, a olhar por todos os minutos da sua vida apenas para *o seu próprio umbigo*, ela vai se tornando mais e mais egocêntrica. A vida torna-se vazia e superficial. As relações afetivas não são duradouras, porque somente interessa o seu enfoque, o seu ponto de vista — e sem doação e compreensão nenhuma relação permanece. Assim, pouco a pouco, tudo começa a ficar sem sentido, não se tem pelo que lutar, vem a depressão; o único objetivo torna-se conseguir prazer e mais prazer. Aí temos um forte, um excelente pretexto para a busca de novas emoções, que pode estar, por exemplo, nas drogas.

Se conseguirmos atingir nossos propósitos, a chance de nossos filhos se interessarem por drogas ou por quaisquer outros elementos alienantes será muito menor, porque eles terão interesse e prazer na própria vida. Terão tanta coisa útil e produtiva a fazer que não lhes sobrará tempo ocioso para pensar em como são infelizes ou em como estão deprimidos, mesmo quando têm tudo...

O QUE SÃO DROGAS?

Droga, no sentido científico do termo, significa todo e qualquer medicamento. Daí o termo *drogaria* (local onde se adquirem drogas). Entretanto, no sentido leigo, passou aos poucos a designar as substâncias tóxicas que produzem alterações psíquicas ou de comportamento, pelos efeitos que produzem no sistema nervoso central. Em geral, para quem as utiliza, levam a uma sensação de prazer tais como sedação (acalmam), excitação, alucinações e volúpia. Essas sensações podem alterar a percepção, a inteligência, a memória, o raciocínio e o autocontrole.

O descontrole (ou abuso do uso) está ligado a uma série de fatores como tipo de droga utilizado, dosagem, forma de administração, estado de saúde física e mental do indivíduo e motivações de uso, entre outros.

O uso das drogas não é uma novidade da sociedade moderna. Muito pelo contrário. Recorrer às drogas psicoativas foi, através dos tempos, utilizado pelos mais diversos grupos com fins religiosos, culturais, medicinais ou de prazer. Hábitos e costumes sociais ditavam seu uso em cerimônias coletivas, rituais ou festas. De modo geral, nesses contextos, não representavam perigo maior para a comunidade, pois seu uso estava sempre sob controle.

O problema atual é justamente o uso indiscriminado, como forma de alienação (fuga) da realidade, de relaxamento das tensões da vida moderna ou como tentativa de superação de problemas não-resolvidos. As grandes mudanças sociais e econômicas, não tendo trazido paralelamente bem-estar para a maioria da população, são também fatores que levam ao uso das drogas. A insatisfação e o estresse constantes a que o homem moderno vive submetido, bem como o estímulo crescente ao consumo e à posse de mais e mais bens materiais, incentivam a busca de novos produtos e prazeres — e as drogas podem ser um deles. De qualquer forma, seja qual for o motivo, claro está que elas nunca ajudarão a resolver absolutamente nada. Ao contrário, vão paulatinamente afastando as pessoas da possibilidade de uma busca concreta, real e objetiva para os seus problemas.

Tipos de usuários

É preciso distinguir aqui os tipos de usuários de drogas. Segundo a Unesco, são quatro:

— o **experimentador** (aquele que usa uma ou poucas vezes vários tipos de droga, por curiosidade, pressão do grupo de amigos, em geral logo abandonando-as. Muitos adolescentes estão neste caso);

— o **usuário ocasional** (usa somente quando tem a droga disponível. Numa festinha, por exemplo, ou na casa de um amigo. Não é dependente);

— o **usuário habitual** (já apresenta dependência, precisa da droga, mas ainda não apresenta rupturas sociais importantes. Ainda trabalha, estuda, namora etc. A ruptura social importante significa justamente deixar de ter essas atividades habituais), e

— o **usuário dependente** (vive apenas para o consumo da ou das drogas que utiliza. Apresenta rompimento forte dos vínculos sociais, tendendo à marginalização e ao isolamento. Em geral, já começa a apresentar sintomas de decadência física e moral. É a fase em que todos os métodos são válidos para se conseguir a droga).

Tipos de drogas quanto aos custos

Existem vários tipos e várias classificações para as drogas. Por exemplo:

— **"drogas dos ricos"** (também chamadas de "drogas do Primeiro Mundo" ou "da opulência"), utilizadas pelas faixas sociais de alta renda, e

— **"drogas da miséria"**, usadas pelas camadas populares.

Essa classificação, obviamente, refere-se ao seu custo.

O *crack*, por exemplo, seria "da miséria", e a cocaína, "dos ricos", devido ao preço de cada um.

Tipos de drogas quanto aos efeitos no organismo

Pode-se também classificar as drogas de acordo com os efeitos produzidos no organismo. Nesse caso, temos:

1) **DROGAS DEPRESSORAS** (diminuem ou deprimem a atividade cerebral, levando ao relaxamento, à sedação, à calma e conseqüentemente ao desligamento dos problemas, reduzindo a ansiedade). As pessoas que as utilizam sentem-se mais tranqüilas em relação a seus problemas. Podem provocar também uma DESINIBIÇÃO, isto é, o indivíduo sente-se com coragem ou à vontade para falar o que sente, o que o incomoda.

Dentre as drogas depressoras temos:

- **as bebidas alcoólicas;**
- **os barbitúricos** (remédios anticonvulsivantes, soníferos, hipnóticos e analgésicos);
- **os calmantes** (tranqüilizantes, ansiolíticos e sedativos);
- **a codeína** (componente de certos xaropes); e
- **os inalantes** (cola de sapateiro, cheirinho-da-loló, éter, esmalte, gasolina, verniz, clorofórmio).

É bom lembrar que, dentre as drogas depressoras, o álcool é considerado droga lícita, tendo aceitação social bastante ampla.

Todos elas, no entanto, lícitas ou não, levam à dependência física e psíquica.

2) **DROGAS ESTIMULANTES** (dão a sensação de dinamismo, potência, força, rendimento maior no trabalho, coragem). São elas:

- **a cafeína,**
- **a nicotina,**
- **a cocaína e**
- **as anfetaminas.**

A cafeína (causa dependência psíquica) e a nicotina (leva à dependência física e psíquica) são drogas perfeitamente toleradas na sociedade. No entanto, ambas promovem danos à saúde, principalmente a segunda.

A cocaína ("pó") é a droga atualmente mais utilizada pelas classes altas. Seu uso leva à dependência psíquica, ao isolamento, à insônia, a medos irreais e à sensação de perseguição. Outra forma, mais letal e perigosa ainda, é o *crack* (pasta de coca). Ambas têm o grave perigo da superdosagem e induzem rapidamente ao vício.

As anfetaminas são substâncias utilizadas por estudantes para melhorar a concentração ou para ficar acordados por mais tempo, quando têm que estudar. Estão presentes também nos anorexígenos — remédios para diminuir o apetite e fazer emagrecer. Alguns deles têm efeitos semelhantes ao da cocaína, embora sua ação seja mais discreta (por isso bem mais tolerada socialmente): provocam sensação de força e disposição. O uso prolongado, no entanto, leva à dependência, irritabilidade, insônia e agressividade. E até à morte.

3) **DROGAS ALUCINÓGENAS** (provocam distorção na percepção das cores e das formas, porque o cérebro funciona desordenadamente, alterando as mensagens nervosas). Dentre elas as mais conhecidas são:

* **a maconha e**
* **o LSD (ácido lisérgico).**

Ambas provocam dependência psíquica.

A maconha provoca deformações na percepção de espaço e tempo e leva à introspecção. Em caso de uso prolongado, pode levar à desmotivação para o estudo, o trabalho e mesmo para o namoro. Em altas doses, pode provocar alucinações, dependência psíquica e desinteresse crescente pelas atividades do dia-a-dia, podendo ainda afetar a memória.

O LSD provoca efeitos psicodélicos fortes, alucinações e, mesmo em quantidades mínimas, pode provocar confusão mental. As alucinações nem sempre são agradáveis, podendo transformar-se em terríveis pesadelos (viagens "boas" e "más"). Foi a droga dos *hippies*.

NOSSOS JOVENS ESTÃO SE DROGANDO?

A nossa pesquisa mostrou como, quanto e o quê os nossos adolescentes estão usando em termos de drogas.

QUADRO 16
Utiliza ou utilizou algum tipo de droga
e com que freqüência?
(em%)

Freqüência	Nunca	Às vezes	Freqüentemente
Maconha	92,8	**5,5**	**1,7**
Cocaína	99,0	0,8	0,2
Crack	99,7	0,1	0,2
Heroína	99,6	0,2	0,2
Remédios para emagrecer	94,0	**5,4**	**0,6**
Calmantes	90,6	**8,8**	**0,5**
Álcool	43,6	**46,2**	**10,2**
Solventes	95,7	3,5	0,9

QUADRO 17
Com que idade começou?
(em %)

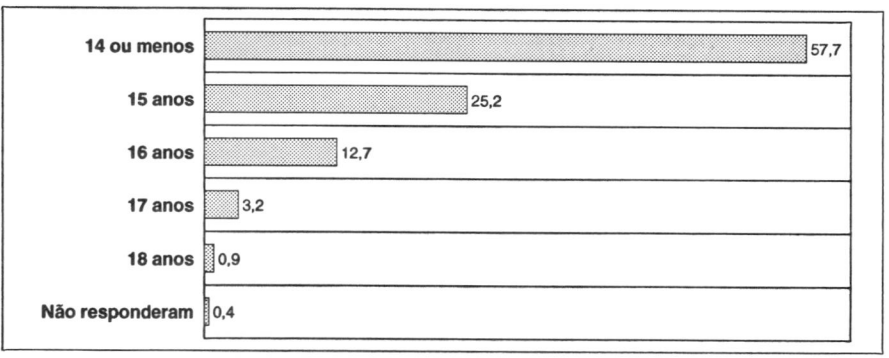

14 ou menos	57,7
15 anos	25,2
16 anos	12,7
17 anos	3,2
18 anos	0,9
Não responderam	0,4

QUADRO 18
Ainda utiliza ou parou?
(em %)

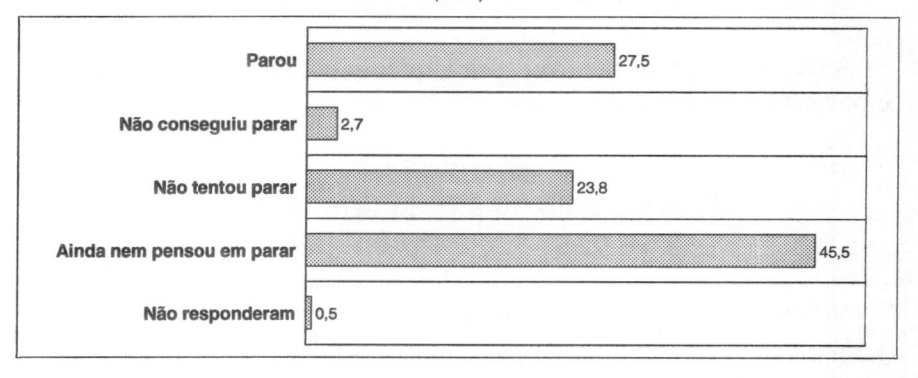

Partindo do pressuposto de que todos os entrevistados informaram com honestidade, e parece-nos que isso ocorreu (em média, apenas entre dez a quinze jovens se abstiveram de responder a cada uma das questões relativas ao assunto), levantamos o seguinte: 59,38% dos entrevistados tomaram ou tomam algum tipo de droga (excluídas nicotina e cafeína). Ou seja, quase 60%. Por outro lado, 40,62% afirmaram nunca terem tomado nenhum tipo de droga.

Vamos analisar agora a soma dos que afirmaram utilizar "às vezes" e "freqüentemente". Teríamos então o seguinte resumo:

QUADRO 19
Drogas mais usadas
(em %)

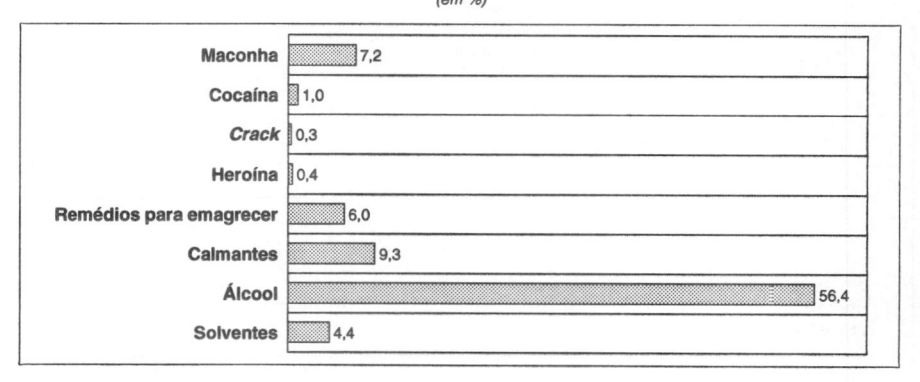

Os dados colhidos mostram portanto que **O ÁLCOOL É A PRIMEIRA E A MAIS USADA DAS DROGAS,** atingindo mais de metade dos jovens ente quatorze e dezoito anos. Desses, 10,2% usam-no com freqüência. Em segundo lugar, os **CALMANTES,** com quase 10% de usuários, e em terceiro a **MACONHA,** seguida bem de perto dos **REMÉDIOS PARA EMAGRECER.**

A pesquisa confirmou portanto que **a maconha e os solventes são as drogas não-lícitas mais utilizadas.***

Pelos resultados, parece-nos muito importante pararmos para refletir, primeiramente, sobre as drogas lícitas.

O álcool, disparado em primeiro lugar, ocupa essa posição de destaque basicamente porque a sociedade como um todo tolera e, de certa forma, até incentiva o seu uso. Realmente, tomar um copo de vinho ou um uísque eventualmente, numa festa, numa reunião, num jantar, não tem nada demais. Trata-se daquilo que as pessoas chamam de "beber socialmente". Em se tratando de adultos — sem exageros, com moderação e equilíbrio, realmente tudo bem. Mas somente nestas circunstâncias.

O problema é que alguns pais acham *bonito* e se orgulham dos filhos (principalmente meninos) que já aos dois anos ou três tomam uns golinhos de cerveja ou dão uma *bicadinha* no uísque do papai. Incentivam e exibem aos amigos os filhos bebendo, sob intensas gargalhadas e atitudes de franca aprovação.

Sem discutir o mérito da questão (se é machismo ou não, por exemplo), o que vale a pena pensar é que, na medida em que todos riem e aplaudem as caretas e os calafrios que os pequeninos fazem nessas horas, aquilo que aparentemente é uma brincadeirinha inocente pode ter conseqüências. A aprovação dos pais e da sociedade *marca* a criança. Ela sente-se feliz, amada, aprovada. E tende a repetir o comportamento pelo qual recebeu afeto, carinho, atenção, apoio. Então, antes de inconseqüentemente nos divertirmos com certas coisas, seria muito bom refletirmos um pouco mais. Será muito difícil abrir

---

*Nossa pesquisa não inclui uma droga que, embora não seja nova, só agora reapareceu no Brasil. Muito usada na época dos *hippies*, havia sumido do mercado. É o chamado *ecstasy*. O *ecstasy* é um coquetel de cocaína, morfina, heroína, anfetamina e ópio que provoca euforia e alucinações, podendo levar à morte em 48 horas. Seu efeito dura de dez a doze horas e é seguido de forte depressão. Apresenta-se sob a forma de comprimidos. Devido à falta de dados e ao seu raro consumo, optamos por não o incluir no estudo.

mão de uma brincadeirinha boba? Principalmente sabendo que futuramente ela poderá trazer danos aos nossos filhos? Algumas teorias sobre o alcoolismo defendem a idéia de que existe uma personalidade propícia a criar dependência, seja do álcool, seja do tabaco ou de qualquer outra droga. Então, se não existe ainda uma forma de se saber quem são essas pessoas, será que devemos expor nossos filhos a esse risco? E por nossa iniciativa?

Certamente não é só essa atitude que induz o jovem ao alcoolismo. Há o próprio exemplo na família e na sociedade como um todo. A convivência com pessoas que usam o álcool com freqüência tende a levá-los a ver sua utilização como uma coisa comum, normal. Não há regras, evidentemente, mas é mais comum. Não estamos preconizando que ninguém tome mais uma gota de álcool. Não estamos aqui fazendo "terrorismo" ou adotando atitudes moralistas. O importante é zelarmos para que nossos filhos só se iniciem nesse hábito, mesmo ocasional, quando já tiverem idade, maturidade e equilíbrio para isso. É sabido que a iniciação das crianças alcoólatras na maioria dos casos é feita dentro de suas próprias casas e, como a pesquisa mostrou, bem cedo.

Além disso, infelizmente, bares, boates e restaurantes *não estão nem aí* para a proibição legal de só servir bebida alcoólica para maiores de dezoito anos. Essas facilidades (no lar e na sociedade) propiciam a oportunidade para a instalação da dependência.

É considerada dependente a pessoa que faz uso diário de bebida alcoólica, isto é, aquelas que não podem deixar de tomar um chopinho ou uma dosezinha de uísque todo dia.

Então, o que nos resta fazer é:

* *Primeiro*: estar conscientes dessa responsabilidade.
* *Segundo*: zelar para que nossos filhos tenham informações suficientes sobre o uso do álcool e suas conseqüências.
* *Terceiro*: estar atentos e observar de que forma eles chegam em casa depois das festinhas, idas a bares etc.
* *Quarto*: não exagerar a importância de alguns golinhos de uísque ou de um chopinho numa festa, a partir de uma certa idade (evitar o pânico e o exagero nas atitudes), que induz a atitude defensiva do jovem, levando-o a esconder ou não contar nada ou quase nada em casa.

O uso precoce é, sem dúvida, o maior problema. Como se vê no Quadro 17, a maioria absoluta dos jovens que utiliza algum tipo de droga iniciou seu uso aos quatorze anos ou antes ainda. É interessante perceber também que o percentual, quer dizer, o número de usuários, vai paulatinamente diminuindo com o aumento da idade. Aos dezoito anos, apenas 0,9% e aos dezessete, somente 3,2%.

Bem, pelo menos isso parece comprovar uma tendência extremamente positiva. Ou seja, muitos adolescentes experimentam ou usam algum tipo de droga, mas, aos poucos, com o passar dos anos, vão deixando de usá-las.

No Quadro 18, podemos notar que 45,5% ainda nem pensaram em parar de utilizar a/s droga/s, mas é importante dizer que, em grande parte, estão se referindo às bebidas alcoólicas, talvez justamente porque não existe em relação a elas uma desaprovação social muito grande. Por isso eles nem se preocupam em parar de beber. Quanto às drogas ilícitas, 27,5% dos jovens provaram, usaram por um determinado período de tempo e abandonaram. Este fato pode estar ligado, entre outros fatores, à onipotência do adolescente, uma das características da fase. Eles sentem-se fortes, imortais, corajosos. Querem também crescer, desligar-se dos pais, ser independentes. Precisam provar isso a si próprios e ao grupo, por isso alguns participam de atividades por vezes perigosas ou mesmo ilegais. Felizmente, boa parte deles afasta-se a tempo. Outros já não têm essa sorte: 2,7% afirmaram que não conseguiram parar, mesmo tendo tentado, o que já indica a presença de dependência física ou psíquica (ou ambas, dependendo da droga).

Portanto, é sem dúvida melhor agirmos de forma a evitar que nossos filhos sintam-se tentados a experimentar. E isso só é possível através do esclarecimento dos efeitos, das conseqüências de cada uma das drogas no organismo. Entretanto, nem sempre se consegue esse objetivo. Muitas vezes, os jovens não querem ouvir o que os pais têm a dizer, porque sabem que o que eles dirão vai significar não fazer determinadas coisas. Outras vezes, os próprios pais não se sentem preparados para abordar certos assuntos. A droga é um deles. Como o sexo. Em conseqüência, em muitas famílias ainda não existem diálogo e orientação dos filhos sobre estes assuntos.

Vencer os próprios medos em relação ao tema é um desafio que os pais têm que travar. **O esclarecimento é um dos fatores mais importantes na prevenção do uso de drogas**, inclusive porque, embora o problema seja grave, existe, por outro lado também, muito sensacionalismo em torno do assunto, como se pode verificar pelos números levantados na pesquisa. Vivemos apavorados com a cocaína, a maconha, o *crack*, mas o álcool, os calmantes e os remédios para emagrecer é que deveriam nos preocupar mais. Não que o problema não exista ou não seja grave, mas é importante evitar o pânico que muitos pais sentem justamente pelo alarde que se faz em torno do assunto. No Brasil, os dados indicam que a situação ainda não é tão grave como em outros países em que os jovens utilizam muito mais as drogas ilícitas como cocaína e *crack* (EUA, por exemplo). Isso só prova que o trabalho educacional, preventivo, tem todas as chances de funcionar para o controle da situação. Pais, educadores e governo juntos podem, se quiserem, resolver o problema ou, pelo menos, minimizá-lo. Ainda é tempo.

Alguns pais ficam tão apavorados com o assunto que perdem o controle por qualquer coisa. Uma mãe relatou-me o seguinte: um dia, a filha adolescente (de quatorze anos) demorou um pouco mais a voltar da escola. Quando por fim ela chegou, no final de uma bela tarde de um dia de semana, a mãe perguntou-lhe a razão da demora. A menina respondeu: "Fomos tomar um chopinho no bar ao lado da escola, porque não tivemos os dois últimos tempos de aula." Ao ouvir isso, a mãe se desesperou de tal forma (na sua cabeça a filha tornara-se da noite para o dia, por causa de um chopinho, uma alcoólica) que ligou para os Alcoólicos Anônimos e obrigou a menina a ir com ela a algumas sessões. Segundo a mãe, a menina nunca mais voltou a beber. Muito bem, a estratégia, embora completamente exagerada e sem fundamento, parece que deu certo. A menina se apavorou e nunca mais bebeu nem uma gota. Provavelmente ela não iria mesmo tornar-se uma alcoólica.

Mas será que é assim que devemos agir? Havia fundamento real para tal atitude? Esse exagero poderia simplesmente ter resultado na filha nunca mais contar para a mãe o que faz ou fez. Atitudes descabidas e exageradas denotam insegurança, e certamente não é disso que o jovem precisa. É muito importante que os pais tenham os conhecimentos que apresentamos neste capítulo (como os tipos de usuários, por exemplo) para que não incorram em atitudes desesperadas, apavoradas. A calma e o bom senso devem sempre estar presentes na relação com nossos filhos, mesmo que descubramos que um deles realmente está fazendo uso de alguma droga. É preciso sempre distinguir entre um usuário ocasional e um dependente. Entre "uso" e "abuso de uso".

E os calmantes? Por que os adolescentes, tão jovens ainda, já tomam calmantes? Será que eles realmente precisam? Ou será que os pais usam muito e sempre os têm em casa, facilitando seu uso pelo jovem? Se há algum problema, devemos conversar, procurar juntos as causas e tentar resolver de forma concreta e objetiva, e não através de fugas e alienação. **As drogas em geral não são causa de problemas, mas conseqüência deles.** E, claro, geram novos problemas. Nos mais sérios, que escapam à nossa possibilidade de resolução, devemos procurar o auxílio de profissionais especializados (psicólogos, psicanalistas, terapeutas de família etc.). No entanto, a maioria dos problemas dos nossos filhos pode ser resolvida dentro da própria família, desde que, claro, exista clima para diálogo, abertura para ouvir e se expressar e muita compreensão, afeto e respeito mútuo.

O uso de calmantes, tanto para jovens como para adultos, tem indicação médica específica; eles não devem, portanto, ser utilizados indiscriminadamente, sem orientação dos profissionais especializados — mesmo que as farmácias facilitem as coisas, vendendo-os sem receita médica.

Em resumo, o trabalho da família, com relação ao uso de drogas deve começar pelo controle e atenção às drogas lícitas, que, como vimos, são as mais utilizadas pelos nossos jovens. As ilícitas, felizmente, ainda não são usadas senão por uma minoria, e muitas vezes logo abandonadas. O trabalho dos pais com relação a estas últimas deve ser de orientadores, levando ao maior esclarecimento possível. Diálogo, leitura conjunta de textos sobre o assunto, discussões informais em família são algumas das atividades que podemos desenvolver para prevenir situações indesejáveis no futuro.

Nosso estudo mostrou também alguns outros dados interessantes, quando comparamos a utilização das diferentes drogas com a classe social dos jovens:

— *CRACK* e HEROÍNA — utilizados pelos jovens das classes C, D e E. Nenhum dos jovens das classes A e B acusou seu uso.

— MACONHA e CALMANTES — usados pelos jovens das cinco classes sociais.

— ÁLCOOL — usados pelos jovens das cinco classes sociais, mas com diferença significativa nas classes mais altas. Isto é, os jovens das classes mais favorecidas economicamente utilizam mais, havendo um índice decrescente até chegarmos à classe E. Possivelmente isto está ligado a dois fatores. Nas classes mais favorecidas, quase todos têm em casa bares muito bem providos, o que facilita o acesso à bebida, além de melhores mesadas, podendo comprar mais chopinhos, mais caipirinhas etc. a cada vez que saem com os amigos, o que não acontece nas camadas populares.

Todos os demais tipos de droga, bem como idade de início de uso, ou tentativas de abandonar o uso, não acusaram diferenças significativas quando comparados os dados obtidos e o nível sócio-econômico.

Um dado importantíssimo que a comparação entre usuário de drogas e adolescentes que trabalham e que não trabalham mostrou foi que: **os jovens que trabalham e estudam iniciaram-se mais tarde nas drogas que os demais**.

Esse dado, fundamental, confirma as nossas colocações sobre a necessidade de fazer com que nossos filhos tenham, desde cedo, objetivos na vida e sobre o efeito pernicioso do excesso de bens materiais e da falta de limites.

Ter demais e muito cedo não é saudável, assim como ter tempo ocioso demais também não o é. Não significa que obrigatoriamente tenhamos que fazer nossos filhos arrumarem rapidinho um emprego, nem que os sobrecarreguemos de afazeres. Não. Basta que façamos deles pessoas participativas e com algumas obrigações e afazeres dentro da nossa própria casa. Ajudar os pais, lavar um carro, rever uma matéria com um irmão menor, fazer uma comprinha quando a mamãe está enrolada são formas saudáveis de ocupá-los, mas principalmente de fazê-los compreender o valor do trabalho e o seu próprio valor dentro da organização familiar. A auto-estima do jovem também se fortalece na medida em que ele se sente útil, mesmo que não pareça ou que, de início — se ele não foi acostumado a ajudar —, reclame ou não queira colaborar. Com afeto e segurança, pode-se explicar as coisas ao jovem, fazendo-o mudar sua atitude de mero usufruidor para elemento colaborador e participativo. Mas atenção! Não espere conseguir isso rapidinho, de uma vez só. Você vai repetir, repetir, repetir até a exaustão e então, quando nem você acreditar mais que vai adiantar, acontecerá o milagre... Todo o processo de aprendizagem e socialização é lento, repetitivo, maçante, cansativo mesmo. Mas que funciona, funciona. Precisa é querer, precisa é acreditar e ter paciência (quase tanta quanto Jó) e determinação...

Um aspecto que não podemos deixar de comentar são nossos achados na comparação que fizemos entre usuários de drogas e estado civil dos pais:

QUADRO 20
Uso de drogas X Estado civil dos pais

Tipo de droga	Freqüência de uso
Maconha	Mais usada pelos filhos de pais separados e pelos que não têm pais.
Cocaína, Heroína, *Crack* e Remédios para emagrecer	O uso aumenta muito nos que não têm pais.
Calmantes	O uso é maior nos filhos de viúvo/as e pelos que não têm pais.
Solventes	Muito mais utilizados pelos filhos de pais separados e pelos que não têm pais.

Estes dados vêm confirmar o que afirmamos anteriormente: a família tem importância capital no estado emocional e no equilíbrio do adolescente. Uma família estruturada, harmônica e equilibrada produz, quase sempre, jovens equilibrados e estruturados. A falta dos pais é sentida de forma substancial pelo jovem, sendo causa de maior fragilidade emocional. Claro, se os pais morreram não se pode reverter a situação, mas e as famílias que vivem brigando, se desentendendo, se agredindo (na frente das crianças principalmente)? É preciso um esforço grande para superar este clima adverso à saúde emocional dos filhos. Às vezes, uma separação pode resolver muita coisa, desde que os pais não abandonem seu papel de educadores e passem a jogar com os sentimentos da criança de forma a agredir ou atingir o ex-cônjuge. Ser pai e mãe é para sempre, para toda a vida, vivamos juntos ou separados.

Toda criança sente a separação dos pais (e os dados acima o comprovam), mas sem dúvida esse sentimento se ameniza com o tempo, principalmente se os pais souberem lidar com isso de forma madura e digna, sem agressões mútuas, sem *usar* as crianças com frases do tipo: *Claro que não podemos contar com o seu pai, você já não sabe disso?*, ou: *Sua mãe já está de namorado novo novamente? Ela não presta mesmo...*, ou: *Cada vez que você volta da casa de seu pai, fica mais insuportável...* A criança e o adolescente precisam sentir que a separação foi uma coisa que aconteceu entre os pais, e não entre os filhos e os pais — ou seja, eles precisam sentir que continuam amados pelos dois e que podem continuar amando os dois.

A comparação dos dados mostrou ainda que os calmantes e os remédios para emagrecer são mais utilizados pelas adolescentes do sexo feminino, enquanto com relação às outras drogas não houve diferença significativa neste aspecto. Ou seja, **os adolescentes de ambos os sexos usam indiscriminadamente as drogas, mas as meninas usam mais calmantes e remédios para emagrecer do que os meninos.**

A esse respeito é bom saber que estudos recentes parecem indicar que cerca de 10% dos jovens que usam drogas pesadas começaram usando anoréticos.

COMO SABER SE MEU FILHO USA DROGAS?

Ninguém conhece tanto um filho quanto seus pais. Isso costuma ser verdade na maior parte das vezes. Mas, infelizmente, nem sempre.

Pais interessados, participativos, que costumam conversar com seus filhos, mantendo um diálogo permanente, têm mais chance de saber quando alguma coisa diferente está acontecendo. E aí a melhor forma de saber que coisa é essa é perguntando, mantendo o canal de diálogo aberto.

Entretanto, pode ocorrer, por uma série de motivos, que o jovem não queira que seus pais saibam (autocrítica, medo da reação deles, medo de magoar etc.). Então, alguns sintomas podem ajudar a descobrir se algo de anormal está ou não acontecendo. Antes de descrevê-los, entretanto, gostaria de lembrar que uma atitude neurótica, policialesca, de ficar vasculhando as mochilas, os armários do filho, cada vez que você acha que ele está diferente, é extremamente negativa, porque denuncia falta de confiança. Agora, estar atento ao que acontece na vida deles é outra coisa — é carinho, disponibilidade, interesse. Nunca devemos usar porém estes sentimentos como desculpa para invasão de privacidade, desrespeito ou desconfiança permanente.

Os sinais que apresentamos a seguir devem ser entendidos como *sinais*, e não como *certezas*. São apenas indícios de que alguma coisa não vai bem com nossos filhos — e isto pode ter origem em uma série de circunstâncias, não obrigatoriamente no uso de drogas. Segundo Bucher (1993), são eles·

— irritabilidade;
— agressividade;
— falta de motivação para os estudos;
— falta de motivação para o trabalho;
— troca do dia pela noite;
— insônia;
— falta de motivação para namorar, sair, passear com amigos;
— vermelhidão nos olhos;
— desaparecimento de objetos ou de dinheiro de casa etc.

A presença de vários desses sintomas por um tempo relativamente prolongado (a partir de um mês, por exemplo) deve ser encarada pelos pais como um sinal de que algum problema está acontecendo. Pode ser uma doença, um namoro mal-resolvido etc. E pode também significar uso de drogas, embora não obrigatoriamente.

MEU FILHO ESTÁ SE DROGANDO. O QUE FAZER?

A primeira coisa (e talvez a mais difícil) é esta: FICAR CALMO. Por impossível que possa parecer, é a única coisa que vai nos permitir ajudar nossos filhos.

Vale chorar, espernear, se maldizer, se culpar, tudo. Mas isso lá no seu quarto, trancadinho, que ninguém é de ferro. Depois, já tendo desabafado, o segundo passo: PENSAR. Isso significa passar em revista todo o passado recente e tentar procurar descobrir que tipo ou tipos de problemas seu filho vinha apresentando ultimamente. Porque em geral, como já foi dito, o uso de drogas é uma conseqüência de problemas, e não a causa deles. Se não conseguir localizar sozinho o x da questão, converse com seu filho. Mas essa conversa primeira tem que ser feita com tato, com afeto, com compreensão principalmente. Tente fazer com que ele lhe conte o que o está perturbando. Coloque-se à disposição para ajudá-lo no que for necessário. Talvez ele se disponha a falar; mas prepare-se — você pode estar envolvido no problema. Se for o caso, faça uma análise isenta das reclamações ou acusações de seu filho. Quem sabe vocês juntos não poderão reformular e melhorar a relação. A crise, se descoberta, pode ser tratada, e, eliminada a causa, talvez ele deixe de usar a droga. Caso isso não ocorra, ou seja, se o diálogo não funcionar e também se já houver dependência física ou psíquica, outras providências poderão ser tomadas (busca de ajuda de profissionais como psiquiatras, clínicas especializadas etc.)

Lembre-se porém que, detectado o problema, o terceiro passo é: BUSCAR SOLUÇÕES CONJUNTAS.

Muitos pais, ao saberem que seus filhos usam algum tipo de droga, ficam de tal forma desesperados que assumem atitudes que comprometem mais ainda a situação. Seguir o jovem, proibi-lo de sair de casa, trancá-lo no quarto, gritar feito um louco, falar sem parar no assunto, se lamentar e gemer todo o tempo, proibi-lo de ver os amigos, interná-lo numa clínica, tirá-lo da escola, cortar todo o dinheiro, bater, ameaçar são algumas delas. Outro comportamento que pode ocorrer é ignorar o fato. Agir como se nada estivesse acontecendo por vezes é uma forma de fugir do problema, tal o pavor que os pais sentem diante dessa situação. É compreensível, mas não podemos nos deixar levar pelas emoções. Passado o primeiro impacto, por mais que nos sintamos desesperados, temos que pensar em salvar o nosso filho, agir de forma a ajudá-lo a sair do buraco em que se meteu.

É importante lembrar mais uma vez que o uso de drogas por um período não significa *obrigatoriamente* que seu filho seja dependente de drogas. Você pode ter descoberto apenas que ele experimentou umas vezes maconha ou cocaína, mas ainda não está viciado. A conduta então é de esclarecimento, apoio e amparo. Isso feito com segurança e autoridade. Não se trata de aprovar, nem de passar a mão na cabeça. É alertar, conversar sobre os caminhos a que ele pode ser levado, mas sempre entendendo que seu filho não é mais uma criança, é um jovem que está tentando crescer e escolher seu destino. Vamos ajudá-lo a escolher bem — e isso só pode ser feito com muita compreensão, equilíbrio e... calma.

O ideal é **combinar compreensão e afeto com segurança e autoridade** para se ter uma "fórmula", digamos assim, que possa ajudar na resolução do problema. É a sensibilidade de cada um dos envolvidos com o jovem que vai ditar qual o momento em que se deve compreender, dar afeto, conversar e em quais se deve ter autoridade e dizer "não".

O mais importante de tudo é ter vontade real de ajudar, entender que naquele momento, por mais difícil que seja, dependerá muito da atitude dos pais, a preservação da saúde mental, do drogado e dos demais membros da família. Para alguns, ter um irmão que bebe e é encontrado pelo chão nas ruas, ou que se droga, pode ser um problema adicional a ser enfrentado, porque algumas outras famílias poderão tomar medidas contra o jovem que se droga e também contra os que não se drogam (afinal, são irmãos, pensam), afastando os amigos, proibindo-os de freqüentar suas casas etc. Vergonha, raiva, desespero são alguns dos sentimentos que podem surgir em função desses fatos. A tarefa dos pais é hercúlea. Em alguns casos, pode ser conveniente buscar ajuda nos profissionais especializados, para se ter um apoio e orientação adequada.

RECADO DO ADOLESCENTE PARA OS PAIS

Para nos mantermos longe das drogas, lícitas ou ilícitas, precisamos muito do seu exemplo antes de tudo. Da sua orientação, compreensão, do seu carinho, de atenção e amor. Mas precisamos também de segurança e limites. Precisamos acreditar no futuro e no trabalho, precisamos estar engajados em um projeto de vida, precisamos nos sentir úteis e produtivos.

Capítulo 6

O Adolescente e a Família

O ADOLESCENTE AVALIA SEUS PAIS

Quase todos os livros sobre adolescência usam muito a expressão *cortar o cordão umbilical* ao referir-se à crescente necessidade de autodeterminação desta fase. E realmente é assim. É uma época de grande crescimento e também de grandes perdas. O jovem tem que se separar, se independentizar dos pais e, de alguma forma, a melhor maneira que encontram para executar uma tarefa tão difícil (já que são as figuras mais importantes na vida dos filhos até este momento) é, muitas vezes, destruindo a imagem de perfeição que, do nascimento até então, eles têm sobre seus pais. Afinal, quem os protegeu a vida toda? Quem alimentou, acariciou, cuidou quando doentes, consolou, ouviu, contou historinhas, brincou, cheirou, beijou, elogiou, lavou, protegeu? Quem? Os pais. Então romper com essas pessoas tão importantes, mesmo que seja para crescer e conquistar independência, é muito difícil. Daí a melhor maneira é criar uma imagem negativa do pai e da mãe, achar-lhes mil defeitos, criticar, criticar muito mesmo, para assim ter a justificativa de que precisam para atenuar a ligação tão forte.

Dizem até que quanto mais *legais* forem os pais, mais compreensivos, cordatos, democráticos, mais difícil será a ruptura e mais os adolescentes terão que criar formas de destruir essa imagem positiva. Caso contrário, nunca se tornarão adultos, independentes e com vida própria.

Que coisa tão complicada, não é mesmo? Se somos bons pais, amigos, compreensivos, equilibrados, isso é um problema para os filhos; se se é realizado profissionalmente, também — porque aí eles terão que encontrar formas de superar essa produtividade. Se somos injustos, autoritários, desorganizados, desinteressados, aí mesmo é que somos causa de problemas para eles... A esse respeito, já houve até quem dissesse que o melhor mesmo é que não tivéssemos pais! Das mães, então, dizem horrores: *Mãe, só uma... porque duas, quem agüentaria?* Mas, felizmente, todos nós sabemos que são blagues, brincadeiras, formas irônicas de se encarar o fato de que cedo ou tarde nós, pais, temos, queiramos ou não, que descer do pedestal em que nossos próprios filhos nos colocaram, pedestal este que, de repente, precisam destruir...

Um dos grandes problemas dos pais é justamente encarar esse fato, porque, claro, repercute internamente. Em outras palavras, também os pais têm que *cortar o cordão umbilical* em relação aos filhos, como já dissemos. É uma tarefa duplamente árdua, porque por um lado temos que aprender a conviver com aquele "estranho ser" em que se transformou a doce criaturinha que era o nosso filhinho ou filhinha. Um ser "reclamão", meio zangado sempre, crítico, ácido, em oposição permanente a tudo que dizemos ou fazemos. Temos que reaprender a conhecê-lo e a entendê-lo, já que existem tantas nuances e coisas importantes acontecendo com ele nesta fase. E nós, pais modernos, sabemos disso e queremos muito ajudá-los, o que já seria uma coisa incrivelmente difícil e cansativa. Extenuante mesmo. Entretanto, não é só. Temos que também aprender a conviver com a forma pela qual *ele* nos vê. O que, sem dúvida, pode, por vezes, doer muito. Você, que sempre foi "O" pai ou "A" mãe para ele. Você, que se acostumou a ouvir seu filho dizendo a quem quer que fosse: *Minha mãe que me disse!* E aí, pronto! Era verdade e estava acabado... Você que se habituou com o carinho afetuoso, com a solicitação constante de beijos e abraços. Com o olhar de confiança irrestrita com que ele lhe ouvia explicar alguma coisa... Com reclamações a cada ausência sua, por menor que fosse...

E agora? Agora você tem que se acostumar com risinhos desconcertantes (principalmente quando tem coleguinhas por perto), com críticas à sua maneira de ser, de se vestir, de andar, de falar (tudo *paga mico*), com cochichos, com respostas brutas ou com grunhidos em lugar de respostas. Com o ar de enfado que eles fazem quando a gente fala qualquer coisa com eles. Com o desleixo, a falta de banho, a desorganização, às vezes a falta de vontade de estudar, mas o pior mesmo é com a impressão que passa a nos perseguir de que, por algum motivo indecifrável, *eles nos odeiam...* Ah, como é difícil!!! E aquele arzinho irônico que lhes fica nos lábios quando você começa a falar (*dar sermão*, segundo eles). Ah, que ódio!!! Quantas vezes a mais calma e devotada das mães, o mais tranqüilo dos pais têm que se conter, contar até dez... não, até mil — para não enlouquecer ou virar a mesa...

É, esqueceram de nos avisar que ia ser difícil assim... Logo quando a gente estava tão feliz com esse papel tão importante na vida dos nossos filhos, temos que descer do pedestal — descer não, pular, saltar do pedestal — e aceitar a nova realidade — a forma pela qual eles nos verão e avaliarão pelos próximos, digamos, cinco, seis anos...

Mas como nós somos os adultos da relação, vamos em frente. Lemos e nos informamos sobre as características da fase e já acabamos mais conformados. Entendemos que é mais uma contribuição que temos que dar para o crescimento íntegro e harmonioso dos nossos pimpolhos e então... lá vamos nós. Estamos prontos para a batalha!

E eles, o que pensarão realmente sobre nós, sobre a FAMÍLIA, isto é, sobre seus pais e irmãos?

QUADRO 21
Observando sua família no dia-a-dia você:
(em %)

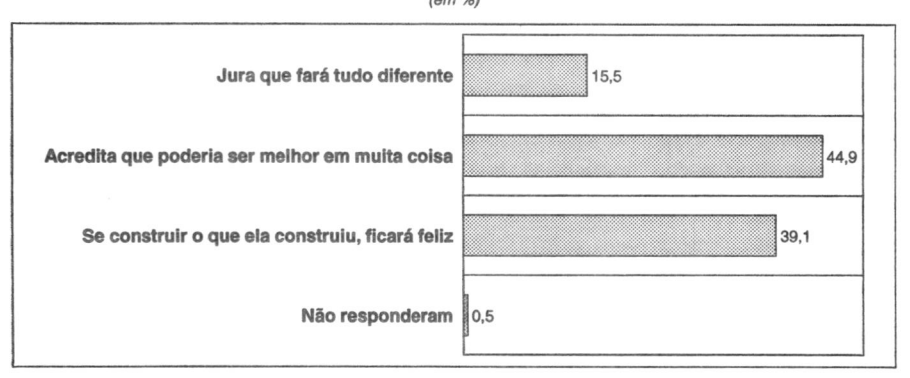

Jura que fará tudo diferente	15,5
Acredita que poderia ser melhor em muita coisa	44,9
Se construir o que ela construiu, ficará feliz	39,1
Não responderam	0,5

Parece que, afinal, eles não odeiam tanto quanto querem que acreditemos, não é mesmo? Afinal, apenas 15,5% desejam estruturar a sua própria família de forma completamente diferente daquela em que viveu, quando forem constituir a sua. Enquanto isso, 44,9% afirmam que teriam *algumas coisas a mudar*, e expressivos 39,1% considerar-se-ão *felizes se conseguirem organizar uma família igual àquela que têm.*

Esses achados, muito importantes, vêm referendar a idéia de que de fato **o adolescente se opõe sistematicamente por uma necessidade da fase de desenvolvimento, porque precisa romper com os antigos ídolos (pai e mãe), para crescer e se independentizar e não porque seja contra a família.**

Por outro lado, mostram que, muito embora tanto se fale de crise na família, nossos filhos não acham que as coisas vão tão mal assim. Quase 40% dos adolescentes aprovam o modo de ser de suas famílias, enquanto cerca de 45% fariam apenas algumas mudanças. E este último dado — algumas mudanças — pode ser encarado como progresso. Nós, quando adolescentes, na nossa época, também lutamos e mudamos a estrutura da nossa família. É justo que nossos filhos sonhem em avançar mais um pouco. O aperfeiçoamento só pode ser bem-vindo. O mais importante é que somente uma minoria de 15,5% desaprova completamente sua família. Acho que podemos dormir um pouquinho mais leves e felizes... Nós, os pais da geração atual, não estamos nos saindo tão mal no nosso papel. Foram nossos filhos que o disseram.

QUADRO 22
Considera a educação que recebeu de seus pais:
(em %)

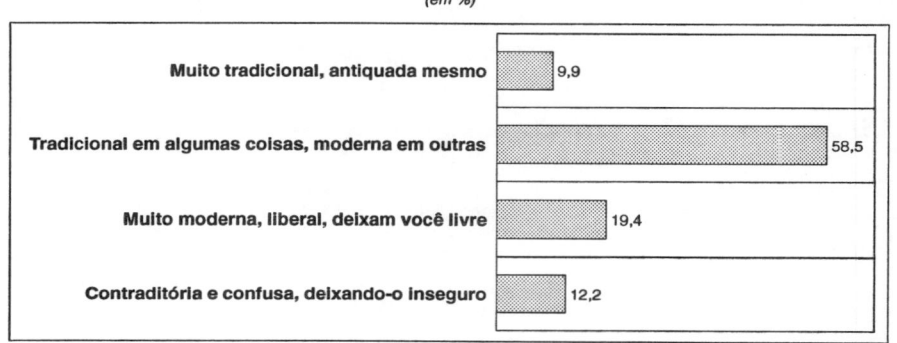

Segundo os adolescentes, a maioria das famílias brasileiras (58,5%) segue um modelo de educação que mistura as tendências moderna e tradicional. Quer dizer, os pais de hoje são modernos em algumas coisas e tradicionais em outras*. Apenas 9,9% consideram os pais antiquados, enquanto 19,4% os classificam como modernos, liberais. Do total, apenas 12,2% afirmaram que os pais não têm linha educacional, sendo contraditórios e confusos em suas atitudes, deixando-os inseguros. Este é um dado essencial — os próprios jovens sentem, têm consciência do quanto é fundamental os pais terem diretrizes, objetivos e metas na educação.

O que mais prejudica uma criança ou um jovem é exatamente não ter metas. Os pais podem ser modernos, tradicionais ou um misto dos dois. Tudo bem. Desde que ajam com coerência e estejam firmemente definidos a respeito do que desejam em termos da educação dos filhos, desde que atuem de acordo com esses propósitos, desde que tenham amor e atenção para dar, provavelmente qualquer das três posturas trará bons resultados. É uma questão de escolha pessoal. Afinal, os pais são adultos e devem, eles próprios, estabelecer a forma pela qual querem educar seus filhos — desde que, logicamente, acreditem nela. Nada de fazer coisas porque assim é moderno, ou porque a dona Fulana disse. Leiamos muito e sempre. Informemo-nos sobre o que se pensa em termos de educação atualmente — mas façamos as nossas escolhas com base numa postura crítica, lúcida e consciente. Às vezes é melhor ser um pai tradicional do que ser um pai confuso e contraditório. Este, sim, tem muitas chances de deixar os filhos inseguros e com problemas.

Os números encontrados mostram que os jovens que trabalham e os que só estudam, bem como os jovens da capital e os do interior, pensam de forma semelhante em relação à educação que receberam.

Os jovens de classe A aprovam mais a atitude dos pais (60% afirmaram que ficariam felizes se conseguissem tudo o que os pais conseguiram) do que os da classe E (apenas 29,5%). Da mesma forma,

---

*A esse propósito, é interessante ressaltar que os achados da atual pesquisa reproduziram exatamente o resultado do estudo que fizemos com 160 pais em 1989/90 (para o livro *Sem padecer no paraíso*). Também naquela vez, os pais foram classificados, mas por eles próprios, segundo a linha de educação que seguiam, e a maioria se concentrou numa classificação intermediária, que mesclava os dois modelos (tradicional e moderno). O estudo atual, ouvindo agora os filhos, confirmou os achados anteriores.

o grau de desaprovação cresce nos jovens das camadas populares (27,3% na classe E afirmaram que fariam tudo diferente dos pais) e diminui nas mais altas (apenas 7,5% dos jovens da classe A fariam tudo diferente dos pais). Quer dizer, os jovens das camadas mais favorecidas têm menos críticas aos pais do que os das camadas menos favorecidas.

Os pais considerados liberais também receberam maior aprovação dos filhos: 68,3% de aprovação; 30,6% afirmaram que utilizariam exatamente o modelo de educação que receberam, e 37,7% fariam a maioria das coisas como seus pais fizeram. Por outro lado, 73,1% dos jovens que receberam educação muito tradicional desaprovam este modelo, afirmando que fariam apenas algumas coisas como seus pais fizeram (39,8%) ou não fariam absolutamente nada igual (33,3%).

Portanto, podemos concluir que, apesar dos excessos que muitos pais cometeram nas últimas décadas, na tentativa de criar um novo modelo de educação com mais liberdade e menos autoritarismo (não dar limites, não saber quando dizer não, ceder à maioria dos desejos dos filhos, não trabalhar a tolerância à frustração entre outros), houve progresso.

O mais alto nível de reprovação aos pais foi àqueles classificados como confusos e contraditórios — 79,8%.

Esta avaliação de modelos educacionais feita pelos próprios adolescentes vem comprovar o que colocamos anteriormente:

A PIOR FORMA DE SE EDUCAR UM FILHO É NÃO TER UMA DIRETRIZ, UMA LINHA EDUCACIONAL QUE LHES DÊ CLAREZA E SEGURANÇA. SE VOCÊ FOR MAIS TRADICIONAL, MAIS LIBERAL OU UM MISTO DESTAS DUAS TENDÊNCIAS, TUDO BEM: DESDE QUE AS COISAS FIQUEM CLARAS PARA OS FILHOS, DESDE QUE HAJA COERÊNCIA, CONSTÂNCIA E JUSTIÇA NAS ATITUDES DOS PAIS.

Para o adolescente brasileiro, **pai tradicional e antiquado** é aquele que apresenta as quatro seguintes características (com graus de importância bem próximos):

— utiliza com freqüência a frase *o que os outros vão pensar* (41,9%);

— morre de medo de que o filho *transe*, fume maconha, tenha relações homossexuais (43%);

— não conversa sobre assuntos tais como sexo, drogas etc. (32,3%) e

— não deixa clima para dialogar (40,9%).

Pai moderno e liberal é definido como:

— aquele com o qual se pode conversar sobre todos os assuntos (53,6% de escolhas) e

— o que estabelece direitos e deveres para todos em casa (com 50,8% das escolhas).

As duas outras opções que lhes apresentamos ("em sua casa é permitido falar palavrões" e "seus pais têm eles próprios comportamento moderno") tiveram muito menores percentuais de escolha (9,8% e 22,4%).

Nossos jovens provaram ter um nível de consciência e um equilíbrio bastante bom e sabem bem o que querem no relacionamento com seus pais. Algumas pessoas pensam que falar "moderninho", usar gírias ou palavrões os aproximam dos jovens, os fazem sentir que estão mais perto deles. Não, eles não são ingênuos. Querem mesmo é poder conversar com os pais, ser ouvidos, mas também orientados. Querem pais que saibam o que fazer, que lhes dêem segurança e apoio. E eles têm toda razão — já basta conviver com a insegurança da própria idade... Dos pais o que eles esperam é que os ajudem a diminuir as dificuldades da fase. E a melhor forma de fazer isso é sendo, nós pelo menos, seguros. Ter segurança não significa ser rígido. Pode-se vacilar e ter dúvidas em alguns momentos, mas um pai seguro é aquele que, na maior parte das vezes, sabe o que quer em termos de educação.

FAZENDO COISAS "ESCONDIDO"

Muitos pais, por estabelecerem uma relação moderna e liberal com os filhos, ficam surpresos, mais ainda, extremamente decepcionados quando descobrem que os filhos não lhes contam tudo que acontece nas suas vidas ou que fazem "coisas escondido". Começam a se perguntar se não falharam em tudo que pensavam ter realizado do ponto de vista educacional. É muito compreensível, pelo menos à primeira vista. É realmente doloroso descobrir que seu filho mente para você ou faz coisas que não lhe conta. Afinal, se todo o tempo você tem se mostrado disponível para conversar, é interessado, ouve-o com atenção, dando espaço para diálogo — por que, mesmo assim, ele mente para você? Toda a autoconfiança desaparece, e muitos pais começam a ter atitudes como espiar as mochilas, seguir a criança, dar umas incertas, quer dizer, chegar inesperadamente em reuniões ou festinhas, enfim, uma série de atitudes que dénotam insegurança a partir da descoberta de uma "mentira". Acontece que, por mais próximos e amigos que sejamos dos nossos filhos, é preciso que entendamos que, à medida que eles crescem, mais coisas pessoais, mais segredos eles terão. E é normal que assim seja. Também esse aspecto faz parte do processo de independentização. Além disso, é preciso entender que, no mais das vezes, eles deixam de nos contar algumas coisas que fizeram ou outras que deixaram de fazer por decisão própria. Por exemplo: seu menino decidiu não assistir a uma ou outra aula e fica no pátio conversando com os amiguinhos; já tem uma namoradinha, teve uma briga com um professor, mas não lhe contou esses fatos. Em geral, a gente acaba sabendo dessas coisas por via indireta. Ou numa ida ocasional à escola, na qual encontra justamente o professor com quem ocorreu o desentendimento e ele comenta com você o quanto ficou aborrecido. Você fica boquiaberto, porque não sabia de nada, mas também não quer que o professor perceba; afinal, ele pode pensar que você é daqueles pais que *não estão nem aí*; ou escuta uma conversa entre os amigos, que o estão *gozando* porque a menina ou o menino lhe *deu o fora*; ou você recebe uma comunicação da escola, com as faltas de seu filho em tais e tais aulas. Exemplos como estes ou semelhantes, embora não sejam graves, deixam os pais bastante incomodados. O que fazer? Dar uma bronca? Deixar de castigo? Conversar? No caso da namoradinha e do desentendimento com o professor (se não houve uma comunicação formal da escola), a melhor coisa é ignorar, já que ele próprio não tomou a iniciativa de comentar com você, respeitando-lhe a privacidade e deixando que ele tome desde já, em sua vidinha, algumas decisões por si próprio. É assim que ele cresce e amadurece. Quanto ao caso das aulas não-assistidas, se houve uma comunicação da escola, é preciso conversar com o jovem, para discutirem o porquê dessa atitude, as conseqüências que poderão advir e as atitudes a serem adotadas. Mas lembre-se — ele não é mais um bebezinho. Estas conversas já têm que ter um caráter de troca, embora os pais possam (e devam, em muitos casos) usar sua autoridade para sanar um problema mais sério e evitar conseqüências negativas para seu filho.

É pela forma que essas conversas acontecem que, em geral, o adolescente decide fazer confidências aos pais ou esconder mais coisas ainda. Por exemplo, no caso que citei anteriormente, da menina que por tomar um chopinho foi levada pela mãe aterrorizada aos Alcoólicos Anônimos: a filha, quando a mãe perguntou aonde tinha ido, respondeu com toda sinceridade. Pela reação exagerada da mãe, é bem provável que, numa outra ocasião, ela ache mais interessante e prudente não contar nada. É preciso que não percamos a confiança do jovem. Que tenhamos equilíbrio e calma nas nossas atitudes ao nos defrontarmos com situações como essas. Evidentemente, se se descobrem coisas graves, aí torna-se difícil ter calma. Se sua filha lhe conta que está grávida aos quinze anos, não é possível ter calma, claro. Pelo menos nos primeiros momentos do impacto da notícia. Ou se você fica sabendo que seu filho deixou de freqüentar o curso de inglês faz dois meses e você, na maior inocência, continua lhe dando o dinheiro da mensalidade. Aí são situações graves, que envolvem decisões que atingem a você também. Ter uma vida sexual ativa pressupõe responsabilidade. Deixar de ir ao curso, mas ficar com o dinheiro, envolve algo mais sério certamente. Em casos assim, a situação é outra, e a atitude dos pais deve ser outra também. Fazer com que enfrente objetivamente as conseqüências de seus atos, tudo isso deve entrar nesse *papo*. Em casos mais simples, entretanto, atitudes teatrais e exageradas só podem conduzir a enfrentamentos desnecessários. Não contar um fato nem sempre é mentir sobre o assunto.

Muitas vezes, ser pai de adolescente significa saber *retirar o time de campo* na hora certa. Evitar *bater de frente* quando for possível e o assunto não for relevante é uma forma inteligente, prudente e de grande eficácia no dia-a-dia. Sim, porque o jovem é capaz de discutir e até de declarar uma guerra nuclear por qualquer assunto banal. Como disse, se seu filho está omitindo algumas coisas, isso pode significar apenas que ele está crescendo. Tudo depende do que é, e de que forma as coisas acontecem.

É importante compreender a diferença entre mentir e omitir. Existem mentiras graves e outras que só denotam a tentativa do jovem de escapar à influência forte, fundamental, dos pais. Compreender isso pode ser de grande ajuda para que os pais não controlem desnecessariamente certas áreas da vida de seus filhos, nem ajam de forma a sufocá-los. Por exemplo: hoje está frio, está chovendo, e seu filho resolve que vai sair sem agasalho. Você insiste, fala, explica. Evite esse tipo de discussão. Apenas apresente o fato de uma forma mais neutra: *Seria bom sair mais agasalhado hoje* ou *Você esqueceu de levar um casaco*. Se ele não levar mesmo assim, deixe. Ele está exercendo o direito de decidir se está ou não com frio. Vá cedendo espaço decisório em questões nas quais ele seguramente já pode e deve ter autonomia. Discuta somente as coisas fundamentais, relevantes.

Voltando ao ponto que sempre coloco, temos que ter isto sempre em mente — **na adolescência estamos colhendo boa parte dos frutos que plantamos anteriormente.** Portanto, confiemos no nosso trabalho e nada de desespero. Se encaramos as omissões e algumas mentirinhas sem muita importância como o início da independência pessoal, como parte do processo de crescimento, e não como uma agressão ou ofensa pessoal, as coisas ficam bem mais simples.

Ademais, saber que isto não ocorre somente entre nós e os nossos filhos é de grande valia.

Vejam como isso é comum nesta faixa etária:

QUADRO 23
Já fez ou faz coisas escondidas da família?
(em %)

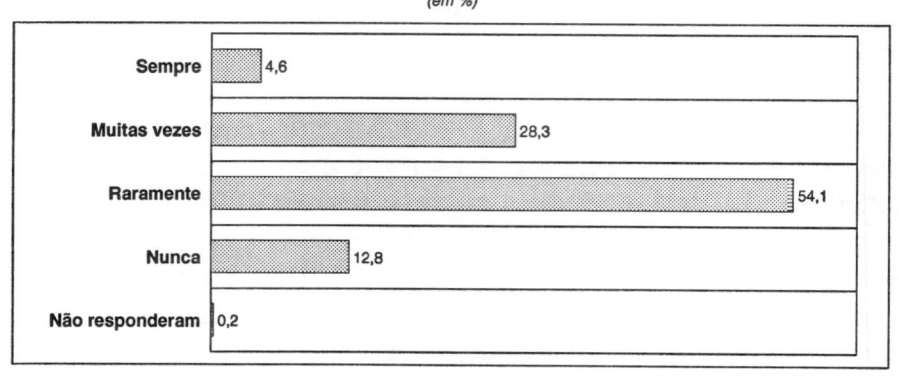

Sempre	4,6
Muitas vezes	28,3
Raramente	54,1
Nunca	12,8
Não responderam	0,2

Dos 943 jovens, apenas 12,8% afirmaram nunca ter feito coisas escondido da família, enquanto 87% (a soma das três primeiras opções) admitiram fazê-lo em maior ou menor grau. A maioria, entretanto (54,1%), para nosso conforto e sossego, RARAMENTE o faz. Uma coisinha ou outra eles resolvem não contar ou nem pensam em contar. Lembremo-nos: eles estão crescendo, lutando para tornarem-se adultos. Não encaremos estas omissões como uma traição à nossa confiança, não façamos cavalos de batalha por coisas sem muita importância. Analisemos o fato, pensemos friamente (se possível, recordemos nossa própria adolescência...) e só então partamos para a ação. Pode ser que a ação mais adequada seja não fazer nada, conversar ou chamar para uma conversa daquelas bem sérias. Devemos pesar com equilíbrio o ocorrido e só depois, com a cabeça fria, decidir o que fazer.

Para que possamos entender como o nosso filho adolescente se sente com relação à nossa forma de agir com eles, de *tomar conta* ou de controlar mesmo, analisemos o quadro que se segue:

QUADRO 24
Como seus pais são em relação a você COMO PESSOA:
(em %)

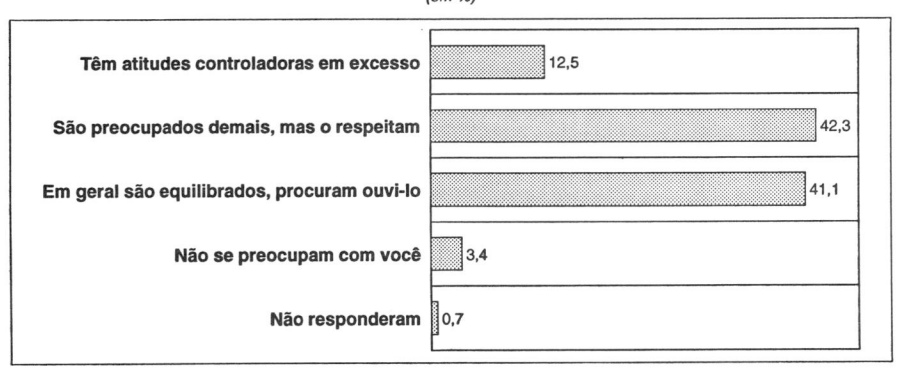

Nossos filhos, na maioria dos casos (83,4% — soma da segunda e terceira opções), acham que os respeitamos (mesmo sendo preocupados demais) ou que somos equilibrados e procuramos ouvi-los. Apenas 12,5% consideraram os pais excessivamente controladores, enquanto 3,4% acham que os pais não se preocupam com eles.

Ser preocupados demais, na sociedade em que vivemos, é até normal.

Tantos são os problemas e as ameaças hoje... Mas, se mesmo achando que nos preocupamos demais nossos filhos sentem-se RESPEITA-DOS, então podemos dar-nos os parabéns. Sem contar os 41,1% de filhos que reconhecem que seus pais procuram ouvi-los e são equilibrados. Que alívio para nós! Principalmente numa época em que culpar os pais por tudo que acontece parece ser a tônica. O fato de essa avaliação vir diretamente dos nossos filhos dá muito mais fidedignidade ao dado.

A atitude mais equilibrada parece ser tentar diminuir a ansiedade, a insegurança e a culpa e... seguir em frente, pois ao que tudo indica estamos fazendo nosso trabalho direitinho, apesar de todas as dificuldades.

Ao compararmos os dados dos dois últimos quadros (cruzamento de dados), encontramos o seguinte: os jovens que fazem menos coisas escondido são aqueles que consideraram os pais equilibrados: 49,6% deles afirmaram nunca terem feito nada escondido, e 46% o fazem raramente; enquanto, de forma oposta, **os que mais fazem coisas escondido são os filhos de pais controladores em excesso — 23,8% deles afirmam fazer sempre coisas escondido, 21,5% muitas vezes, e apenas 4,1% nunca fazem nada escondido deles.**

Isso prova que quanto mais equilibrados são os pais geralmente também os filhos o são. Sentem-se seguros, apoiados e à vontade para conversar. O controle excessivo só resulta em maior necessidade de *pular a cerca* — por ser ela tão alta...

RECADO DO ADOLESCENTE PARA OS PAIS

*O pai moderno que nós queremos e
precisamos não é o que nos deixa
fazer tudo, que fala palavrões e bebe
conosco — o pai que queremos é
aquele que fala conosco, sempre,*

muito e sobre todos os assuntos,
que nos ouve, respeita e orienta,
mas que também nos ensina
nossos deveres e direitos.

COM QUEM ANDAM NOSSOS FILHOS

A quem nossos filhos recorrem em caso de necessidade? Se estão sem dinheiro, ou se querem conversar, a quem procuram? A nossa geração de pais teve como um de seus mais caros objetivos estabelecer uma relação não-autoritária com os filhos, baseada na confiança mútua e no diálogo. Será que alcançamos essas metas? Vejamos o que nos disseram nossos jovens:

QUADRO 25
Quando precisa de dinheiro dirige-se primeiramente a:
(em %)

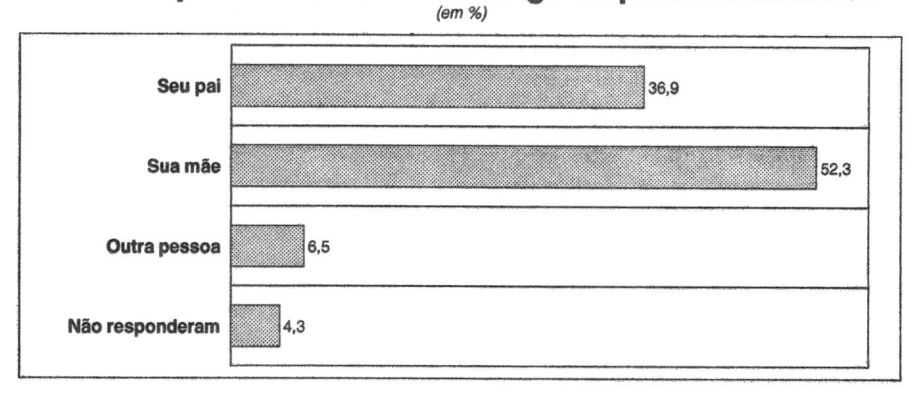

Apesar de toda a carga agressiva que os pais recebem, a maioria absoluta dos jovens (89,2% — a soma das duas primeiras opções no Quadro 25) ainda se dirige primeiramente à mãe e em segundo lugar ao pai quando precisam de dinheiro. É também interessante observar esta prevalência da figura da mãe em relação à do pai: 22,4% PREFEREM DIRIGIR-SE À MÃE EM PRIMEIRO LUGAR, CONTRA 3,5% QUE BUSCAM O PAI PRIMEIRAMENTE (Quadro 26). Ape-

129

QUADRO 26
Quando precisa conversar, está triste, com problemas, dirige-se preferencialmente a:
(em %)

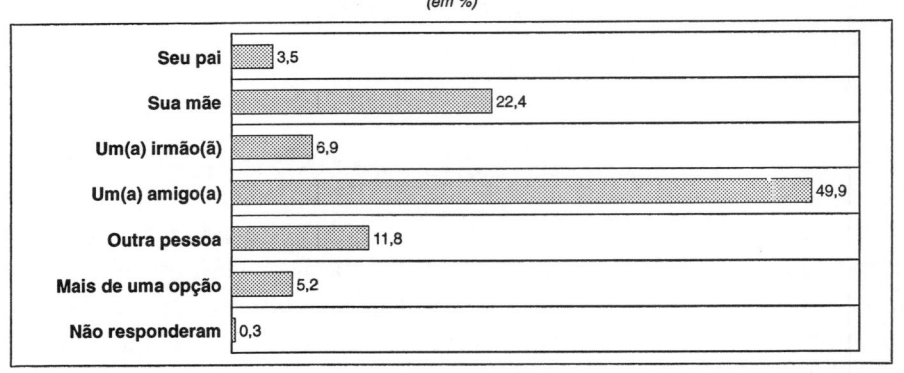

Seu pai	3,5
Sua mãe	22,4
Um(a) irmão(ã)	6,9
Um(a) amigo(a)	49,9
Outra pessoa	11,8
Mais de uma opção	5,2
Não responderam	0,3

sar das mudanças ocorridas na família, ainda é a mulher que está mais próxima dos filhos. Os jovens sentem-se mais à vontade com a mãe, que é, provavelmente, a figura com que mais convivem no dia-a-dia.

Tios, tias, avôs e avós, irmão e amigos foram relacionados pelos jovens como outras pessoas a quem recorrem em termos financeiros e afetivos.

Alguns depoimentos são muito engraçados na sua franqueza — um disse que recorria "ao vizinho" e acrescentava: "ex-amante da mamãe"; outro, já numa postura um pouco mais desafiadora ou mesmo cínica, respondeu "à carteira do meu pai", dando a entender que pegava dinheiro sem consentimento do próprio (caso contrário, teria escolhido a alternativa "meu pai"). Estas duas questões provam, com seus resultados, que a família continua ocupando um lugar importantíssimo na vida dos jovens (mesmo que na adolescência não pareça).

Já quando se trata de conversar, bater papo, trocar confidências, aí os amigos ocupam um primeiro lugar disparado (49,9%). Num honroso segundo lugar (22,4%), temos a figura da mãe. Alguns conversam com os irmãos, alguns com outras pessoas. Este dado não deve ser encarado como uma derrota dos pais, ao contrário — apenas confirma o crescimento dos nossos filhos e o seu caminhar seguro em direção à independência. É natural que conversem mais com os amigos nesta fase, porque é assim que eles encontram segurança para cumprir essa etapa da longa jornada até a idade adulta. Eles precisam separar-se de nós pais para crescer. Trocar confidências com a mãe ou o pai constitui de certa forma um atestado de dependência. Neste momento, eles precisam ter as coisas deles, a privacidade deles, o cantinho deles, os segredinhos e os amigos também. Nada disso é contra nós, embora por vezes fiquemos tentados a pensar assim.

Por outro lado, é muito bom saber que procuram pessoas da família (pai, mãe, irmão) como segundas opções. No que se refere à opção outra pessoa, foram muitos os que responderam "comigo mesmo", caracterizando mais uma vez a necessidade de mostrar-se livre, forte, independente. Foram também bastante referidas as namoradas ou namorados — é mesmo ótimo trocar confidências com quem a gente gosta e em quem se confia. Foram citados ainda: tios, primos, Deus, Jesus e até a empregada (um caso apenas).

Conversar entre eles faz parte do processo de libertação. O importante é sabermos, na medida do possível, quem são os amigos dos nossos filhos, para onde vão, com quem saem. Se desde que são pequenos nós os habituarmos a, com clareza e objetividade, saber *aonde nós vamos*, à medida que eles crescerem acharão também natural comunicar *aonde eles vão*. Assim, quando vamos trabalhar, devemos dizer a eles; se vamos ao cinema, podemos dizer qual o filme que vamos ver; a hora aproximada que estaremos de volta à casa, se vamos visitar um parente podemos deixar o telefone etc. Estabelece-se, assim, uma relação de igualdade, não de controle. Procedendo dessa forma, estaremos formando um hábito sadio, em que cada um da família sente que o outro se preocupa com ele, sem que isso seja percebido como uma forma de controle ou vigilância. É importante que eles saibam que essa atitude que você, mãe, tem em relação ao seu marido e vice-versa se estende aos filhos — pelos mesmos motivos. Um se preocupa em proteger o outro, em propiciar os meios de se ajudarem e/ou simplesmente se comunicarem, se necessário.

O ADOLESCENTE ANALISA
A RELAÇÃO COM OS IRMÃOS

Uma outra grande preocupação dos pais é com a relação entre os filhos. Todo pai sonha e deseja que seus filhos se dêem muito bem, se amem, sejam amigos. Assim parece-nos que um dia, quando não estivermos mais aqui, eles se apoiarão, terão uns aos outros para se amarem, protegerem e ajudarem. Nada mais normal. Outra coisa que ocorre é que, se os filhos se dão bem, conversam, se respeitam, se amam, nós pais sentimos que, de certa forma, nossa missão está sendo bem executada. Em outras palavras, quando os irmãos brigam muito ou não se dão bem, os pais sentem como se isso fosse um certificado de que falharam ou de que, no futuro, as coisas irão mal entre eles. Afinal, se nem a família é harmônica, perguntam-se os pais, *o que estamos conseguindo em termos de educação, de formação dos nossos filhos?* Por isso, em geral, as brigas, os ciúmes despertam tanta ansiedade nos pais. Porque esse quadro não corresponde à imagem que temos da família ideal, aquela que vive no imaginário de cada um. Assim, é muito freqüente os pais interferirem a cada vez que uma briga ou discussão se estabelece entre os irmãos. Na verdade, eles não *agüentam* ver os filhos brigando. Entretanto, a melhor atitude ainda é a da isenção. Deixemos que nossos filhos se entendam. As brigas e o ciúme existem sempre entre irmãos, em maior ou menor grau. Quanto mais justos e equilibrados formos com eles, quanto mais conseguirmos tratar a todos igualmente, com eqüidade e justiça, provavelmente menos ciumentos eles serão. Até porque não terão muitos motivos para isso. Agora, se os pais protegem uns em detrimento de outros, aí realmente o caso muda de figura. É até natural que haja ressentimentos. Mas, quero crer, a maioria dos pais procura tratar os filhos com igualdade. Entretanto, mesmo quando o fazemos, nem sempre é suficiente para erradicar completamente o ciúme e a competição. Afinal, pai e mãe são figuras da maior importância na vida das crianças e dos jovens (como nosso estudo vem demonstrando, inclusive). É natural, portanto, que cada filho queira sentir-se amado, muito amado. E nem um pouquinho menos amado que o irmão ou irmã.

Na questão das brigas, a melhor coisa que os pais podem fazer é estabelecerem, *previamente,* as regras do jogo: por exemplo, ninguém se xinga, ninguém se bate. Afinal, vocês também não se xingam e não se agridem fisicamente (espero!). Então, estando esses limites estabelecidos, deixe que eles discutam e se entendam, fiquem de mal ou de bem. Não interfira ou faça-o o mínimo possível. As nossas interferências em geral têm apenas o poder de agravar os ciúmes preexistentes. Só entre na briga se eles estiverem esquecendo as regras estabelecidas ou caso você sinta que existe algum perigo de se machucarem. Em geral, eles brigam e dez minutos depois estão bem novamente. Deixe que eles se entendam. Principalmente, confie no que você lhes passou de princípios, de base, de estrutura ética.

Outra coisa que ajuda os pais nessa questão tão delicada é saber que praticamente em todas as casas as coisas se passam de modo semelhante. Nós não estamos sozinhos. Com suas peculiaridades específicas, cada pai ou mãe enfrenta, em maior ou menor grau, os mesmos problemas. Criar filhos é, talvez, a mais difícil de todas as artes.

Foi pensando nessa angústia dos pais que incluímos no trabalho uma pergunta sobre a relação com os irmãos. Os adolescentes provaram, mais uma vez, que encaram de frente os seus sentimentos. Com toda sinceridade, honestidade e franqueza, eles responderam e se posicionaram da seguinte forma:

QUADRO 27
Com relação a seus irmãos:
(em %)

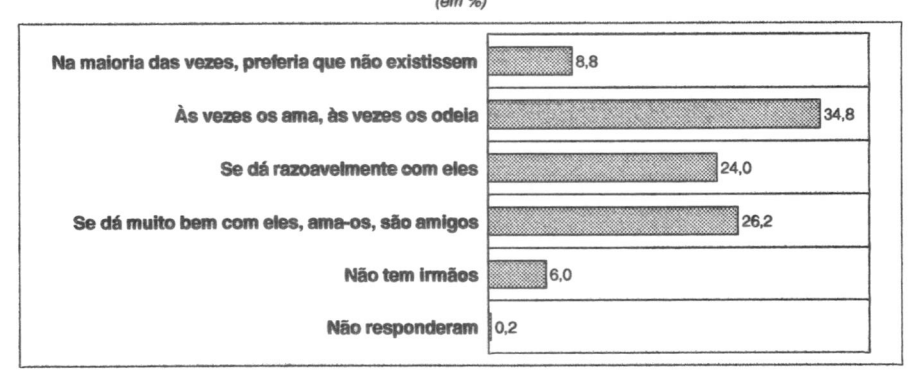

Na maioria das vezes, preferia que não existissem	8,8
Às vezes os ama, às vezes os odeia	34,8
Se dá razoavelmente com eles	24,0
Se dá muito bem com eles, ama-os, são amigos	26,2
Não tem irmãos	6,0
Não responderam	0,2

Como se pode ver, são poucos os que realmente têm um nível de competição e rivalidade a ponto de desejar que os irmãos não existissem (8,8%). Por outro lado, somando os que se dão razoavelmente bem com os que se dão muito bem, teremos o altíssimo percentual de 50,2%. Ou seja, **metade dos irmãos, apesar de brigas e outros desentendimentos, se gosta e até se ama!...** Nesse campo, pelo menos, nada para os pais se desesperarem.

A honestidade e a transparência de sentimentos ficam por conta dos 34,8% que afirmam ter com os irmãos sentimentos muito fortes e ambíguos (ora amam, ora odeiam). Como educadora, acredito que esse seja realmente o mais comum. E, analisando friamente, nós mesmos temos estes sentimentos com relação aos nossos irmãos. Claro — com a idade —, a maturidade que se alcança permite que a maioria de nós consiga acalmar um pouco esses sentimentos que no jovem se expressam com tanto ardor, com total intensidade. O adolescente é, por excelência, paixão. Nós, adultos, temos que ser, portanto, o equilíbrio, a razão. Mesmo assim, tem sempre uma hora em que cada um de nós discorda de um irmão, ou compete com ele, ou luta por quaisquer bobagens como uma leve atenção a mais de nossa velha mãe ou pai... Não é verdade? Qual de nós ainda não experimentou sentimentos desse tipo ou semelhantes? Então por que nossos filhos seriam tão perfeitos? Não somos todos nós desse jeito? Ora em harmonia com o universo todo, ora um vulcão de emoções?

RECADO DO ADOLESCENTE PARA A FAMÍLIA

Embora muitas vezes não pareça,
nós amamos vocês, pai, mãe,
irmãos. Queremos que entendam
que estamos crescendo e precisamos
ter vida própria, mas ainda
precisamos demais de seu carinho,
atenção, afeto e orientação.

Capítulo 7

O Adolescente Vê o Casal

É cada vez maior o número de casais que se separam. Comemorar bodas de prata parece, para grande parte das pessoas, uma coisa muito, muito longínqua, quase improvável. Bodas de ouro então, nem se fala... Não é nosso objetivo neste estudo discutir que fator ou fatores provocaram esta mudança. O que nos importa é verificar se essas decisões afetam os filhos e, se afetam, de que forma, porque muitos pais se preocupam tanto com as possíveis conseqüências que determinadas decisões podem acarretar para os filhos que passam a vida inteira sem tomá-las.

Muitas pessoas deixam de se separar dos cônjuges devido a esse medo e, em decorrência, passam muitos anos de suas vidas vivendo pessimamente. Mesmo assim muitos não se arrependem da decisão que tomaram em favor dos filhos. Outros, passados os anos, criticam-se por não terem vivido suas próprias vidas. Alguns resolvem não se separar nunca. Outros esperam os filhos crescerem mais um pouco, para então, vendo-os mais maduros, tomarem rumos independentes.

Por outro lado, casais que se separam sem pesar adequadamente as repercussões que esta atitude pode trazer para suas crianças surpreendem-se depois com as reações que os filhos apresentam. Na verdade, em alguns momentos, as dificuldades da relação são tão grandes que se torna impossível pensar em outra coisa a não ser em refazer a vida, cada um para o seu lado.

Evidentemente só a própria pessoa pode julgar como se sente em relação ao assunto, e só ela pode decidir o que fazer, de acordo com os sentimentos que nutre a respeito. E, mesmo assim, nem sempre se consegue decidir com total segurança. Toda escolha implica uma perda. No caso de uma família com filhos, as dificuldades tornam-se ainda maiores — bem como as perdas. É ingênuo pensar que uma união possa se desfazer sem arranhões. Mesmo quando a decisão ocorre de comum acordo, mesmo quando já não há amor de ambas as partes, mesmo quando os dois pensam do mesmo modo e agem coerentemente, procurando preservar as crianças de discussões ou de cenas, ainda assim há um certo sentimento de perda — sempre terá sido alguma coisa que duas pessoas sonharam ter e não tiveram, alguma coisa que pensaram ter ou até tiveram por um tempo, mas que se acabou. Qualquer que seja a forma, é, ainda assim, um final que não corresponde ao ideal dos primeiros momentos de união.

E quando a decisão não é comum, quando só o amor de um dos dois terminou? E quando os ressentimentos são tantos que as pessoas não podem nem mais se ver, se encarar, conversar? Em alguns casos, a dor é tanta, a decepção e a frustração são tão fortes que, pelo menos no início, se torna praticamente impossível qualquer diálogo próximo do que se possa chamar de civilizado. Fica muito difícil, em tais circunstâncias, o entendimento.

O mais importante, em qualquer caso, é que ambos, pai e mãe, não transfiram, ou pelo menos tentem não transferir, suas amarguras para a relação que têm com os filhos. Separar ou não separar é decisão que cabe, única e exclusivamente, ao casal. O que não deve ocorrer, mas que muitas vezes infelizmente ocorre, é utilizarem as crianças para agredirem-se mutuamente. *Com seu pai ninguém pode contar mesmo... Sua mãe é uma chata, por isso nos separamos...* ou outras considerações do gênero são extremamente prejudiciais às crianças, que se vêem divididas e agredidas no afeto que nutrem por cada um dos pais. Decidir se continuam a viver juntos ou se vão viver separados é um direito que assiste a todo casal. Ninguém precisa (nem deve, a meu ver) abrir mão da sua vida porque tem filhos. Temos muitas obrigações com eles — devemos dar-lhes segurança, afeto, saúde, educação etc. Só não podemos — e não devemos — dar-lhes a nossa própria vida. Não, devemos viver nossa vida do jeito que nos faça felizes, porque se abrirmos mão disso adiante iremos cobrar dos nossos filhos os sacrifícios que nos impusemos. E isso, seguramente, não vai fazer bem a ninguém.

Preservar as crianças das nossas amarguras pessoais contra o ex-cônjuge é tarefa difícil, que requer muito equilíbrio emocional. Mas torna-se bem mais fácil quando se sabe o quanto é pernicioso para nossos filhos esse tipo de jogo. Se quisermos agredir alguém, que o façamos diretamente — nunca através das crianças, que sofrem demais com essa atitude, já que o amor que elas têm por um têm também pelo outro. É cruel querer que elas tomem partido. Infelizmente, é uma coisa bem mais comum do que se pensa.

Talvez uma coisa que possa nos ajudar bastante com relação a esse tipo de situação é saber o que os filhos pensam a respeito da vida de casal, como vêem a relação com os novos companheiros dos pais, como vivenciam uma separação etc. Assim, se você estiver pensando em se separar ou se já se separou, mas teme as conseqüências que este fato possa ter na vida de seus filhos; se você está pensando em casar de novo, mas acha que seu filho pode não aceitar bem o novo fato; se você pensa que seu filho não analisa a vida que vocês levam como casal porque parece que ele não presta atenção em vocês dois, veja:

QUADRO 28
Com relação à separação dos seus pais, você:
(em %)

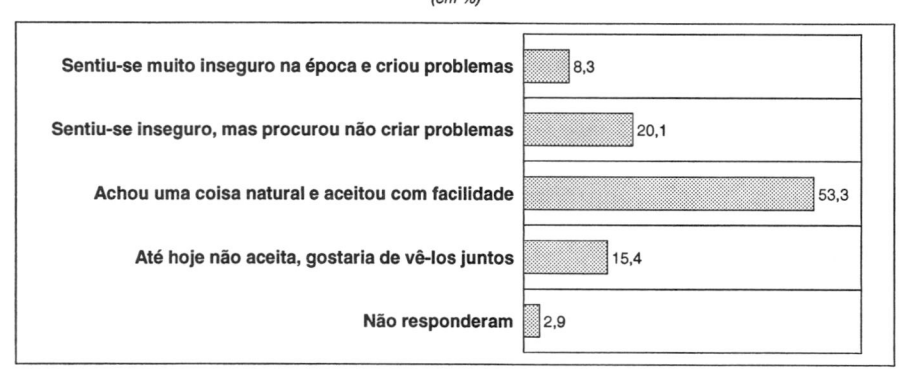

Mais de metade dos jovens que têm pais separados (53,3%) achou este fato uma coisa natural e aceitou a separação com facilidade; 20,1% tiveram alguma dificuldade, mas tentaram não criar problemas para os pais. Somando-se os dois grupos, temos um total de 73,4% de respostas positivas. Somente 8,3% sentiram muita insegurança e reconheceram ter criado muitos problemas para os pais, enquanto 15,4% gostariam de ver os pais juntos de novo, o que mostra que não aceitaram totalmente a situação. Entretanto, somando estes dois últimos grupos (8,3% + 15,4%), que rejeitam a separação dos pais, temos um total de 23,7%, muito menor portanto do que o grupo que aceitou bem a separação. Felizmente, as coisas caminharam num sentido de as relações serem vividas de uma forma mais verdadeira. Continuar a viver juntos quando já não existem sentimentos como amor, compreensão, companheirismo não faz mais sentido hoje. É o tipo de sacrifício desnecessário, desde que a ruptura seja feita com equilíbrio e maturidade. A coisa mais importante para os filhos nesses momentos é que os pais, ao se separarem, ajam de forma adulta e civilizada, por mais que estejam sofrendo; assim, os filhos terão condições de ver também com menos sofrimento o fim do relacionamento de pessoas de quem tanto dependem e a quem tanto amam. Se, ao contrário, os próprios pais não demonstram equilíbrio, sensatez e interesse em preservar os sentimentos dos filhos, com freqüência eles responderão da mesma forma pela qual estão sendo tratados. De qualquer modo, é preciso estar ciente de que sempre é uma coisa difícil para eles. Ver o pai ou a mãe fazendo as malas e indo morar em outro lugar não é nada fácil para filho algum.

Apesar de todo progresso na forma pela qual a sociedade encara hoje um casamento desfeito, é importante estar consciente de que *a separação dos pais é sempre uma separação para os filhos também.* Independentemente de sua vontade, eles se vêem obrigados a, de repente, conviver apenas com o pai ou a mãe, quando, na realidade, por sua vontade, ficariam com os dois — afinal, é bom lembrarmos, 15,4% dos jovens afirmaram que nunca aceitaram bem a separação dos pais e continuam desejando vê-los juntos, enquanto cerca de 20%, embora compreendendo que não devessem criar problemas adicionais para os pais, afirmaram sentir-se inseguros com a separação.

Ao tomarmos decisões que afetam não somente a nossa vida mas também a de nossos filhos, devemos ter sempre o cuidado de fazê-lo de forma a causar o mínimo de estragos possível. E isto só pode ocorrer com muito equilíbrio emocional e compreendendo a importância de agir com calma, moderação e boa vontade de ambas as partes. **Não estar condenado a uma convivência que ninguém quer mais é muito bom, mas não nos isenta das responsabilidades que temos para com aqueles que amamos e que nos amam — nossos filhos, por exemplo.**

QUADRO 29
Seu pai ou mãe (ou ambos) separaram-se e constituíram novas famílias. Com relação a isso você:
(em %)

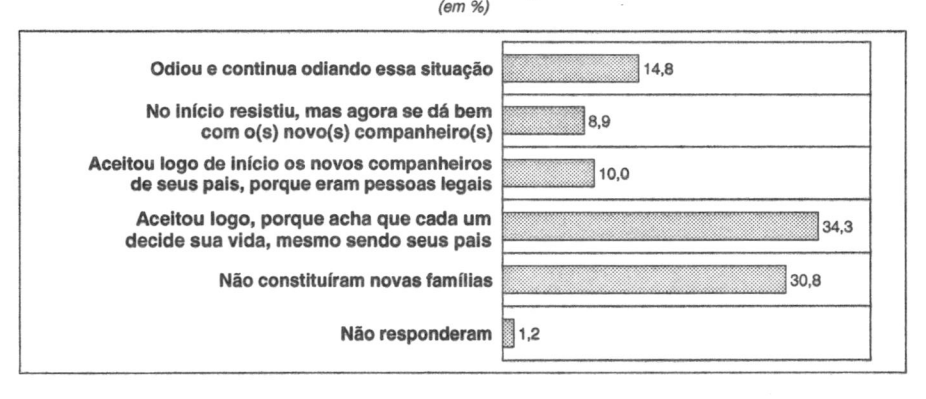

Odiou e continua odiando essa situação	14,8
No início resistiu, mas agora se dá bem com o(s) novo(s) companheiro(s)	8,9
Aceitou logo de início os novos companheiros de seus pais, porque eram pessoas legais	10,0
Aceitou logo, porque acha que cada um decide sua vida, mesmo sendo seus pais	34,3
Não constituíram novas famílias	30,8
Não responderam	1,2

Nenhum pai precisa "sacrificar-se" pelos filhos, abrindo mão de sua vida. Separar, casar novamente, ter outros filhos na nova união, permanecer sozinhos, todas essas decisões, qu*ando bem conduzidas*, não parecem gerar problemas maiores para os jovens da geração dos anos 90 — 34,3% aceitaram a decisão dos pais, não por imposição, mas porque eles próprios acreditam que cada um deve decidir sua própria vida (opção 4). Mesmo em se tratando dos *seus pais*. De qualquer modo, é bom saber que um grupo expressivo (14,8%) confessou odiar essa situação, enquanto outros mostraram boa aceitação, mas porque os novos companheiros dos pais eram pessoas *legais* (10%).

Em resumo, podemos e devemos viver nossas vidas, mas não podemos nos esquecer de que, tendo filhos, essas novas decisões

afetam a vida deles. Por isso precisamos sempre estar atentos à forma pela qual os nossos novos companheiros tratam nossos filhos de outros casamentos. É nossa responsabilidade zelar pelo bem-estar e pelo equilíbrio emocional deles.

Algumas mulheres assumem com tal zelo os filhos do marido que passam a sentir e a agir como o fariam com seus próprios filhos. O mesmo ocorre com alguns homens. Para outros, no entanto, as coisas não acontecem desse modo. Serão sempre um pouco mais distantes, menos participativos. E isso é uma coisa que temos que levar em consideração. Temos que saber que para nossos filhos esses novos contatos podem ser muito difíceis. Mesmo que os novos companheiros sejam muito abertos, compreensivos e carinhosos, eles não são o pai ou a mãe, ou seja, eles não são a pessoa que nossos filhos se acostumaram a ver ao nosso lado, e é preciso dar um tempo para que as crianças se ajustem a esses novos relacionamentos. Desde que haja respeito mútuo, um pouco de afeto e muito equilíbrio, tudo bem. Ninguém é obrigado a fingir um sentimento que não tem. O que temos que fazer é ter calma, muita calma. Com o tempo, as coisas se ajeitam.

Às vezes, surgem meios-irmãos nessas novas famílias. Isso pode representar para os filhos do primeiro casamento uma ameaça adicional. Pode também representar uma grande conquista. Depende, em grande parte, da forma como as coisas serão encaminhadas. Em geral, se houver equilíbrio e respeito de ambas as partes, eles aprenderão, por si próprios, o jeito de se relacionar com cada novo elemento da nova família. De qualquer forma, é bom a gente saber que são situações que requerem muito cuidado e atenção por parte dos pais.

Analisamos a situação dos casais que se separam. E os que continuam juntos, ano após ano, como estarão vivendo? Os adolescentes têm muita capacidade crítica; aliás, eles são agudamente críticos, de forma que, se uma avaliação feita por eles apresentar um resultado positivo, podemos levar em consideração, porque eles não serão benevolentes com os adultos. Serão, ao contrário, bastante rigorosos. Afinal, não estão eles na fase de *cortar o cordão umbilical*, no momento em que precisam destruir seus mitos de infância, para deles se libertarem? Por isso são críticos ácidos, cáusticos, por vezes até impiedosos com os adultos e as autoridades em geral. Assim, se eles elogiarem, o elogio tem o dobro do valor...

QUADRO 30
Considera a vida de seus pais como casal:
(em %)

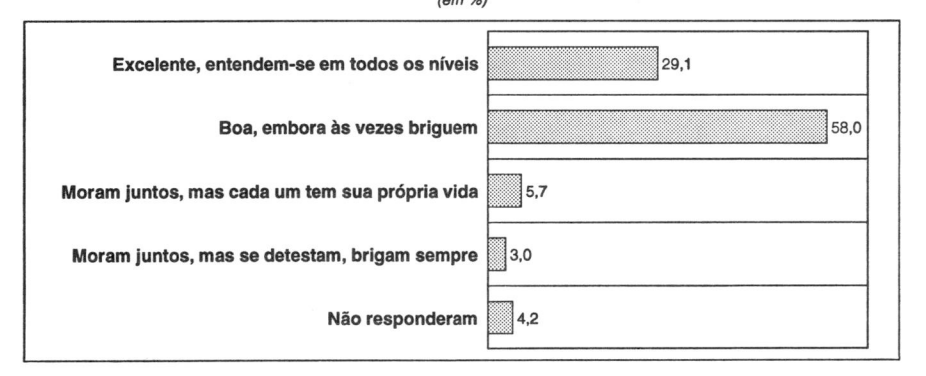

Excelente, entendem-se em todos os níveis	29,1
Boa, embora às vezes briguem	58,0
Moram juntos, mas cada um tem sua própria vida	5,7
Moram juntos, mas se detestam, brigam sempre	3,0
Não responderam	4,2

Cinqüenta e oito por cento dos jovens entrevistados cujos pais permanecem casados afirmaram que os pais vivem bem, embora às vezes briguem, e 29,1%, que os pais se entendem em todos os níveis, tendo uma relação excelente. A maioria portanto tem uma vida normal, na qual sucedem-se os momentos de total harmonia e algumas briguinhas ou desentendimentos. Realmente, é raro encontrar quem não discuta e se desentenda de vez em quando. Mas parece que os casais que permanecem casados não vivem assim tão mal — somados os dois índices (58% + 29,1%), temos um altíssimo percentual positivo de 87,1%.

Dos casais que permanecem juntos apenas 3% se detestam, segundo seus filhos, enquanto cerca de 6% vivem juntos mas já não têm objetivos comuns, são indiferentes um ao outro e levam, portanto, cada um a sua própria vida. Provavelmente estes dois grupos são os que permanecem juntos por comodismo, conservadorismo ou porque não aceitam a separação por motivos religiosos ou morais. Alguns também continuam juntos porque não têm condições financeiras para viverem separados.

De qualquer forma, a conclusão a que se chega é que os jovens, na sua grande maioria, são muito conscientes, acompanham nossas ações, criticam nossas falhas, observam tudo que fazemos, analisam nossas incoerências, mas também reconhecem nossos acertos. Mesmo não parecendo, eles valorizam a família, amam seus pais e, na maioria das vezes, reproduzem seus valores e exemplos.

A melhor forma de lidar com eles em situações de crise (como uma separação ou uma nova união, por exemplo) é conversar diretamente, sem muitos rodeios (embora não sem cuidado), explicando honestamente o porquê de determinadas decisões que tomamos, acreditando na sua capacidade de entendimento e de discernimento, fazendo com que participem da nossa vida, que saibam da realidade que estamos vivendo. Não é nada produtivo tentar *tapar o sol com a peneira.*

Se estamos com sérios problemas com o marido ou a mulher, é bom que nossos filhos saibam (o que não significa deixar que eles presenciem cenas deprimentes de brigas, agressões ou desrespeito mútuo).

Se estamos pensando em casar de novo, é preciso que eles tenham tempo para conhecer a pessoa que vai morar na casa onde eles se acostumaram a viver com o pai ou a mãe que não mora mais lá (o que é, sem dúvida, difícil para eles de imediato).

O jovem já tem capacidade de entender tudo. Temos que confiar neles e dar-lhes tempo e oportunidade para que vejam e entendam a realidade que estamos vivendo. Assim, se tomamos uma decisão final, eles não serão pegos de surpresa, já estarão cientes das possibilidades.

RECADO DOS JOVENS PARA OS PAIS

Nós gostaríamos de vê-los unidos e em harmonia por toda a vida, mas, se não é possível, respeitamos e aceitamos as decisões que tomam, desde que vocês se mostrem seguros e equilibrados. Só queremos que se tratem com respeito e civilidade e que também respeitem nossos sentimentos e dificuldades iniciais nessas novas situações familiares.

Capítulo 8

O Adolescente e o Castigo

Quando se fala em castigar os filhos, grande parte das pessoas pensa imediatamente nas *famosas* palmadas, como se elas fossem a única forma de se fazer obedecer.

É interessante observar como é grande o número de pessoas (independentemente do nível cultural, educacional e financeiro) que insiste em que *sem uma palmadinha no bumbum não há jeito de a criança obedecer.*

Falando para pais nas palestras que freqüentemente sou convidada a dar, quando abordo o problema dos limites, não tem uma vez em que a famosa pergunta (que já fico esperando acontecer) não apareça: *Mas e a palmadinha no bumbum, de leve, pode ou não pode?* ou: *Você é contra ou a favor da palmada?* O mais impressionante é perceber que muitos pais ficam realmente decepcionados comigo quando insisto e volto a insistir na afirmativa de que a palmada é o gesto final de desespero, é o sinal inequívoco de que perdemos realmente a autoridade e que precisamos, com urgência, de um substituto para ela. Algumas pessoas pensam que, como eu defendo a idéia de que é importante colocar limites para os nossos filhos, de saber dizer "não", de ter autoridade (SEM SER AUTORITÁRIO), isso significa que defendo a idéia de que bater nos filhos é válido. De forma alguma. O que defendo é justamente o contrário. Bater somente significa que, naquele momento, nós nos descontrolamos, não conseguimos nos fazer entender como pessoas civilizadas. Sim, porque **bater é uma agressão física**. Não podemos mascarar a realidade. Pode até funcionar no sentido de que a criança, assustada, obedece rápido, o que é muito conveniente para os pais em determinados momentos. Nem sempre os pais conseguem se fazer obedecer quando conversam com os filhos. Muitas vezes a criança entende o diálogo como um consentimento para que faça as coisas que consideramos erradas ou como fraqueza — daí tantos pais partirem para a palmada. Porque é mais fácil e dá resultados imediatos. MAS NÃO É UM ATO EDUCATIVO.

A criança pequena passa por um complexo processo de entendimento, de compreensão, até chegar a fazer generalizações. Muitos pais, nestas horas, perdem a paciência e batem porque lhes parece que a criança os está desafiando ou teimando só para irritar. Na verdade, às vezes isso realmente ocorre, mas não sempre. A criança testa os limites sim, em muitas ocasiões, mas freqüentemente ela está apenas tentando entender como as coisas acontecem. Entretanto, é compreensível que para os pais possa parecer demasiadamente exaustivo o número de vezes que se torna necessário repetir uma determinada orientação, até que a criança automatize um comportamento. Por exemplo, você explica para uma criança que botar os dedinhos na tomada pode causar-lhe um choque. Ela deixa de mexer naquela tomada que você apontou, mas ainda não generalizou que o perigo é inerente a qualquer tomada, então ela se dirige a outra, e a outra mais, e tenta colocar os dedinhos... É aí que muitos pais pensam *ela está me provocando* e dão um ou dois tapinhas na mão da criança. Assustada, ela pára. Para os pais é um alívio, porque o perigo, real e objetivo, fica afastado. O amor que sentimos pelos filhos, amor sem equivalente em qualquer outro, somado à enorme responsabilidade que é zelar pela segurança deles (que vivem fazendo pequenas loucuras, principalmente quando são pequenos e não têm a menor noção de perigo), pode realmente levar alguns pais a um nível muito alto de ansiedade e medo. Medo de que lhes aconteça algo de ruim, algo de irreversível (e, claro, medo de nos sentirmos culpados. Afinal, parece — principalmente a quem está de fora — que não tomamos conta direito quando lhes acontece algo). Então quando eles teimam em fazer coisas que os colocam em risco, alguns pais perdem o controle e usam a palmada, porque tem um efeito suspensivo mais imediato. Só que com essa atitude não teremos nenhuma garantia de que, em outra oportunidade, sem a presença dos pais (que batem), ela não volte ao processo, porque ainda não generalizou o conceito (todas as tomadas dão choque). Este é o processo, o método pelo qual as crianças, antes dos onze, doze anos, aprendem.

Certa vez um pai, muito amoroso e preocupado, quando estávamos falando sobre esse assunto, contou que bate no filhinho de quatro anos porque ele é muito levado e freqüentemente o desobedece em coisas que o colocam em risco. Por exemplo, um dia ele o surpreendeu com uma chave de fenda na mão. Antes que pudesse impedir, o garoto colocou a haste de metal numa tomada. Felizmente, como o cabo era de um material mau condutor de eletricidade, nada ocorreu. Mas, na hora, naqueles poucos segundos em que tudo aconteceu, ele viu — como numa cena de filme — a mãozinha do filho de um amigo que perdera um dedo exatamente nas mesmas condições. Assustado, deu-lhe umas palmadas para valer, acreditando que, desta forma, o estaria protegendo do perigo. Na verdade, esse pai, em seguida, acrescentou que de nada adiantou, porque o menino continua reinando. A última foi cortar com uma tesoura o fio de televisão, que estava ligada, o que provocou uma explosão que podia tê-lo ferido ou dado um choque. Por sorte, ninguém se machucou. O que me intriga é o seguinte: esse mesmo pai não se pergunta o que ele estará resolvendo ao bater na criança nessas ocasiões? Porque realmente, como ele mesmo atestou, as artes do moleque continuam a ocorrer. E ele a bater. Claro, como ele poderá adivinhar qual a próxima reinação? E qual a garantia que ele está tendo de que o menino não vai fazer outra das suas quando estiver sozinho? E por que uma tesoura e uma chave de fenda estavam ao alcance de um menino de quatro anos?

Bater não resolve o problema, porque não educa. Não previne nem impede futuras traquinagens, nem apaga as que já foram feitas. Pode, isto sim, aliviar um pobre pai desesperado. Mas a garantia que se tem contra outras situações é a mesma, explicando ou batendo. Então por que bater?

Quando me coloco contra a palmada, tenho razões pedagógicas para isso.

A primeira delas é o fato de que **a palmada não é um ato pedagógico**. É um ato de desespero, um reconhecimento sem palavras da própria derrota. Admito que muitas vezes qualquer pai ou mãe tenha vontade mesmo de dar umas palmadas nos filhos. Afinal, quando eles querem uma coisa, sabem lutar (e lutar e lutar e insistir e insistir...) para consegui-la. O que pode conduzir qualquer pessoa a um descontrole eventual. Mas isso não significa que nós, que queremos realmente educar nossos filhos, iremos usar a PALMADA COMO MÉTODO. Uma coisa é você, uma vez na vida e outra na morte, quer dizer, muito eventualmente, ter dado uma palmada ou um tapa num filho mais desafiador ou mais teimoso. Outra, bem diferente, é usar sistematicamente a palmada como argumento ou acreditar que apenas com a palmada você se faz obedecer.

A palmada, o tapa, o bater — do jeito que for — tem um caráter repressor, e não educativo — isso inibe a criança, atemoriza. Por isso ela obedece, mas na verdade só está aprendendo que vocês — mesmo que lhe custe acreditar — são capazes de praticar atos de agressão física justamente contra aqueles que esperam, ao contrário, que de vocês, pai e mãe, lhes venham segurança, justiça, equilíbrio.

Em segundo lugar, estamos dando **um péssimo exemplo para nossos filhos** quando usamos a palmada como forma de coibir alguma coisa. Eles até poderão obedecer, mas não estarão aprendendo verdadeiramente. Estão deixando de fazer não porque entenderam que não é uma coisa positiva para eles, mas sim porque estão com medo de apanhar. E, pior ainda, estão adquirindo o direito de bater também — no irmãozinho mais novo, no filho da vizinha, no coleguinha na escola. Sim, porque se você, que é grande, pode bater no seu filho que é menor, não terá posteriormente argumentos que possam convencê-lo de que bater nos outros é errado. Você, provavelmente, só o irá convencer disso usando novas doses de palmadas... E a igualdade, onde fica?, pensará o pequeno.

Em terceiro lugar, porque a famosa *palmadinha de leve no bumbum* **funciona apenas no início**. Depois de algum tempo, aquilo não assusta mais. Então, você tem que partir para duas palmadinhas, depois para três palmadinhas leves. Ainda mais adiante terá que dar palmadinhas não mais tão leves, e nem mais apenas três... Quando você for ver, *poderá* estar espancando seu próprio filho... E isso, tenho certeza, ninguém quer. Ou então você vai dar apenas as palmadinhas de sempre, mas a coisa não vai mais funcionar como antes. Dá muito mais resultado dizer um "não" com muita seriedade e segurança depois de ter explicado uma ou duas vezes a razão. E o resultado será mais duradouro, porque aquilo que se compreende é mais bem interiorizado. O "não" que não funciona é aquele que a criança sente e percebe como um "sim", porque é um "não" vazio de autoridade e de segurança.

Outra razão: **depois de bater, você se sente culpada.** E, estando culpada, a tendência da maioria das pessoas é tentar tudo para conseguir livrar-se desse sentimento tão incômodo e desagradável. Aí, tentando se desculpar, você perde o pouco de autoridade que lhe restava, porque desfaz o que tinha feito. Ou seja, você bateu no seu filho porque não queria que mexesse na sua bolsa. Então, como ele está chorando muito, tristinho, com aquele beicinho de dar dor no coração, você pega e até dá a bolsa para ele mexer e fazer cessar aquele mal-estar. Mais adiante, ele vai mexer de novo, e você, danada da vida, vai bater de novo... seu filho não vai entender nada... mas vai ficar cada vez mais teimoso e cada vez mais renitente. Então, o que a gente consegue mesmo é aumentar a confusão na nossa vida e na de nossos filhos.

É inegável que é muito mais fácil ser obedecido batendo do que se fazer obedecer pelo poder dos argumentos ou pela força da autoridade. Mas quem disse que o melhor caminho é sempre o mais fácil? O mais fácil pode ser apenas isso — o mais fácil. Agora, o quinto argumento contra a palmada — **até quando você vai poder se fazer obedecer porque é o mais forte**? Nossos filhos crescem, ficam mais altos, mais fortes, fisicamente mais poderosos do que nós. E aí? Continuamos a bater ou mudamos a estratégia? E se é possível mudar a estratégia quando eles crescem, por que não mudar antes disso? Não será qualitativamente melhor se conseguirmos (mesmo que seja difícil) ter uma relação baseada no respeito, na autoridade e no diálogo?

QUADRO 31
Você já apanhou de seus pais?
(em %)

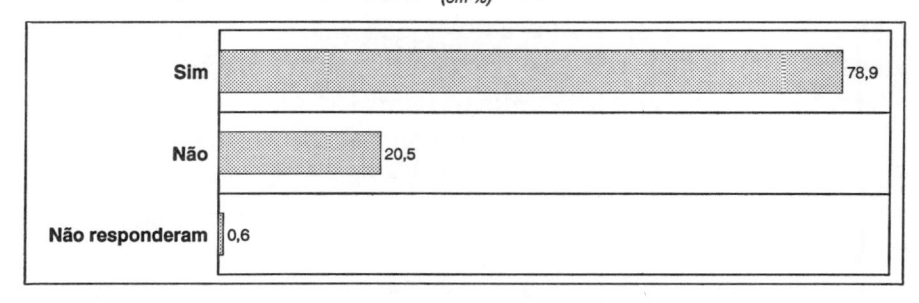

QUADRO 32
Hoje em dia ainda lhe batem?
(em %)

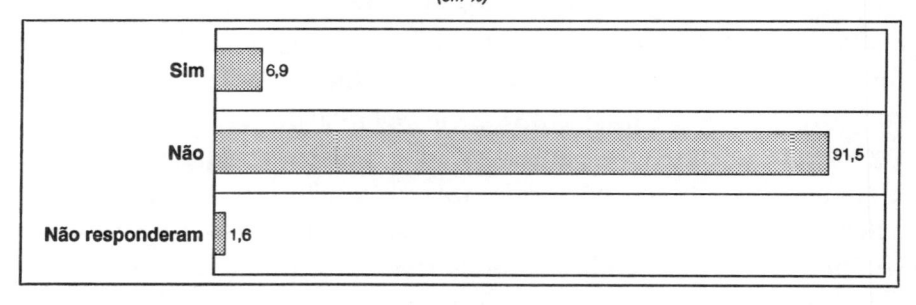

Os números falam por si. Quase 80% dos pais batem nos filhos QUANDO ELES SÃO PEQUENOS. É um percentual altíssimo. Por outro lado, quando chega a adolescência, apenas 6,9% continuam a usar a palmada como forma de coibir, limitar ou se fazer obedecer. Por que será? Será o jovem mais fácil de conversar, apesar de tudo que se fala sobre o adolescente? Ou será ele menos insistente do que as crianças menores? Não creio. Será talvez porque os próprios pais não se sentem mais com condições de bater? Será que temem uma represália? Ou será que, ao crescer, sabendo-os mais críticos, os próprios pais ficam inibidos de usar um método que expõe tão fragorosamente nossa fraqueza? E se for este o caso, isso não significa que os próprios pais se envergonham de bater nos filhos? E, se se envergonham, não será porque no fundo no fundo sabem que esta não é uma fórmula educativa?

Comparando os resultados obtidos nas cinco classes sociais não encontramos diferença de comportamento, nem com relação aos jovens que trabalham ou os que somente estudam. Quer dizer, seja na classe A ou na classe E, é muito mais comum do que se supõe os pais baterem nos filhos. Inclusive a tese de que quem mais bate nos filhos seriam os pais de classe social mais baixa, por problemas sociais (desemprego, embriaguez etc.), não é verdadeira, porque não houve diferença significativa quanto a este dado. Independentemente da classe social, os pais que batem batem mesmo. Talvez a diferença esteja apenas no nível de violência das agressões.

A única diferença significativa que encontramos foi surpreendente: **os pais dos jovens das capitais batem mais nos filhos adolescentes do que os pais dos jovens das cidades interioranas — 8,7% dos jovens que moram em capitais afirmaram que ainda hoje, na adolescência, continuam apanhando dos pais, contra apenas 3,7% do interior.** Será que na cidade a vida é mais estressante? Ou será que na cidade os jovens têm mais oportunidades de fazer coisas que os pais não querem? Será que os jovens da cidade são mais difíceis de lidar e acabam com a paciência dos pais mais vezes?

Bater nos filhos é uma forma muito vaga e ampla de falar. É preciso distinguir entre aqueles que batem para valer, deixando marcas, hematomas, provocando fraturas etc., e os que dão uma palmadinha, uma sacudidela ou um beliscão. Bater pode variar de uma palmada leve ou um apertãozinho no braço até as formas mais severas de espancamento. Também é preciso distinguir entre aqueles que eventualmente, muito eventualmente mesmo, dão uma palmada e os que batem muito e sempre. Uma palmadinha eventual ou um beliscão na hora em que os filhos estão "impossíveis" é uma coisa muito diferente da surra, do bater injusto, motivado por embriaguez, falta de paciência, falta de autoridade ou desespero de um momento. Nenhuma das duas formas é, evidentemente, educativa, mas, sem dúvida alguma, um beliscão eventual não condena ninguém ao fogo eterno (o que não significa aprovação nem concordância da nossa parte). Apenas é diferente. Já o espancamento — sem comentários. Há sanções legais para esses casos, felizmente.

Com a mesma franqueza com que colocaram a questão de já ter ou não apanhado, os adolescentes entrevistados se pronunciaram também a respeito da freqüência com que o fato de apanhar ocorre (ou ocorria) em suas vidas:

QUADRO 33
Se lhe batem ou bateram, com que freqüência?
(em %)

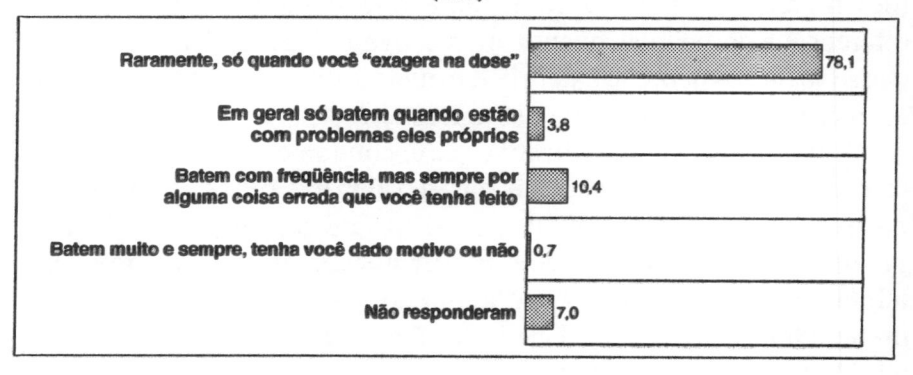

Felizmente, podemos respirar aliviados. Porque, depois de saber que quase 80% dos pais usam a palmada, ocasional ou freqüente, é um grande alívio verificar que, de uma maneira geral, eles não o fazem a toda hora, nem sem motivos. Quer dizer, na verdade, motivo para bater — salvo situações muito especiais — nunca há realmente, porque pode-se sempre usar outras formas de persuasão. Mas, de qualquer modo, é bom saber que, dos pais que batem nos filhos, 78,1% só o fazem nas situações em que realmente perdem o controle — porque os filhos exageraram, fato reconhecido pelos próprios —, enquanto apenas 0,7% bate muito e sempre, com ou sem motivo. Talvez esse percentual seja um pouquinho mais elevado, porque foi alto o nível de jovens que não responderam a essa questão (7%). Dentre estes, é possível que alguns apanhem e sintam-se envergonhados ou amedrontados para falar abertamente sobre isso. Apesar de ter-lhes dado total garantia de anonimato, alguns podem ter sentido insegurança. Mas é somente uma hipótese; a razão pode também ter sido outra, completamente diversa.

Bater não é a única forma que os pais encontram para se fazer obedecer pelos filhos. Segundo os jovens, vejamos qual ou quais os mais comuns:

QUADRO 34
Excluindo bater, seus pais costumam aplicar-lhe algum tipo de castigo? Qual?
(em %)

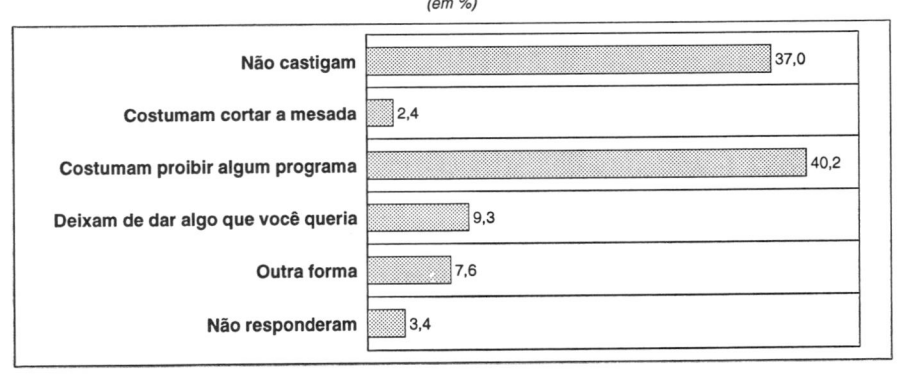

Não castigam	37,0
Costumam cortar a mesada	2,4
Costumam proibir algum programa	40,2
Deixam de dar algo que você queria	9,3
Outra forma	7,6
Não responderam	3,4

A forma mais comum de castigar é "proibir algum programa" (40,2%), seguido de "deixar de dar algo" (9,3%). É bem elevado também o percentual de pais que não castigam os filhos (37%).

Dentre as "outras formas" de castigo utilizadas, as mais mencionadas foram:

- dar *sermão* (um dos mais citados);
- dar *bronca*;
- falar muito;
- conversar, levar a refletir;
- ficar calado, *chateado*;
- dar *gelo* ou *ignorar*.

Como se pode observar, na verdade, além dos castigos que constam do Quadro 34, os pais utilizam a mais praticamente só **a conversa**, seja conduzida de forma tranqüila, como um diálogo mesmo, tentando levar os filhos a pensar no assunto em questão, seja zangados, dando *aquela bronca*.

Um fato interessante foi o comentário de uma adolescente cuja mãe,

151

quando a jovem fazia algo de errado, ficava apenas triste, mantendo-se afastada e sem falar com a filha durante algum tempo. Ao descrever esta forma de castigo, ao lado, ela escreveu "a pior coisa para mim", referindo-se ao fato de a mãe não falar com ela ou ficar triste com o seu comportamento. Realmente, às vezes, este tipo de atitude (mostrar seus sentimentos, sua decepção) funciona mais e de forma mais profunda do que mil sermões, coisa aliás que a maioria dos jovens detesta. Vários expressaram sua rejeição a este tipo de atitude dos pais (mais comum nas mulheres, nas mães) — parece que falar muito, repetir, tornar a falar não é a fórmula que trará melhores resultados, já que os jovens a rejeitam bastante.

Muito blablablá parece não surtir efeito. Como o adolescente reage aos castigos, de uma forma geral? Será que adianta castigar? Será que alguma coisa fica, depois de tudo?

QUADRO 35
Quando seus pais o punem, em geral você:
(em %)

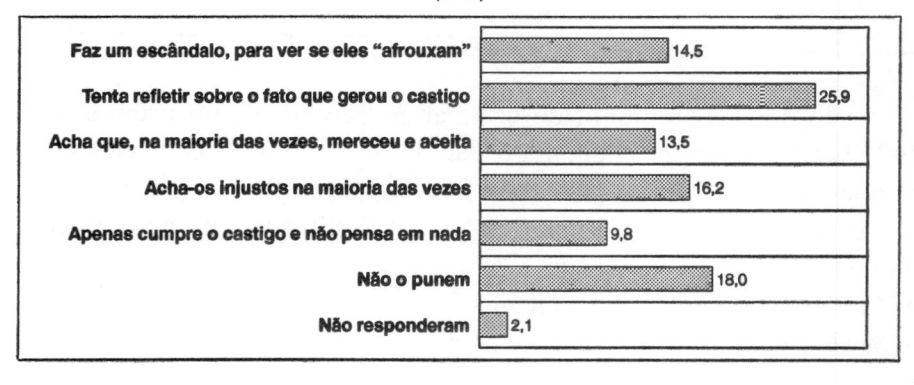

É bom verificar que as crianças e os jovens têm bastante capacidade de autocrítica. Embora alguns esperneiem, resmunguem, reclamem muito quando castigados, no fundo no fundo mesmo estes sabem quando erraram e quando a sanção é necessária e justa. O quadro anterior não deixa margem a dúvidas. O próprio adolescente reconhece que, muitas vezes, a revolta é uma pseudo-revolta (só para ver se as coisas melhoram, se os pais se comovem)... A maioria porém (25,9%) tenta refletir, rever o que se passou, o que é fundamental nesta fase da vida, em que parece que não há tempo para pensar, só para agir, fazer coisas novas a cada momento, viver, viver intensamente... É bom que, em alguns momentos pelo menos, eles parem um pouquinho para rever suas atitudes.

Saber como o jovem vê a sanção é muito importante também para os pais, porque muitos ficam inseguros e cheios de dúvidas quando os filhos reagem a elas. Antes de tudo é fundamental agir com equilíbrio e bom-senso, para evitar dúvidas ou remorsos. Ao aplicar uma sanção é importante que os pais estejam muito seguros do que estão fazendo, para que possam enfrentar possíveis reações com isenção e tranqüilidade. Sabendo que apenas 16,2% consideram os pais injustos na maioria das vezes e que 14,5% reconhecem que só resistem para ver se os pais cedem, as coisas ficam mais fáceis.

Castigar, bater, dar bronca — soluções diferentes para uma mesma questão: como lidar com os filhos agora que já cresceram? Esta é a questão que preocupa os pais. Como limitar, como fazê-los compreender e aceitar limites numa idade em que estão cheios de vida, de força, de desejo, de energia? Numa época em que não têm paciência para esperar o amanhã, quando tudo tem que ser vivido hoje, agora, já? Como agir de forma justa, equilibrada, sem se tornar severo ou permissivo demais? Será que os pais estão sabendo dosar as punições? Parece que, na maioria dos casos, a resposta é sim. Pelo menos, é o que pensam os adolescentes:

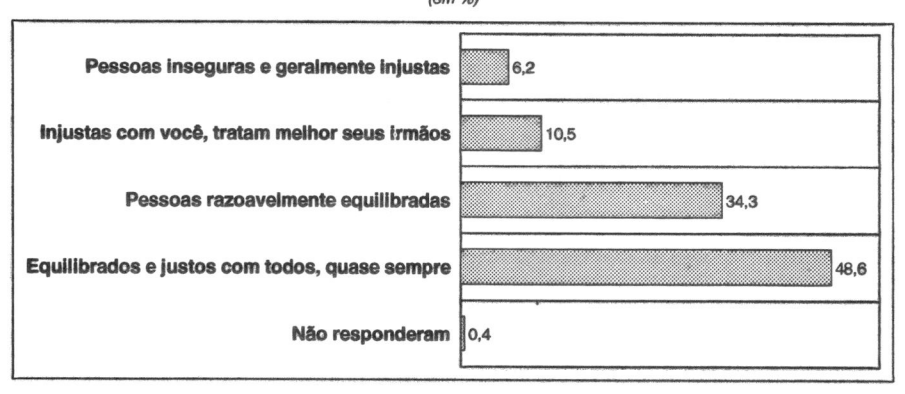

QUADRO 36
Considera seus pais, de uma maneira geral:
(em %)

Pessoas inseguras e geralmente injustas	6,2
Injustas com você, tratam melhor seus irmãos	10,5
Pessoas razoavelmente equilibradas	34,3
Equilibrados e justos com todos, quase sempre	48,6
Não responderam	0,4

Dos adolescentes entrevistados, 48,6% (quase metade deles) consideram os pais justos com todos na maior parte do tempo, e 34,3% os vêem como pessoas razoavelmente equilibradas. Um índice de aprovação altíssimo, que dispensa maiores comentários. Os números falam por si.

Todas essas informações são importantes na medida em que, para os pais, a adolescência é uma fase muito difícil de ser vivenciada. Os filhos freqüentemente discordam de tudo o que fazemos, criticam-nos incessantemente, parece que nada do que fazemos é bom, correto ou justo. E, embora sejamos adultos equilibrados e tenhamos segurança, muitas vezes a nossa auto-estima fica abalada. Aliás, quanto mais abertura têm os pais, mais freqüentemente tendem a ouvir as críticas e a repensar suas atitudes. Por isso, as reclamações constantes dos jovens podem, em alguns momentos, abalar. Ver, preto no branco, o que pensam realmente faz muita diferença e dá mais força para continuar a luta — uma luta que parece não ter fim. Acontece vinte e quatro horas por dia. Educar não dá direito a férias, nem a folga semanal. É um trabalho de horário integral e dedicação exclusiva. Nossos medos e inseguranças existem porque a realidade que nos cerca não está para brincadeira, mesmo que nossos filhos não acreditem ou pareçam não acreditar nisso: assaltos, drogas, violência entre grupos, AIDS, bebida... tantos perigos...

E nossos filhos saem para ir ao cinema às dez horas da noite, felizes e despreocupados como passarinhos. Sim, porque ir mais cedo é coisa de *coroa* (nós, no caso)... E nós ficamos em casa, sem dormir, apavorados. Nessas horas, felicidade é o som de uma chave rodando na fechadura e seu filhinho do coração chegando inteirinho em casa... Mais um dia vencido? Amanhã tem mais. Por isso é bom ouvir o que eles pensam de nós realmente. Porque pessoalmente, face a face, com certeza eles não irão nos dizer. Imagine um filho adolescente elogiando os pais... *Paga muito mico.* Agora, numa pesquisa, como a que fizemos — anonimamente —, eles podem se revelar sem maiores problemas para o seu processo de independentização.

QUADRO 37
Se tivesse filhos, você, para educá-los:
(em %)

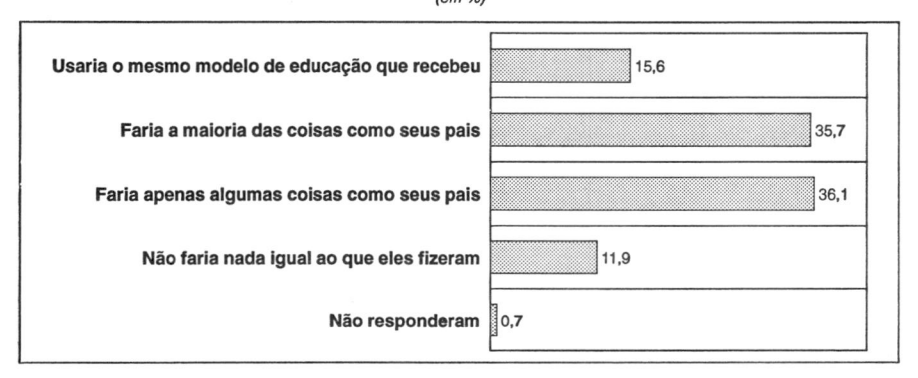

Usaria o mesmo modelo de educação que recebeu	15,6
Faria a maioria das coisas como seus pais	35,7
Faria apenas algumas coisas como seus pais	36,1
Não faria nada igual ao que eles fizeram	11,9
Não responderam	0,7

Ser pai de adolescentes e esperar ter aprovação dos filhos seria ingenuidade ou alienação. Mas não é que, por menos que se espere, **15,6% dos jovens aprovam totalmente** o modelo de educação que receberam? Por outro lado, **35,7% afirmarem que fariam a maioria das coisas como seus pais têm feito é muito, muito positivo.**

O item que representa alta desaprovação (a quarta opção — não fariam absolutamente nada do que os pais fizeram) foi de cerca de 12% — nem tanto assim. Afinal, considerando-se a faixa etária dos entrevistados, poderíamos esperar ser muito mais duramente criticados. Talvez se estivessem na presença dos pais, as críticas fossem mesmo mais intensas e em maior número. Afinal, na nossa sociedade opor-se aos pais é quase uma "obrigação" nesta idade. Entretanto, como havia anonimato, a oposição sistemática pode ser colocada de lado por alguns momentos e um julgamento mais isento parece ter sido feito. Aparentemente nossos filhos não estão tão insatisfeitos assim conosco. O que é muito bom saber, para se ter força e disposição para continuar...

RECADO DOS JOVENS PARA OS PAIS

*Nós aceitamos, precisamos
e queremos ter limites,
mas precisamos também ser tratados
e viver com justiça e coerência
para entender esses limites,
aceitá-los e para cumprir
e nos beneficiarmos das sanções
que eventualmente nos imputem.*

Capítulo 9

O Adolescente em Casa

Educar na adolescência é difícil, sem dúvida. Mas fica ainda mais se não nos preocuparmos, DESDE CEDO, em fazer dos nossos filhos jovens produtivos, cooperadores, solidários. E, para quem acha esta tarefa muito difícil, que tal começar do início? Só se consegue que a criança e o jovem entendam que é importante e, *principalmente, bom* trabalhar se começarmos com as coisas simples do dia-a-dia. Se em casa não se desenvolve a idéia de participação, se se deixa os filhos ociosos, sem fazer nada, enquanto a mamãe tira a mesa, lava a louça, cata as roupas sujas que foram abandonadas no chão ou espalhadas pela casa, leva para a cozinha os copos com restos de Nescau que ficaram na escrivaninha, arruma a mesa para o almoço, esquenta a comida, coloca no prato — só falta comer por eles —, não é de se esperar que, acostumados com toda essa *mordomia*, eles queiram fazer qualquer coisa quando necessário...

Minha pesquisa mostrou que, quanto maior o poder aquisitivo da família, mais raramente os jovens ajudam nas tarefas da casa, e vice-versa. Como era de se esperar, aliás. Existem, entretanto, alguns outros pontos de reflexão interessantes a analisar sobre este fato — devemos fazer nossos filhos ajudarem ou não, um pouquinho que seja, em casa, mesmo que tenhamos condições e empregados à vontade?

Vejamos a situação atual:

QUADRO 38
Costuma ajudar nos serviços da casa X Classe social:
(em %)

Opção/Classe	Nunca	Raramente	Freqüentemente	Sempre
A	5	65	20	10
B	8,8	51,1	27,7	12,4
C	5,2	41,6	29,8	23,3
D	6,2	30,9	25,8	37,1
E	9,3	25,6	20,9	44,2

Nas camadas C, D e E da população, a participação nesse tipo de atividade começa cedo, por uma questão de necessidade. Os mais velhos cuidam dos irmãos mais novos, as meninas fazem comida, arrumam a casa. Já nas classes mais abastadas, os jovens são muito mais protegidos e começam a assumir responsabilidades bem mais tarde, como se pode observar comparando as colunas "raramente" e "sempre" no quadro acima. Quanto mais alta a classe social, menos freqüente é a participação nas tarefas de casa, enquanto cresce a participação nas camadas menos favorecidas economicamente.

Algumas famílias de maior poder econômico têm duas ou três empregadas em casa. Ótimo, isso é uma beleza para quem pode! O que não significa que os filhos não precisem nem levar um prato usado para a cozinha. Existe uma coisa que se chama respeito pelo trabalho do outro, que deve ser desenvolvido. Se em casa o jovem tem pessoas para servi-lo, tudo bem. Mas é muito importante ensinar a respeitar o trabalho do outro. Em algumas casas, mal a empregada termina de arrumar o quarto, já está ele lá, com potinhos de Danoninho e pacotes de biscoitos que vão deixando um rastro de pingos e migalhas pelo chão ou comendo saborosas frutas cujos restos ficam, em seguida, em cima da mesa ou da escrivaninha, à espera de serem retirados pela empregada. Revistas largadas pelo chão. Tênis e meias com "aquele" perfume, roupa suada jogada em cima da cama...

Ensinar a ter algumas obrigações — DESDE CEDO — é fundamental para que eles comecem a respeitar e valorizar o trabalho, do mais humilde ao mais complexo. Respeitar o trabalho de quem for: da faxineira ou de um médico, do encanador ao cientista. Todos têm direito a esse respeito. Para se chegar a isso, cada um deve ter algumas responsabilidades dentro de casa, para poder começar a valorizar e entender como as coisas dão trabalho para serem feitas. Por exemplo, pelo menos, ser encarregado de manter o quarto arrumado, o que não significa passar aspirador, limpar os vidros etc. Apenas manter a ordem. Esta atitude não somente ensina a valorizar o trabalho alheio como também começa a formar hábitos de organização pessoal e alguma disciplina, que terão reflexos futuramente. As tarefas, evidentemente, devem estar de acordo com a idade e a capacidade de cada criança, mas é muito importante que elas comecem a ter algumas pequeninas obrigações, por menores que sejam, desde pequenas. Em geral, elas aceitam isso muito bem.

Se a situação permite que tenhamos o auxílio de uma faxineira ou empregada e não precisamos que eles façam a limpeza completa, pelo menos eles devem aprender a respeitar quem arrumou. E isso inclui não desfazer tudo o que foi feito, em menos de uma hora. Em algumas famílias de mais alto poder aquisitivo há casos em que as empregadas passam aspirador duas ou três vezes por dia, porque as crianças não foram ensinadas nem mesmo a usar um pratinho para aparar os farelos dos biscoitos que comem. É claro, depois de crescidos, vai ser bem mais difícil convencê-los a tomar este cuidado.

Aos sábados e domingos, quando a empregada está de folga ou nas casas onde não há empregados domésticos, todas as tarefas acabam sendo feitas pela mãe. Sobrecarregada, ela reclama, dá aquelas *broncas*, fica mal-humorada, fala da dupla jornada de trabalho se tem uma profissão fora do lar... Fica *aquele clima*... As crianças nem tomam conhecimento, porque não percebem o que se passa, o trabalho que dá. Não seria muito mais fácil e justo se cada um fizesse uma pequena parte? É claro, para todos os elementos da família é muito mais cômodo deixar tudo para a mamãe fazer (e ainda reclamar que ela é *chata*, vive compulsivamente limpando as coisas etc). Só que essa colaboração não surge espontaneamente na maioria dos casos (até porque o trabalho doméstico é de fato dos mais maçantes e repetitivos), porque os jovens são bastante egocêntricos ainda, e somente conversando, explicando, mostrando a necessidade de dividir tarefas é que eles se apercebem dessa realidade. Não, não é por mal ou porque sejam exploradores. Na verdade, eles não prestam atenção a essas coisas. O mesmo ocorre com relação à maioria dos homens que cresceram acostumados a que as mulheres fizessem toda essa parte do trabalho. É necessário que nós os solicitemos a dar essa colaboração. A divisão do trabalho deve começar em casa, como uma primeira lição de democracia, de respeito e de igualdade. É bem verdade que mudar um homem adulto, acostumado a ter sempre tudo feito em casa sem a sua participação, é uma tarefa quase perdida, mas devemos tentar mesmo assim. Com nossos filhos, no entanto, as coisas são diferentes, porque eles ainda podem adquirir o hábito de participar e dividir, se os trabalharmos desde pequenos.

Com carinho e firmeza, devemos mostrar e explicar-lhes esse processo que acontece diariamente, aliás várias vezes ao dia dentro de uma casa, pois se eles não cooperam é porque, no mais das vezes, simplesmente não foram levados a ver como as coisas acontecem. Seja na infância ou na adolescência, a maioria age como se pensasse que tudo surge pronto, aparece feito, como que por encanto. Na verdade, nós mesmos não lhes mostramos, por exemplo, quantas etapas de trabalho envolvem a chegada de um gostoso jantar à mesa da família. Desde o trabalho, no qual se ganha o dinheiro, passando pelas compras, o preparo e o servir, até o lavar os pratos. E começar tudo de novo para a próxima refeição... Se, ao contrário, nos preocuparmos em ir, aos poucos, fazendo-os conhecer essa realidade — sem fazê-lo de forma agressiva ou como uma cobrança, mas como informação mesmo, de preferência chamando-os a participar de cada etapa —, poderemos aos poucos fazê-los assumir parte de algumas delas. Como já dissemos, dentro das possibilidades de cada faixa etária, evidentemente.

Não se trata de fazer *um cavalo de batalha*, uma guerra, uma briga, a cada roupa que encontramos fora do lugar, nem de ficar ralhando, resmungando o dia todo por coisas desse tipo. O que estou querendo dizer é que, aos poucos, e quanto mais cedo melhor, com carinho, firmeza e segurança, devemos ir dando aos nossos filhos algumas pequenas obrigações em casa. Coisas como buscar a correspondência na portaria, entregar um objeto que se pediu emprestado na casa de uma vizinha, ajudar a arrumar a mesa para o jantar, tirar os pratos sujos, todos juntos — não apenas a mamãe, depois da refeição (principalmente quando não se tem ajudantes em casa para estas tarefas) —, com muito estímulo e aprovação a cada progresso. Isso, na verdade, transforma nossos filhos de meros usufruidores em produtores também. E, aos poucos, mostrando o significado dessa contribuição, eles sentir-se-ão bem consigo próprios.

Muitas vezes a criança ou jovem quer ajudar e são as próprias mães que desestimulam, achando que, como sabem fazer mais rápido e melhor, as crianças só atrapalhariam o serviço. Realmente, muitas vezes isso é a mais pura verdade, tanto com relação às crianças como aos maridos, que querem ajudar a trocar uma fralda ou a lavar uma louça e as esposas os afastam alegando que eles não sabem fazer direito. Perdem assim uma chance excelente de dividir obrigações que, por serem repetitivas (e no mais das vezes desvalorizadas socialmente), acabam cansando e enervando quem as executa por anos a fio. Esse perfeccionismo da mulher conduz à acomodação dos filhos e dos homens em geral. *Se não fazemos nada direito, melhor que elas façam*, pensam eles. Mas, se nos lembrarmos que somente assim nossos filhos aprenderão a fazer as coisas rapidamente e com perfeição — fazendo no início devagar e com alguns defeitos —, talvez sejamos menos imediatistas e, aceitando o que eles podem dar, permitamos a nossos filhos entender o valor do trabalho. Isso tudo independentemente de precisarmos mesmo ou não de ajuda. É um aprendizado bom, positivo e importante — faz com que crianças e jovens sintam-se produtivos; mais ainda, faz com que sintam que as pessoas — os pais, principalmente — confiam neles, na sua capacidade, na sua responsabilidade.

Na adolescência, eles podem e devem aos poucos ir assumindo tarefas mais complexas, como lavar o carro da família, ir à padaria comprar leite, tomar conta de um irmão menor etc.

É importante não remunerar os filhos por esses trabalhinhos. Eles precisam se ver como integrantes de um todo familiar, para o qual cada um deve e pode contribuir com o que estiver a seu alcance e dentro de suas possibilidades. Essa atitude dos pais vai desenvolvendo no jovem a idéia de que o trabalho é uma coisa natural, importante, e que faz parte da vida das pessoas.

Também não é nada educativo presentear os filhos porque eles obtiveram aprovação ou boas notas na escola. É preciso que eles entendam que estudar é um **direito** deles, assegurado em lei, aliás, mas é também um **dever** — aliás, o único dever que a maioria dos jovens das camadas A, B e grande parte da C tem na vida. Por isso os pais devem estimulá-los sim, mostrar sua alegria e satisfação com os bons resultados que eles apresentam, mas nunca pagar a eles por uma coisa que só reverte em benefícios para eles próprios.

Premiar os filhos pelos bons resultados escolares deve ser feito sim, mas somente com o nosso amor, carinho, aprovação e alegria. Expresso em palavras, beijos, elogios. Nunca em dinheiro ou coisas materiais. Prometer uma viagem "se passar de ano" é uma forma de dar-lhes a entender que eles estudam *para nós,* e não *para eles próprios.* Assim, não estaremos lhes passando com clareza responsabilidade, compromisso. Do mesmo modo que quando deixamos que eles, em casa, sejam verdadeiros parasitas, senhores feudais com muitos escravos (em geral, a mãe como escrava), que lavam, passam, arrumam, limpam tudo o que o senhor sujou ou desarrumou, também nesse caso não estaremos desenvolvendo neles a percepção de que cada um tem sua parte de responsabilidade na vida, na família, nas relações.

Quantas vezes nós, mães, já não nos descabelamos pela rotina incessante do trabalho doméstico? Quantas de nós não vivemos reclamando desse trabalho estafante e sem fim que é cuidar de uma casa?

Mas quantas de nós realmente estamos contribuindo para uma democratização nesse campo? Sem brigas, sem *falação*, sem escândalos, mas utilizando o grande, o enorme poder que temos como EDUCADORAS das futuras gerações? É muito comum que mobilizemos *nossas filhas* para ajudar nas tarefas da casa, mas são muito, muito poucas as que o fazem também com os filhos. Os meninos em sua maioria continuam sendo criados como "homens", e as meninas como as futuras "donas de casa". A nossa geração pode quebrar esse ciclo infindável, essa divisão injusta. Principalmente se nos lembrarmos da nossa juventude, aquela juventude que lutou tanto pela igualdade de direitos entre homens e mulheres. E que, agora, na hora em que pode realmente fazer — na prática — a grande revolução, que seria criar jovens que pensam e vêem a mulher como uma igual, justamente agora, muitas mães continuam desenvolvendo nos filhos uma visão tradicional, antiga e estereotipada da divisão do trabalho, com papéis muito definidos e marcados pelo sexo (entre outras coisas). Se muitas jovens já não participam dos trabalhos da casa, menos ainda os meninos.

Vejam os dados encontrados a esse respeito, na minha pesquisa:

QUADRO 39
Costuma ajudar nos serviços de casa?
(em %)

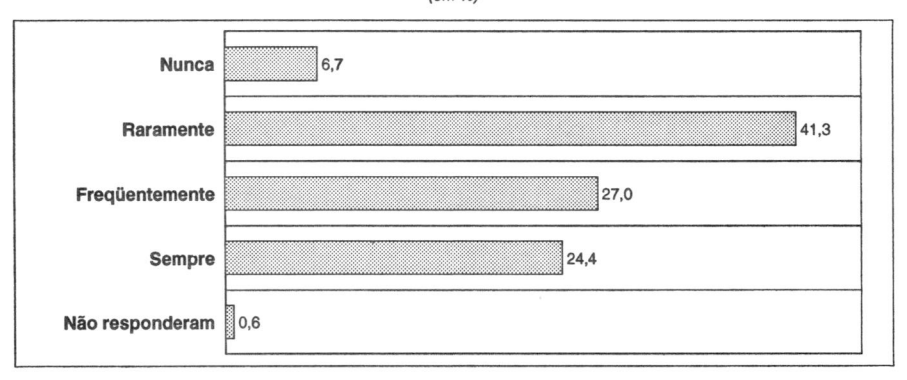

Nunca	6,7
Raramente	41,3
Freqüentemente	27,0
Sempre	24,4
Não responderam	0,6

Como se pode ver, quase 50% dos jovens pouco participam das atividades rotineiras da casa (primeira e segunda opções — *nunca e raramente ajudam)*, enquanto apenas 24,4% participam *sempre* das tarefas. E, se observarmos bem o Quadro 38, veremos que, mesmo nas camadas menos favorecidas economicamente, um percentual bem expressivo nunca ou raramente ajuda em casa: quer dizer, não é apenas uma questão de ser pobre ou de ser rico, de ter empregados ou de não ter quem ajude. A verdade é que, em boa parte dos casos, **trata-se de uma postura dos pais.** Talvez eles pensem que assim, protegendo, poupando trabalho aos filhos, eles estudem mais, sejam melhores alunos, ou até mesmo os considerem pais mais amigos, mais liberais. No entanto, a minha experiência, tanto como professora quanto como mãe, é de que as pessoas mais produtivas são aquelas que sempre estão envolvidas em várias coisas ao mesmo tempo. Parece que quanto mais tarefas tem (claro, dentro de um limite racional), mais a pessoa se organiza e produz. Ao passo que para os ociosos parece que os dias são menores, têm menos horas, as quais passam mais rapidamente e de forma improdutiva.

Por que não juntarmos essas duas coisas tão positivas para nossos jovens e acabarmos de vez com esses resíduos machistas na nossa sociedade? Vamos educar nossos filhos ou filhas como PESSOAS que participam e têm, cada uma delas, funções e tarefas dentro da constelação familiar, e não como "machos" e "fêmeas". Se nós próprias — mulheres — achamos tão cansativo e difícil aceitar a dupla jornada de trabalho, por que não a dividir? E se realmente acreditamos nisso, por que conservamos os papéis tradicionais dentro das nossas próprias casas? É mais justo, mais democrático e, principalmente, ensina nossos filhos, desde cedo, a valorizar a cooperação e a solidariedade — a igualdade tem que começar em casa, para que possa ser reproduzida depois na sociedade. Infelizmente, não é isso que está acontecendo na família brasileira hoje. Vejam o que a nossa pesquisa apontou, quando confrontamos sexo e tarefas domésticas:

QUADRO 40
Costuma ajudar nos serviços de casa X sexo:
(em %)

Sexo/Opção	Nunca	Raramente	Freqüentemente	Sempre
Masculino	9,6	47,8	27,6	15,0
Feminino	4,1	35,8	26,9	33,2

Tivemos a confirmação — através de pesquisa científica — de algo que se repete há séculos: os meninos ainda são menos solicitados a participar do trabalho doméstico do que as meninas. Embora a diferença não seja mais tão gritante, podemos ver que, num número ainda considerável de famílias brasileiras, **as moças participam mais das tarefas domésticas do que os rapazes**.

Entretanto, há um dado promissor na terceira coluna do quadro acima ("freqüentemente"): 27% dos rapazes e das moças ajudam em casa com freqüência. Nas colunas "Raramente" e "Nunca" entretanto, os índices são mais altos para os rapazes, enquanto "ajudar sempre" tem um percentual fortemente positivo para o sexo feminino — **o número de meninas que ajudam sempre em casa é maior do que o dobro dos meninos.** Em resumo, os dados indicam que as mães continuam fazendo valer os modelos de comportamentos estandardizados geração após geração — menina brinca de casinha, menino brinca de guerra —, sem perceber que está nas suas mãos mudar esta realidade. A pergunta é: será que é mesmo sem perceber? Ou será que na hora "H", na hora de formar a cabecinha dos filhos e filhas, realmente as mulheres estão seguras de que querem estas mudanças? De que querem distribuir de forma igualitária as tarefas domésticas, diminuindo ou eliminando a sobrecarga de trabalho do sexo feminino? Será um problema de decisão ou de alienação? Ou será aquele medo secreto de levar o filho a desenvolver tendências homossexuais por estarem estimulando-os a executar tarefas tradicionalmente femininas?

Também a comparação entre os moradores de capital e do interior não apontou diferença de comportamento.

Em suma, nosso estudo indicou que o que realmente influencia os pais na hora de solicitar a participação dos filhos nos trabalhos caseiros é **o sexo e a situação sócio-econômica da família.**

Apenas se marido e filhos — independentemente do sexo — forem instados a participar das tarefas da casa (ao contrário do que vem ocorrendo em muitos casos), somente neste caso, veremos, num futuro próximo, famílias de fato estruturadas democraticamente. Lógico, não é só isso que faz uma família viver democraticamente. Mas já é um bom começo — o princípio da igualdade. Sem dúvida alguma, está nas mãos das mulheres, das mães, depende de nós, contribuir para mudar ou não a atual situação. Se possível sem brigas, com muito carinho mas com determinação, somos capazes de alterar o equilíbrio das forças. Ensinando e incentivando nossos filhos (não só as filhas) a participarem ativamente da divisão do trabalho doméstico. Acostumando-os desde pequenos a participar, eles automatizam um comportamento, encarando com naturalidade a divisão de tarefas no lar.

Se, ao contrário, mantivermos as coisas como sempre foram: as meninas ajudando as mamães enquanto marido e filhos ficam lendo jornal, jogando e vendo televisão, então não esperemos mudanças. Elas só surgem quando trabalhadas, batalhadas. Como mães, nós temos esse poder. Resta saber se queremos utilizá-lo realmente, se estamos firmemente dispostas a isso, porque por vezes é bem mais fácil fazer tudo sozinha, arcar com tudo para não brigar, discutir, lutar, lutar e lutar para conseguir a igualdade. De qualquer forma, é sempre bom lembrar que todas essas conquistas impõem muito trabalho. Não é em um dia, nem em um ano (talvez nem em uma geração apenas) que este tipo de comportamento é assimilado, principalmente porque, estando acostumados apenas a assistir à esposa e/ou mãe executando essas atividades, e estas sendo — como são — desgastantes, *chatas* mesmo, há uma tendência a reagirem, a lutarem contra a participação. De modo que nós, mulheres, não devemos esperar uma aceitação entusiasmada das nossas propostas de democratização do trabalho doméstico e, sim, bastante resistência a elas.

As pessoas que estão acostumadas a ter privilégios — mesmo quando são os nossos filhos e o nosso marido, a quem tanto amamos e que também nos amam — lutam para mantê-los. Só a compreensão, o entendimento do quanto é injusta esta situação pode levar à sua modificação. E isso demanda, sem dúvida, uma luta sem tréguas, uma batalha que pode levar muitos anos. Então, é preciso estarmos muito decididas, muito firmes no nosso propósito para não esmorecer.

A batalha é dura, mas vale a pena!...

RECADO DOS JOVENS PARA AS MAMÃES

Nas famílias em que somos incentivados a participar, a contribuir, nós participamos e contribuímos; quando confiam em nós, na nossa capacidade, nós, em geral, correspondemos às expectativas e assumimos o papel que nos oferecem. Vai depender de vocês, mães, o que seremos no futuro — jovens participativos ou usufruidores apenas.

Capítulo 10

Adolescência e Sexo

POSTURA DE PAIS E ADOLESCENTES HOJE

Uma das grandes preocupações dos pais através dos tempos sempre foi a vida sexual dos filhos. Esta não é, como muitos afirmam, uma preocupação moderna. É uma coisa que preocupou os pais *desde sempre*. Só que até há algumas décadas esse assunto era resolvido com uma grande dose de repressão e mantendo as crianças e jovens no desconhecimento, na ignorância, por vezes total, sobre o assunto.

Os pais não conversavam com os filhos, os quais tratavam de se informar do modo que conseguiam: lendo escondido livros e revistas que encontravam, conversando com amigos, com irmãos mais velhos etc. Uma vasta rede de informações, muitas vezes com dados incorretos e fantasiosos, sempre funcionou no sentido de suprir essa necessidade básica.

Hoje, as coisas caminham de forma diferente. Embora nem todos os pais consigam ainda conversar sobre sexo com os filhos, já aumentou bastante o número dos que se sentem à vontade para esclarecê-los e orientá-los. Afinal, foi ou não foi a nossa geração aquela que pregou e lutou pela liberdade sexual? Foi ou não foi a nossa a geração da pílula? Aquela em que a mulher foi à luta pelo direito de trabalhar, de decidir seu destino, de ser dona de seu próprio corpo?

Às vezes, me parece que não. É engraçado observar pessoas — na juventude ardentes defensoras do amor livre, da pílula, da luta contra a opressão à mulher e de todas as causas que falavam em liberdade — que, de repente, frente aos filhos que crescem, adotam posturas muitas vezes antiquadas e até bem tradicionalistas. Não que, obrigatoriamente, tenham que ser liberais, mas um mínimo de coerência é saudável e desejável. Afinal, na era da televisão, quando aos dez anos as crianças já estão sabendo muito sobre a reprodução humana (quando não sabem tudo), parece uma atitude do tipo *tapar o sol com a peneira* não olhar e entender como são as coisas hoje no mundo.

Há basicamente dois tipos de pais: os que conversam sobre tudo com os filhos, *abrem o jogo* e sentem-se confortáveis ao abordarem assuntos como sexo, aborto, homossexualismo, gravidez, e aqueles que, ou por não se sentirem bem ou por não acharem conveniente, consideram esses tópicos fora de questão, não havendo portanto nenhum tipo de diálogo sobre isso. Entre esses dois, temos intermediários. Alguns falam através de metáforas, outros conseguem abordar apenas alguns aspectos, sentindo-se intimidados ou despreparados para a conversa franca sobre alguns outros temas.

O ideal seria que todos os pais tivessem liberdade consigo próprios para poderem transmitir essas informações fundamentais aos filhos, mas, quando não é o caso, melhor é reconhecer isso e buscar outras soluções. Nada pior do que falar sobre algo que não se sabe ou que se aborda timidamente ou de forma exagerada, passando ao interlocutor seus próprios temores. Dar aos filhos bons livros e artigos sobre o tema é uma forma interessante de contornar essa timidez, desde que isso seja feito na hora em que a criança ou o jovem demonstram interesse no assunto, e não como uma obrigação ou uma aula de didática ou de biologia.

Tem gente que acha perigoso conversar porque acredita que isso poderia despertar o adolescente precocemente e levá-lo a iniciar sua vida sexual mais cedo. Esse medo, em geral, existe também com relação às drogas. Entretanto, vários estudos vêm mostrando que o saber não leva a decisões impensadas; ao contrário. Uma pesquisa recente em escolas que tinham em seu currículo aulas sobre Educação Sexual, na Inglaterra, verificou que seus alunos não tiveram iniciação sexual mais precoce do que outros. Ao contrário, nessas escolas, a iniciação dos jovens ocorria mais tarde. Na verdade, é muito mais provável que uma adolescente despreparada engravide, por exemplo, do que as suficientemente informadas sobre contracepção. No Brasil, o número de nascimentos por ano de crianças filhas de adolescentes, segundo o último censo, é de 1.000.000. Já pensaram? **Um milhão de bebês a cada ano,** filhos de jovens ainda mal saídas da infância? Será que se elas estivessem bem informadas isso ocorreria? A opção por iniciar a vida sexual também pode estar, em alguns casos, ligada à curiosidade. Muitas mocinhas tiveram sua primeira relação sexual *só para ver como é.* Talvez, se tivessem acesso a informações, uma parte de sua curiosidade estivesse satisfeita. Talvez muitos mitos ainda existentes sobre sexualidade também já tivessem se desfeito, se não houvesse tanta desinformação. Por incrível que pareça, ainda é grande o número de pessoas que acredita que *uma vez só não engravida;* ou que *sem penetração a gravidez não é possível,* ou ainda que *masturbação dá espinhas ou pêlos* etc.

É muito importante que entendamos, como pais modernos e interessados no bem-estar de nossos filhos, que a adolescência é exatamente o momento em que há o despertar natural pelo sexo. É da vida, é da idade. Os hormônios estão *a mil,* a pele está elétrica, a beleza da idade atrai É muito importante, portanto, conversar, conversar, conversar... esclarecer — para diminuir os riscos.

Temos que considerar também um outro fenômeno interessante que ocorre hoje. Alguns pais querem conversar, e são os filhos que não querem falar sobre isso com eles. Se isso ocorrer, não é caso para desespero, nem carece ficar interpretando ou imaginando o porquê. Possivelmente, é porque eles já sabem tudo o que queriam saber. Ou então são mais introspectivos, sentem-se pouco à vontade com os pais para abordar tais assuntos. O que fazer nesses casos? Dar um ou dois bons livros sobre o assunto (mesmo que eles digam que não querem), como já dissemos, é uma opção. A outra é se colocar à disposição para quaisquer momentos em que eles precisem da gente. É isso. Demonstrar disponibilidade. Estar acessível. E ficar realmente disponível e acessível, de modo a que eles sintam isso de uma forma muito concreta, muito real...

Muitas vezes, ao entregarmos um livro ou ao tentarmos conversar poderemos nos surpreender com uma atitude de desinteresse e indiferença, com exclamações do tipo *não vou nem pegar, já disse que não quero, ih, lá vem você de novo com esse papo, num tô a fim de falar sobre isso* e outras tais. Não se deixem impressionar. Faz parte do *show*. Provavelmente, se pudéssemos nos transformar num mosquitinho, veríamos, mais tarde, um jovem entregue à leitura voraz do livro desprezado há pouco... Deixem lá, esquecido na estante ou na escrivaninha deles... Logo, logo, eles encontram... Desde que, claro, o livro seja adequado à idade, interessante e bem-escrito. Não deve ser nem muito infantil nem um tratado de biologia. Existem boas publicações atualmente, adequadas, inteligentes e ágeis. É só procurar nas livrarias.

Uma coisa que atrapalha bastante a espontaneidade, a naturalidade, dos pais é supor que os adolescentes *ficam, transam,* namoram sem parar... Esta é uma idéia que faz com que os pais vivam com medo. Medo da AIDS, de uma gravidez prematura, de outras doenças, da própria promiscuidade, do homossexualismo. Com razão, que não é para brincar com uma doença como a AIDS. Nem com uma gravidez aos treze, quinze anos. Tanto para o rapaz como para a moça esse fato significa praticamente interromper a adolescência e entrar de forma abrupta e, portanto, indesejável para o mundo adulto. Então, é perfeitamente compreensível o medo que os pais apresentam. Também não é para menos. Alguns programas que a televisão apresenta, dirigidos ao público adolescente, podem realmente levar os pais ao desespero. A impressão que fica, para quem assiste, é a pior possível. Os jovens, segundo a ótica de alguns deles, praticamente só vivem e agem em função de sexo. Parecem não ter ética, amizade, lealdade nem outros interesses, na maioria dos episódios. É claro que sexo é assunto crucial para eles. Afinal, é quando se desperta e, aos poucos, amadurece para isso. Mas, como vimos demonstrando neste estudo, não é seguramente o único assunto de interesse do adolescente. Vendo as coisas dessa forma, os pais ficam literalmente apavorados, achando que seus filhos estarão logo, logo, por aí, *transando a mil*, com muitos parceiros, com mil riscos. E tendem a caminhar na direção oposta, tornando-se obsessivos, extremamente preocupados, vigilantes e desconfiados. A tendência então, para muitos, como um mecanismo de defesa, é evitar o assunto, tentar imaginar que o perigo não existe, que com a sua filhinha as coisas serão diferentes. Ou, num rumo contrário, tentar impedir as coisas de acontecerem. Começam a pensar em estratégias como proibir ou diminuir a freqüência a festas, a barezinhos, reuniões; exigir que cheguem mais cedo em casa; tentar impedir que saiam com algumas pessoas etc.

Acontece que, como demonstraremos no decorrer do capítulo, as coisas não são desse jeito. A maioria dos jovens não está por aí, aloucada, *transando* com um, com outro, com muitos. Eles têm, sim, liberdade sexual, mas são mais calmos em relação ao assunto do que foi a nossa geração, que precisava provar muita coisa, romper com tudo, lutar pelo direito de decidir sua vida. Agora não. Eles sentem-se tranqüilos, as coisas vão acontecendo sem muita pressa — mesmo que cedo — com uma namoradinha ou namoradinho de que gostem, com carinho e afeto. É uma conquista e tanto. **Fruto da nossa luta**, mas um passo à frente dela. Os rapazes não se sentem mais tão obrigados a provar cedo cedo que são homens. A ir a um prostíbulo mal têm a primeira ereção... As meninas também têm, em grande parte, a cabeça no lugar. Não se sentem *encalhadas* se, aos vinte e quatro anos, estão solteiras ou sem par... Começam a *transar* sim, mas não loucamente, e também não com todos os namoradinhos. Com certeza, a maioria dos nossos jovens adolescentes não é promíscua, mas é livre sexualmente. O que são coisas bem diferentes. Eles não têm, é claro, a moral reprimida das gerações passadas, nem tanta culpa em relação ao sexo. Mas também não ficam por aí *dando*, *transando* com todos e com qualquer um. Há uma ética, uma forma de comportamento bem-definida. A fidelidade, por exemplo, é um valor que prezam muito, bem como o namoro. Tanto assim que fazem uma divisão bem nítida entre namorar e *ficar*. Também usam expressões como *galinha* para rapazes e moças que *ficam muito*, sem qualquer seleção. O que demonstra a existência de padrões de comportamento bem e mal-aceitos.

Esse fenômeno, aliás, o *ficar com*, corresponde, mais ou menos, ao *tirar um sarro* da nossa época. A coisa funciona da seguinte forma: numa festa, num barzinho, numa boate, dois jovens se vêem, se sentem atraídos um pelo outro, e aí dançam, conversam e resolvem ficar juntos aquela noite. Nessa relação, a coisa pode ir desde apenas uns beijos e abraços, uns apertões, um colar de corpos, até uma relação completa, desde que ambos queiram. O fato de ter *ficado* com alguém é inteiramente descompromissado. Podem se encontrar de novo dali a uns dias e *não rolar mais nada* ou dar vontade de *ficar de novo*. O *ficar* pode evoluir para um namoro, mas não porque esta seja a finalidade. É uma coisa puramente física, de atração, de vontade. Apenas, por vezes, um relacionamento mais profundo pode acontecer a partir desse início, de pura atração física. Mas não é a tônica.

Quando namoram, a fidelidade é considerada muito importante. Quem namora, em geral, não *fica*. Pelo menos enquanto dura o namoro. Quando o namoro termina, aí é outra história.

QUADRO 41
O que você acha de "ficar com"?
(em %)

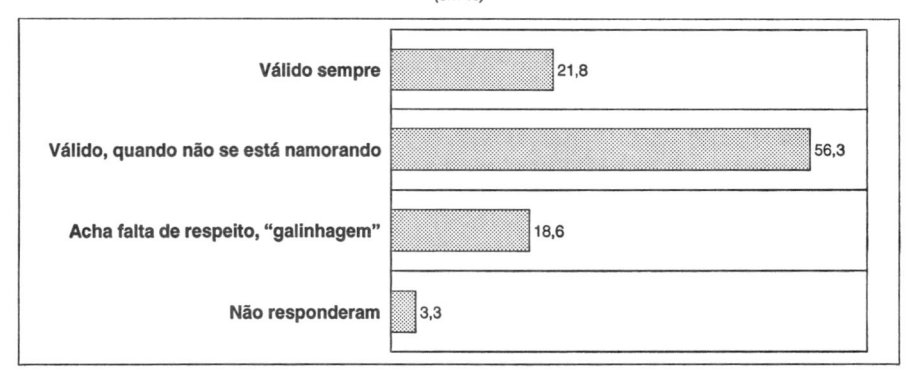

A maioria dos jovens adota uma postura bastante honesta e ética, como se pode ver no quadro acima: 56,3% só admitem o *ficar* quando não estão namorando. Quer dizer, **a fidelidade, a relação monogâmica está em alta entre eles.**

Por outro lado, o percentual de jovens com posturas mais radicais, quer dizer, aqueles que acham que podem *ficar* em qualquer situação, estando ou não namorando, é bastante próximo daqueles que têm posturas mais tradicionais, que não o admitem nunca (opções 1 e 3 — 21,8% e 18,6%).

Se formos analisar com total isenção, não poderemos dizer que as coisas hoje estão tão diferentes do que sempre foram. A maioria, mais da metade, vive a idéia da relação romântica, de um namoro com fidelidade; enquanto uma quarta parte deles aceita tudo, a outra quarta parte assume postura mais rígida e tradicional.

Nem só de sexo vivem os adolescentes. Esportes, música, estudos, profissão, relacionamento, política etc. despertam neles também muito entusiasmo, aliás uma característica básica dessa idade. Para dar um exemplo concreto, basta lembrar a forma pela qual eles participaram da presente pesquisa: dos 944 jovens entrevistados, houve apenas um caso em que pude perceber a intenção de responder de forma enganosa propositalmente (foi eliminado da pesquisa). Todos os outros tiveram o maior cuidado e atenção, procuraram informar-se quando não entendiam alguma questão formulada, mandaram bilhetinhos carinhosos, outros elogiosos. Alguns até agradeceram a oportunidade de participar. Foi lindo! O contato com eles é caloroso, apaixonado — como eles o são em tudo que fazem (desde que convenientemente motivados). Queriam saber como eu calculava os resultados, quando o livro iria ser publicado, se eles receberiam um exemplar, mil perguntas. Muita motivação, muito calor e simpatia.

O jovem brasileiro de hoje também não é, em sua maioria, como vimos, promíscuo, nem enlouquecido. Tem muita capacidade de análise, de crítica e de julgamento. Tem, no entanto, a imaturidade e ansiedade próprias da fase. Atiram-se a todas as experiências, querem viver intensamente — e vivem. Mas há um equilíbrio, um limite que, em geral, é tanto maior quanto mais equilibrada e justa tiver sido sua relação com os pais e a família, na infância e pré-adolescência. E isso é maravilhoso saber, tanto para os pais como para educadores. Tranqüiliza, acalma, faz com que tenhamos mais ânimo e vontade de continuar a trabalhar a educação de nossos jovens. Faz com que deixemos de lado o desapontamento e o desânimo que, por vezes (muitas vezes), sentimos quando lidamos com filhos nessa faixa etária.

As agressões, quando entendidas como características da fase, são mais bem digeridas e com mais facilidade perdoadas (ressalvadas a incivilidade e a falta de educação, como já colocamos anteriormente). Mesmo que às vezes seja difícil manter a calma e o equilíbrio. Mesmo que o descontrole ocorra ÀS VEZES, não compromete a relação como um todo. Brigas e desentendimentos nessa fase são quase impossíveis de não acontecer vez por outra, mas, se não for esta a tônica da relação, não chega a ser um problema. Afinal, também somos humanos, feitos de sangue e emoções. Então, como não perder as estribeiras de vez em quando, se eles próprios são tantas e tantas vezes incoerentes, briguentos e desafiadores, por vezes até cruéis com os pais? Eles sabem direitinho onde o sapato nos aperta. E, se estão naqueles terríveis momentos de auto-afirmação, são capazes de ir lá direitinho *no nosso calo* e pisar. Pisar sem dó nem piedade. E aí haja equilíbrio emocional para agüentar... Por isso, às vezes, perder as estribeiras é inevitável. *E, com certeza, até um pouco necessário.* Porque é preciso que eles entendam que, embora compreendendo e aceitando — até certo ponto — as dificuldades da idade, não transigiremos de um mínimo de civilidade, de educação e de respeito... Senão a coisa pode *ficar preta* e até difícil o retorno.

Sobre SEXO, é fundamental que os pais de adolescentes:

1) não ignorem que vivemos numa época em que bem mais cedo eles têm bastante conhecimento de tudo;

2) frente a essa realidade, evitem tratar o assunto como se não fosse próprio para eles ainda;

3) só assumam posições modernas e liberais se realmente acreditarem nelas (alguns pais acham, por exemplo que devem tomar banho junto com os filhos porque lhes disseram que seria bom para encararem com naturalidade o corpo, mas o fazem, eles mesmos, sem naturalidade, envergonhados. É melhor não fazer do que passar sentimentos de que o corpo é algo de que devemos ter vergonha. Pudor é natural, variando de intensidade de pessoa para pessoa, e, se alguém não se sente bem, não deve se expor, NÃO PRECISA. Outras formas haverá de a criança conhecer o corpo humano);

4) não tentem viver a vida dos filhos, entendendo que os adolescentes caminham para a independência e que nós devemos ajudá-los nessa caminhada. Isso inclui suas escolhas sexuais;

5) esclareçam sempre, conversem muito, alertem. São coisas que podemos e devemos fazer para que eles possam fazer suas opções com consciência;

6) fixem os limites e a responsabilidade de cada um como a tônica, neste campo.

SEXO E RESPONSABILIDADE

A responsabilização do jovem por suas escolhas e conseqüências deve ser abordada pelos pais assim que ele entra na adolescência, e deve ficar muito clara na cabeça dos nossos filhos. Eles precisam saber que, se optam por iniciar uma vida sexual ativa, esta decisão traz também grandes responsabilidades, além do prazer. Assim, a mocinha deve estar perfeitamente ciente das formas de contracepção, dos riscos de contrair AIDS e outras doenças, bem como da possibilidade de engravidar. Ela tem que estar suficientemente esclarecida sobre as modificações que ocorreriam em sua vida a partir de uma gravidez. Abortar ou ter o filho — as duas únicas decisões possíveis envolvem, ambas, conseqüências emocionais bastante graves, tanto para a própria adolescente, como para o namorado, como para as duas famílias envolvidas. E, a meu ver, as famílias devem deixar bem claro até que ponto poderão — ou quererão — colaborar na criação do neto. Sim, porque é muito fácil chegar e dizer *estou grávida e vou ter o meu filho*, sem considerar que essa decisão envolve problemas concretos de sustento da criança, da necessidade de cuidar do bebê dia por dia, hora após hora, da necessidade talvez de a menina abandonar os estudos, entre outras. Tudo isso tem que ser conversado com a jovem que inicia uma vida sexual. *Fazer um bebê* é muito fácil. Ter o filho e criá-lo bem é muito difícil. Uma nova vida precisa, merece e tem direito a condições mínimas de subsistência, e isso é coisa muito, muito mais complexa. Os jovens falam muito em liberdade — e eles a têm realmente, queiramos ou não —, mas não devemos deixar que eles esqueçam que a liberdade deles vai até onde começa a do outro, que pode ser inclusive esta nova vida.

É importante que as meninas e os rapazes saibam exatamente o que vai significar na vida deles a concepção, para que pensem com mais adequação nos passos que dão na vida. Para que tomem cuidado e sintam-se responsáveis por estes cuidados. A cada ação, uma reação e uma conseqüência. Nesse caso, uma conseqüência que é para toda a vida e que modificará por completo a vida da jovem mãe, principalmente. E, para que isso não ocorra, uma das primeiras providências dos pais é **informar, passar conhecimentos.** Mesmo assim, total garantia de que nada irá acontecer não se pode ter, mas é bem menos provável. E é o que se pode fazer de melhor. Esclarecê-los, conversar. Jamais passar pelo assunto como se ele não existisse.

O mesmo podemos dizer com relação às doenças sexualmente transmissíveis. Muitos são os jovens que ignoram totalmente a forma de contaminação e, mesmo, os sintomas de cada uma delas. Apóiam-se na idéia ingênua de que *só têm relações com pessoas seguras*. Sabe-se hoje, na era da AIDS e com a retomada crescente de doenças como a sífilis (que vem aumentando assustadoramente, contaminando inclusive muitos bebês, pela total falta de informação e cuidados dos pais) e a gonorréia, que não existem parceiros seguros. Todos são passíveis de contaminação. Daí a necessidade do conhecimento, das revisões periódicas, das idas aos médicos ginecologistas.

Sobre doenças sexualmente transmissíveis, levantamos os seguintes dados:

QUADRO 42
Já teve alguma doença relacionada ao sexo?
(em %)

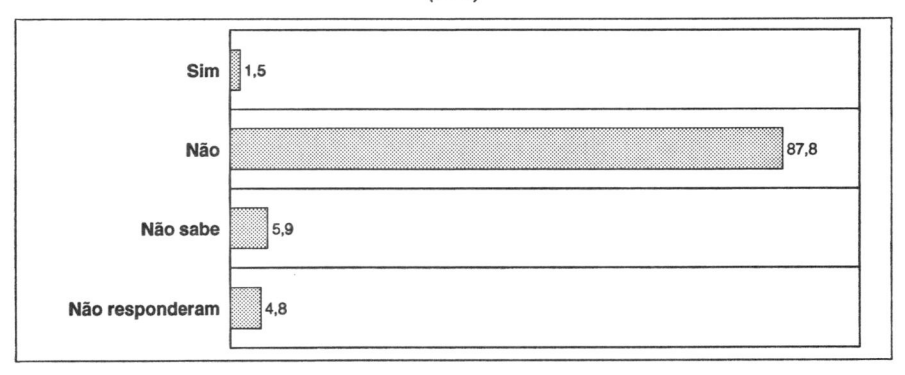

Apenas 1,5% dos jovens teve *conhecimento de ter tido algum tipo de doença* ligada ao sexo. O que pode significar que realmente poucos tiveram doenças sexualmente transmissíveis ou que muitos nada saibam sobre as que existem, quais os seus sintomas e tratamento.

Se somarmos os que declararam que não sabiam se tinham tido alguma doença com os que não responderam, teremos um índice de mais de 10%. Percentual muito elevado, que indica a necessidade de se fazerem, ainda com mais freqüência, campanhas de esclarecimento, além de a família dever desenvolver vigorosamente um trabalho de esclarecimento.

Dizem que os jovens não se preocupam com a possibilidade de contrair AIDS e que não têm muitas informações sobre o assunto. Será que é verdade? Vejam os Quadros 43 e 44.

QUADRO 43
Conhecimento sobre transmissão da AIDS:
(em %)

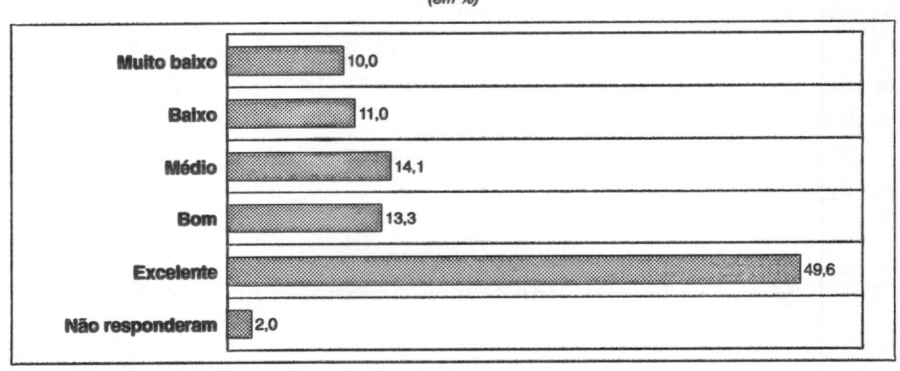

Para chegarmos a esse resultado, fizemos aos 943 entrevistados uma pergunta sobre as formas de transmissão da doença (ver Anexo 2, questão número 70) e avaliamos o número de acertos das respostas. A partir daí, o jovem era classificado como tendo conhecimentos que variavam de "excelente" (quando respondiam corretamente todas as opções) até "muito baixo" (quando só apresentavam uma ou duas respostas corretas), passando pelos outros níveis, como pode ser visto no quadro acima.

O resultado obtido não nos pareceu suficiente, dada a gravidade da doença, porque, somando-se as três primeiras opções, obtivemos um total de 35,1% de jovens com conhecimento sobre as formas de transmissão da AIDS variando de "muito baixo" até "médio". Ainda não chegam a 50% os adolescentes com nível excelente de conhecimento sobre o assunto. Muito há ainda a se fazer a respeito, portanto. E os pais têm nisso uma parcela de trabalho importantíssima, juntamente, é claro, com o governo e toda a sociedade.

QUADRO 44
Com relação à AIDS, você:
(em %)

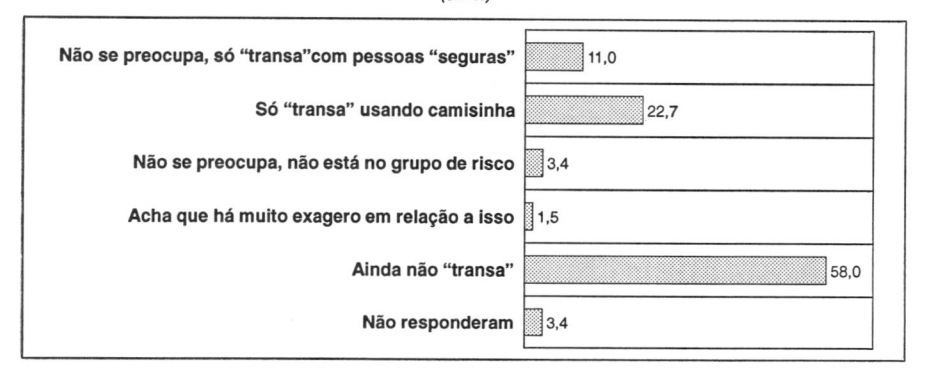

Não se preocupa, só "transa" com pessoas "seguras"	11,0
Só "transa" usando camisinha	22,7
Não se preocupa, não está no grupo de risco	3,4
Acha que há muito exagero em relação a isso	1,5
Ainda não "transa"	58,0
Não responderam	3,4

As conseqüências diretas da falta de conhecimento das formas de transmissão, das conseqüências e da virulência da doença ficam muito claras no Quadro 44. Por não terem o conhecimento devido dos riscos, como se pode facilmente observar, apenas 22,7% dos jovens já usam *camisinha* todas as vezes que têm relações. É um índice assustadoramente baixo, que indica, mais uma vez, a necessidade de agirmos — e com urgência — no esclarecimento dos nossos filhos. E não só nós: a família e a sociedade como um todo.

O QUE FAZER?

Hoje em dia, é bastante comum pais sentirem-se pressionados a adotar determinadas posturas com as quais muitas vezes não concordam, porque existe muita pressão sobre eles. Esta pressão é exercida pelos próprios filhos, por grupos dentro da própria sociedade e até por alguns programas de televisão (como formadores de opinião que, infelizmente, são). Juntos ou isoladamente, exercem forte influência para que se aja de maneira a nos tornarmos aquilo que eles acreditam seja o comportamento de um pai ou mãe modernos. Por exemplo: recentemente, numa novela, a mãe de uma jovem de dezessete anos via-se pressionada — e acabou concordando — a colocar uma cama de casal no quarto da filha que havia decidido iniciar sua vida sexual com o namorado. Amigos, vizinhos, todos opinaram, aprovaram, aconselharam A filha queria tanto... A mãe acabou concordando e fazendo, muito embora não estivesse realmente convencida de que esta seria a atitude que ela gostaria de ter. Mas fez. É aí que está o problema. Fazer sem acreditar. **Essas coisas só devem ser feitas pelos pais que realmente queiram fazê-las, por acreditarem que é a forma ideal, algo em que crêem e querem fazer porque acham positivo.** Ninguém, no entanto, tem OBRIGAÇÃO de agir assim. Para muitos pais, essa situação é constrangedora e inaceitável. Acordar e esbarrar no corredor com uma mocinha saindo do banheiro com a camisa de pijama do filho pode ser extremamente embaraçoso. *E os pais dela?*, pergunta-se esse pai aflito. Saberão da decisão da filha? Pensarão que nós incentivamos essa situação?

Pode também ser desagradável para uma mãe ou pai ver a porta do quarto da filha fechar-se e ela sumir lá dentro com um rapagão lindo, mas praticamente desconhecido, para ressurgir algumas horas depois indo diretamente ao banheiro...

Tais coisas só devem acontecer se for da vontade dos donos da casa, que são vocês — os pais. Alguns pensam que esta concessão, esta concordância, evita idas a motéis, ou que os filhos tenham relações em casas de estranhos ou, ainda, nos carros num canto qualquer, com risco para a segurança dos jovens. E é verdade. *Se decidem fazer as coisas, eles fazem; então, vamos evitar o pior!*, assim pensam alguns pais. Se pensam assim e não se sentem violentados em tê-los dentro de sua casa — de repente aparentemente transformada num pequeno motel —, aí é uma opção de cada um. Mas há que se pensar nos filhos menores também. Como explicar a eles, como evitar que queiram ir ao quarto do irmão ou da irmã? Sob que pretexto impedir? Existem muitas implicações que devem ser muito bem avaliadas e pesadas antes de se tomar determinadas decisões. Agora, tudo bem pesado, avaliado e medido, fica por conta de cada casal assumir ou não posturas mais ou menos *avançadas*.

Nunca se deve, no entanto, fazer coisas nas quais não se acredita verdadeiramente. Os pais devem viver de acordo com os princípios que regem a sua vida, e não de acordo com o que outras pessoas pensam. Ao se adotar uma idéia na qual não se acredita verdadeiramente, o mais provável é que se esteja criando uma forte área de conflito, que, mesmo não eclodindo de imediato, acabará por manifestar-se em algum momento do processo. Então, se você, pai ou mãe, não concorda com alguma coisa nesse campo, não deve se forçar a fazê-la.

Quando, entretanto, se têm filhos adolescentes, é fundamental compreender que, não sendo mais crianças, eles irão agir com muita independência em suas vidas, irão viver de acordo com seus próprios padrões, não com os nossos. Uma coisa é viver de acordo com os nossos padrões, outra, bem diferente, é querer que os nossos filhos vivam de acordo com eles. Não deixa de ser o sonho de todos os pais. Afinal, se temos padrões, é porque acreditamos neles e gostaríamos de passá-los a nossos filhos. Nada mais normal. Mas é preciso ter consciência de que nessa idade eles já pensam com sua própria cabecinha.

Nós, pais, temos desde o nascimento até a adolescência para passar nossos valores, nossa ética, nossas crenças aos nossos filhos. Durante esse longo número de anos, as crianças costumam incorporar muito dos padrões de vida dos pais. A adolescência é justamente o momento em que eles começam a questionar essas aprendizagens e a querer alçar seus próprios vôos, a pensar segundo critérios e padrões próprios. Muito do que foi incorporado permanecerá por toda a vida. Felizmente. Mas nem tudo. Felizmente por isso também, que é assim que o progresso se dá.

Uma enorme fonte de conflitos começa a surgir nesse momento, principalmente quando os pais, despreparados para a compreensão do que seja a adolescência, não conseguem visualizar isto de forma positiva. Seus filhos não são mais crianças, mas você continua tratando-os como tal. Não lhes dá espaço para crescer, para desenvolver seus pensamentos, para tomar algumas decisões, continua tratando-os como menininhos, querendo ver o material da mochila, o trabalho de casa, determinando a roupa que vão vestir, a hora do banho, o que vão comer. Querendo, enfim, gerir sua vida, como sempre fez até agora. Mas é isso que precisa ser compreendido. O ATÉ AGORA. Não é de um dia para o outro que a criança deixa de ser criança e se torna púbere e adolescente. É processo paulatino, dá para perceber. Aos pouquinhos eles vão querendo, lutando para ter mais espaço. Querem definir a hora em que estudam, tentam impedir que os pais vejam seus cadernos, não aceitam mais trocar de roupa na sua frente. Pequenas mudanças — mas muito significativas. Tudo que puder ser concedido (por ser positivo) deve ser concedido. Afinal, é assim que colaboramos para a sua independentização. Não devemos travar esse caminhar tão bonito. Basta termos equilíbrio e bom senso que saberemos *no que ceder.*

Na juventude e na adolescência, começamos a colher os frutos do que plantamos nestes doze, treze anos iniciais de vida. É preciso confiar no trabalho que fizemos — e evidentemente continuar nele —, mas a atitude básica dos pais deve ser de diálogo, até porque a imposição de pouco ou nada adiantará. Como em geral não adianta mesmo. O que tivermos deixado marcado e bem interiorizado em nossos filhos nos anos anteriores à adolescência terá agora um peso certamente muito significativo na balança das decisões que eles irão tomando. O que não significa, em absoluto, que a nossa tarefa termina por aqui. De forma alguma. É continuar, porque muito há ainda a ser feito. Trocar idéias, sempre que possível, puxar assunto quando der, orientar muito. Essas são as linhas-mestras.

A INICIAÇÃO SEXUAL DOS JOVENS

Os pais — muitos deles — vivem hoje, principalmente no que diz respeito ao assunto sexo, uma dicotomia bastante incômoda: se por um lado, como demonstrei na pesquisa do livro *Sem padecer no paraíso*, desejam ser modernos, liberais, amigos dos filhos, antiautoritários, por outro vivem permanentemente assaltados pelo medo de que os filhos iniciem uma vida sexual precoce (no caso das filhas) ou homossexual (os filhos, mais especialmente). Essa divisão faz com que fiquem, o mais das vezes, extremamente inseguros e ansiosos em relação ao assunto.

Por isso é muito interessante verificar com que idade nossos jovens estão, realmente, começando sua vida sexual:

QUADRO 45
Sua primeira experiência sexual ocorreu com:
(em %)

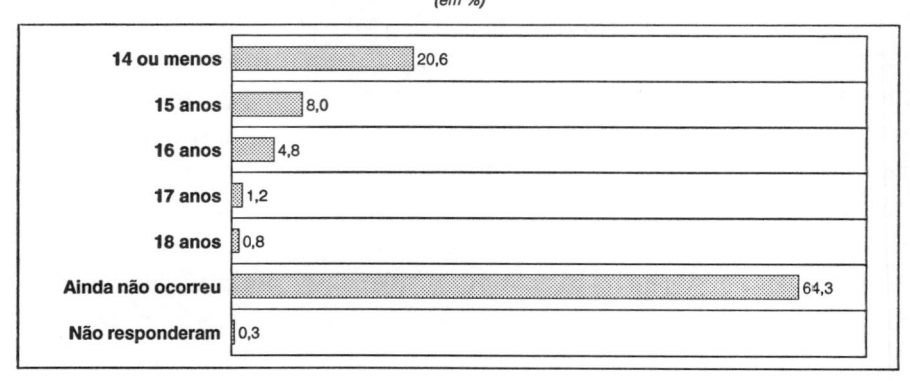

Nossa pesquisa mostra com clareza que 64,3% dos adolescentes entre quatorze e dezoito anos não têm ainda vida sexual ativa, enquanto 35,4% a iniciam nesta faixa etária ou antes. Aliás, é interessante notar que a maioria inicia nesta idade (quatorze ou menos) e a proporção vai diminuindo paulatinamente a partir daí.

Uma coisa maravilhosa para os jovens dessa geração foi justamente o fato de que, graças às atitudes menos machistas dos pais, graças à forma pela qual eles foram educados, os adolescentes do sexo masculino não têm mais aquela obrigação de provar sua masculinidade mal começam a aparecer os primeiros fios de bigode. Na geração passada, ao contrário, nem bem se tornavam púberes, sempre aparecia um tio, um padrinho ou o próprio pai para levá-los a uma casa de prostituição, onde ele deveria obrigatoriamente provar sua *macheza*. Tadinhos! Essas situações, raramente revestidas de prazer, ao contrário, foram em sua maioria causadoras de tremendos problemas posteriores. Embora esse tipo de atitude ainda persista em alguns grupos mais conservadores, felizmente vem diminuindo apreciavelmente. Já não é tão grande o número de pais que sequer pensa em submeter os filhos a tais provas. A iniciação, hoje em dia, ocorre, mais das vezes, com uma namorada ou amiga, tanto para homens como para mulheres:

QUADRO 46
Sua primeira experiência sexual ocorreu com:
(em %)

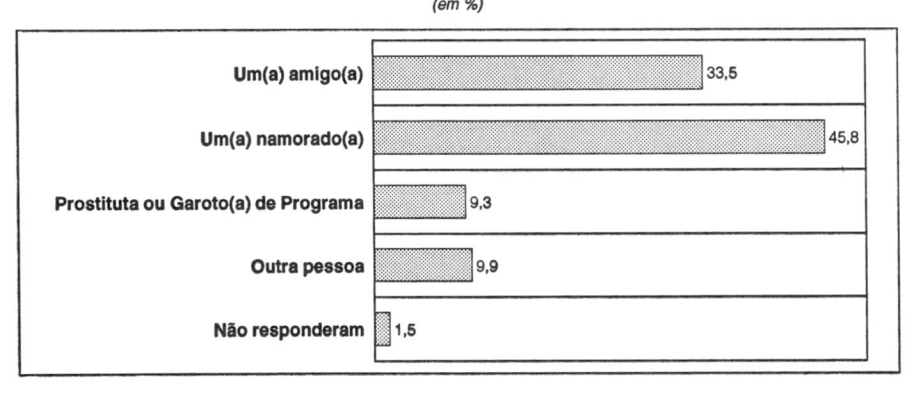

Um(a) amigo(a)	33,5
Um(a) namorado(a)	45,8
Prostituta ou Garoto(a) de Programa	9,3
Outra pessoa	9,9
Não responderam	1,5

TANIA ZAGURY

Como se vê, dos 334 jovens que já tinham vida sexual ativa (os que tiveram que responder a esta questão), 33,5% iniciaram-se com um amigo ou amiga, e 45,8%, com um namorado ou namorada. Somando-se os dois índices, teremos um total de 79,3%, ou seja, quase 80% dos jovens.

Na opção *outra pessoa* (9,9%) foram relacionados pelos jovens:
- empregada doméstica;
- amiga da prima;
- um(a) desconhecido(a);
- a irmã de um amigo;
- a secretária da firma do pai;
- a vizinha, amiga da mãe;
- uma pessoa casada;
- um primo ou prima.

Nossos estudos indicaram também que os jovens que trabalham iniciam sua vida sexual significativamente mais cedo do que os que não trabalham. Já a comparação sobre início da vida sexual entre jovens da cidade e do interior, bem como nas diferentes camadas sociais, não apresentou diferença significativa.

No que se refere à atitude dos pais em relação à liberdade sexual, ela é, geralmente, maior quando se trata de filhos e mais conservadora quando são filhas. Os rapazes costumam ter toda a aprovação da família ao se iniciarem sexualmente, mas, no fundo no fundo, a maioria dos pais ainda gostaria que a filha se preservasse para o casamento. Entretanto, esse desejo, expresso ou não, confessado ou não, pouco ou quase nada altera a realidade. Se a jovem decide ter relações, ela terá mais cedo ou mais tarde. Às vezes, é só uma questão de oportunidade. Se a ocasião surgir, ela fará o que decidiu. Então, vai depender apenas da atitude dos pais saber ou não o que está acontecendo na vida da filha. Se eles sempre demonstraram ser contra, dificilmente saberão a respeito.

Já com o filho, a situação é inversa. A ansiedade que muitos pais demonstram por vezes está ligada ao fato de o jovem não ter ainda tido relações com uma garota. E os pais (principalmente os homens) sentem-se ansiosos porque, ao saberem que o filho *já transou* com uma garota, ficam aliviados porque então, assim lhes parece, o jovem já fez sua opção sexual. O que nem sempre corresponde totalmente à realidade. Mas o é, na maioria dos casos. Paradoxalmente a esse desejo, confessado ou não dos pais, os jovens estão muito mais tranqüilos com relação a esse início. Muitos hoje se iniciam bem mais tarde do que na geração passada, aos dezessete, dezoito anos apenas, o que é causa de angústia para muitos pais, que, como dissemos, não vêem a hora de ter confirmada a opção heterossexual dos filhos.

Com relação às filhas, para alguns pais a simples idéia de que elas já tenham um parceiro sexual é intolerável, produz muita insegurança e medo, às vezes até um ciúme irracional. É preciso encarar as coisas como elas são. E, diante disso, estar sempre disponível para conversar, esclarecer, orientar. O grande papel dos pais hoje em relação aos filhos adolescentes é prevenir, através de seus ensinamentos e esclarecimentos, a gravidez precoce, as doenças sexualmente transmissíveis (como a sífilis, e não apenas a AIDS), a promiscuidade.

O PRAZER SEXUAL

Quanto mais tradicional é a postura dos pais, maior a tendência dos filhos a esconder dos mesmos quando decidem começar sua vida sexual. E aí o que se consegue com isso é apenas que deixem de ir a um bom ginecologista, que tenham todas as informações necessárias e imprescindíveis sobre contracepção, que, enfim, deixem também de tratar-se se têm algum problema, alguma doença sexual, o que pode ocorrer com qualquer um, independentemente de ser saudável, limpo etc. Terminam orientando-se com amigos, ou outras pessoas de mais experiência, mas não recorrem àqueles que realmente poderiam dar o amparo adequado. E a orientação certa.

Estas colocações não significam de forma alguma que os pais devam ou precisem INCENTIVAR as filhas ou os filhos a terem relações. Estas colocações apenas alertam para o perigo de *se tapar o sol com a peneira*, como fazem muitos pais hoje. O quadro que se segue mostra como é grande o percentual de pais que ignoram a realidade da vida sexual dos filhos. Alguns, inclusive, preferem mesmo ignorar — adotam a postura do avestruz, escondendo a cabeça na areia, para não ver a tempestade que se aproxima ou para evitar o confronto direto (caso sejam contra a postura assumida pelos filhos) ou, ainda, para que efetivamente não precisem tomar nenhuma atitude a respeito.

QUADRO 47
Se já tem vida sexual, seus pais:
(em %)

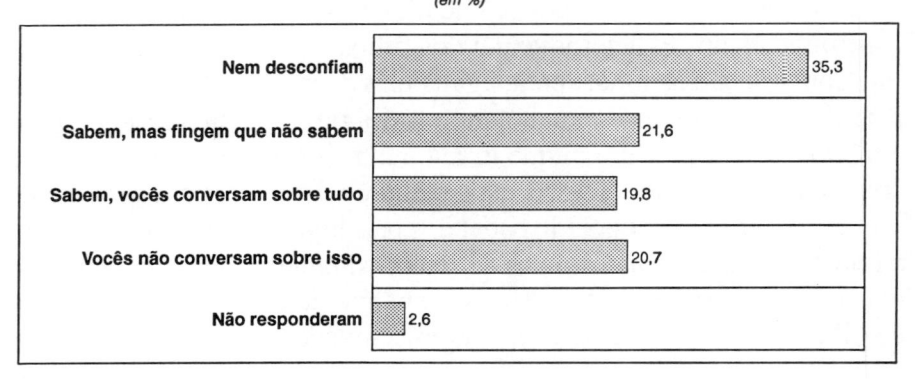

Quer dizer, mais de metade dos jovens que já mantêm vida sexual ativa (soma das duas primeiras opções — 56,9%) oculta este fato dos pais ou tem consciência de que eles preferem não saber oficialmente (às vezes, mesmo já sabendo...). Se acrescentarmos a estes o percentual dos que nem tocam no assunto (20,7%), teremos o altíssimo percentual de 77,6% de jovens cujos pais ignoram ou preferem fingir que ignoram tais temas.

Portanto, apenas 19,8% dos jovens podem conversar sobre todos os assuntos com os pais, inclusive sexo. Isso embora estejamos às portas do século XXI, do terceiro milênio e muito embora tenha sido a nossa a geração a que disse não à guerra e sim ao amor...

Em que pese o fato de que alguns pais têm todo o direito de, por exemplo, considerar que a vida sexual de cada um (mesmo que seja seu filho) é assunto estritamente privado, mesmo se considerarmos que talvez alguns dos pais não toquem nestas questões por este motivo, é preciso convir que, em se tratando de jovens de quatorze a dezoito anos (faixa pesquisada no nosso estudo), ainda em formação e carentes de orientação portanto, mesmo assim é extremamente alto o número de pais que se abstêm de conversar com os filhos sobre um tema tão fundamental, principalmente se considerarmos as graves implicações relativas à AIDS, à gravidez precoce e ao recrudescimento da sífilis, por exemplo.

No que se refere ao PRAZER, parece que os jovens têm feito bastante progresso nesse sentido, a partir da nossa geração. Houve neste campo um grande ganho, principalmente para as mulheres, que, como já afirmaram Rose Marie Muraro e Rosiska Darci de Oliveira, entre outras estudiosas do comportamento feminino, "pela primeira vez tiveram a coragem de exigir o seu orgasmo" (em torno dos anos 60). Mesmo assim, a luta ainda não está totalmente vencida. Nem para as novas gerações. Ainda é grande o número de mulheres que não se sentem totalmente seguras para reivindicar, para lutar pelo prazer sexual. Muitas são ainda as que nunca tiveram um prazer total com seus companheiros, seja por timidez, seja por medo de parecerem levianas ou por acharem que os homens não gostam de abordar estes assuntos; seja por que motivo for, a verdade é que para muitas a verdadeira revolução sexual ainda não aconteceu.

Já a situação do homem, embora historicamente melhor do que a da mulher, ainda assim não poderíamos classificá-la de perfeita ou de ideal. As pressões sociais sobre o desempenho masculino são muito fortes. O "papel de macho", a manutenção constante de uma *performance* viril, de potência, pode ser, por vezes, muito difícil e estressante. Ter que *comparecer*, estar continuamente *a postos* se solicitado pela mulher, namorada ou amante, satisfazer a todas essas expectativas e muitas vezes à sua própria pode ser muito desconfortável. O prazer para os homens vem sendo, através dos tempos, muito mais ligado à quantidade do que à qualidade. Biologicamente falando, em quase 100% das vezes o ato sexual masculino termina com a ejaculação, seguida de orgasmo, mais ou menos intenso. E foi isso que sempre significou ter prazer para o homem. Levar até o fim a relação.

Nosso estudo parece indicar que alguma coisa vem mudando nesse universo, tanto por parte dos homens como por parte das mulheres. No que concerne ao prazer os jovens colocaram-se, com muita honestidade, da seguinte forma:

QUADRO 48
Na sua vida sexual, você tem prazer:
(em %)

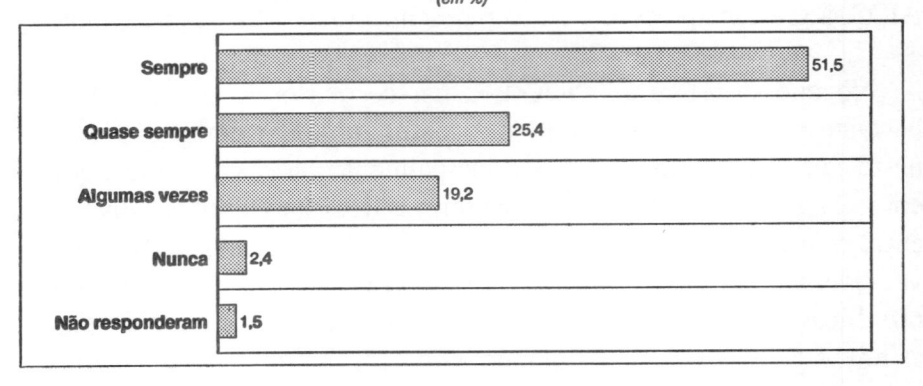

Sempre	51,5
Quase sempre	25,4
Algumas vezes	19,2
Nunca	2,4
Não responderam	1,5

É importante também analisar o prazer comparando-o com o gênero:

QUADRO 49
Na sua vida sexual, você tem prazer:
(em %)

Opção/Sexo	Sempre	Quase sempre	Algumas vezes	Nunca
Masculino	56,4	23,9	18,8	0,9
Feminino	42,1	30,5	21,1	6,3

Hoje, os homens já são capazes de admitir que nem sempre sentem prazer ao ter relações. O que seria praticamente impensável há bem pouco tempo. Esta é uma constatação que revela um crescimento da capacidade crítica e denota uma maior exigência quanto à qualidade das relações. Nem sempre o fato de ter orgasmo, ou de ejacular simplesmente, são expressões suficientes e necessárias do prazer. O homem cresceu, qualitativamente falando. E isso é muito bom. Talvez eles queiram mais alguma coisa das relações, mesmo em se tratando de sexo. Companheirismo, calor humano, afeto, compreensão são sentimentos e posturas que provavelmente começam a ganhar espaço também na cabeça dos homens.

Já é um grande progresso ver que hoje os homens são capazes de expressar seus reais sentimentos sem tanto medo de serem estigmatizados — afinal, apenas 56,4% do total declararam ter prazer sempre, enquanto outros tiveram a honestidade de colocar que nem sempre têm prazer no ato sexual (opções *quase sempre*, *algumas vezes* e *nunca*). É uma evolução, um avanço, sem dúvida. O homem está começando a pensar o prazer sexual de outra forma. Não é apenas a ejaculação que conta. O prazer pode incluir outras coisas, mais sutis, mais amplas e profundas. Talvez também *dar prazer* ou, quem sabe, *ter prazer junto com a companheira*. Talvez seja uma necessidade de troca, de afeto, uma preocupação com o outro, e não apenas a busca do *seu* prazer individual. Ele já consegue, inclusive, externar esses sentimentos sem medo de ser tachado de afeminado. E isso, há bem pouco tempo, era realmente logo classificado como *sinal de bichice*... Então, era melhor nem falar disso... E não se falava mesmo...

Por seu turno, as mulheres também mostram grandes progressos — 42,1 % afirmam ter prazer sempre. É um enorme avanço, sem sombra de dúvida. Até algumas décadas atrás, as mulheres nem falavam sobre isso em voz alta. Talvez nem de si para si. Aprendiam a canalizar toda a sua energia sexual para a casa e os filhos. Hoje, somente 6,3% afirmam nunca ter prazer. E, com tanto caminho ainda pela frente, com certeza, mais adiante, estas também conseguirão realizar-se. Afinal, só ouvimos jovens entre quatorze e dezoito anos...

AS ESCOLHAS SEXUAIS

Na cabeça dos pais, sexo preocupa sob dois aspectos.

No que concerne às moças, às filhas, a preocupação é evitar que iniciem precocemente sua vida sexual, talvez com a pessoa *errada*, talvez por temerem que se tornem promíscuas, ou que engravidem e depois não se casem com *um rapaz de boa família*. Talvez haja, na verdade, uma combinação disso tudo. A nossa geração progrediu se comparada às anteriores, mas, na verdade, ainda não se libertou inteiramente de alguns conceitos que permanecem incorporados em seu interior e que ditam muitas de suas atitudes. Os homens talvez tenham mudado menos do que as mulheres, mas as próprias mulheres, como já vimos, vêm mantendo padrões de educação familiar em tudo semelhantes à forma pela qual foram educadas pelos seus próprios pais. Isso não é, na verdade, uma crítica; é antes uma constatação. Afinal, não é mal desejar a uma filha um companheiro bom, honesto, carinhoso e trabalhador. Claro, para muitos pais essa possibilidade se liga à necessidade de preservar-se a virgindade da filha, para possibilitar um *bom casamento* dentro dos moldes conservadores de encarar a vida e o *destino* da mulher.

Entendo também que seja muito difícil uma mudança ocorrer de uma só vez, numa só *tacada*. Nossa geração deu uma contribuição inestimável no longo e penoso percurso da modernização das relações. O que não significa que tudo esteja pronto, feito, acabado. É um caminhar complexo, e foi assim que pôde ser. Já se disse que o ótimo é inimigo do bom. E é dentro dessa perspectiva que considero excepcional tudo o que conseguimos. Mas ainda se pode ver muita estrada à frente para que se alcance a verdadeira igualdade entre os sexos.

No que concerne aos rapazes, a preocupação subjacente, que está no imaginário da maioria dos pais, é o medo de que o filho ou os filhos façam opções inadequadas. Como por exemplo o homossexualismo. Por isso, a iniciação dos rapazes na vida sexual é estimulada, aprovada e — aplaudida! E esta postura é tanto do pai como da mãe. Em resumo, os pais querem que os filhos façam escolhas que os levem a uma vida normal, estruturada e, se possível, feliz para sempre. Não é um sonho tão criticável, ainda que também possa ser tachado de conservador.

E os jovens, como estão eles dentro das opções que se lhes apresentam na vida?

QUADRO 50
Em termos de sexo você é:
(em %)

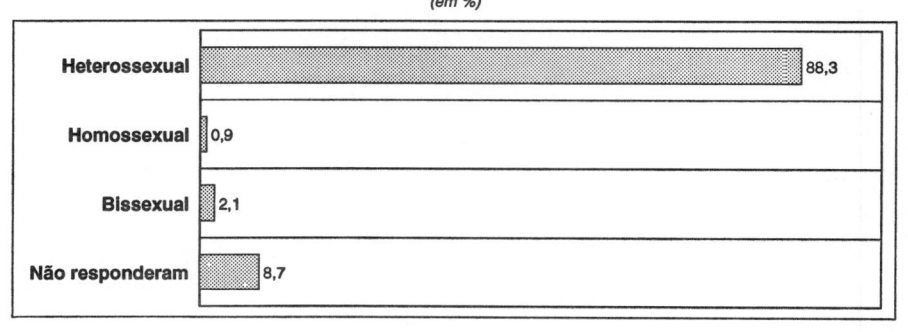

Como se vê, 88,3% dos jovens declararam-se heterossexuais, contra apenas 0,9% de homossexuais, e 2,1% de bissexuais (somados, temos 3% exatos). É preciso considerar a possibilidade de que, dentre os 29 entrevistados (8,7%) que não responderam a essa pergunta, alguns possam pertencer ao grupo dos homosssexuais ou bissexuais, ou até a possibilidade de ainda não se terem definido totalmente. De qualquer forma, não poderíamos afirmá-lo, sob pena de incorrer em imprecisão científica.

O que importa realmente, sobretudo para a tranqüilidade dos pais, é saber que a maioria absoluta dos jovens na faixa de quatorze a dezoito anos já se definiu pela heterossexualidade.

É importante lembrar ainda que, quanto a experiências homossexuais na adolescência, uma ou outra ocorrência desse tipo costuma ser mais comum do que se imagina, o que não implica necessariamente uma opção definitiva. Esse tipo de situação ocorre, muitas vezes, até por falta de oportunidade de contato com pessoas do outro sexo, ou por mera curiosidade e ansiedade por saber o que é afinal uma relação sexual na prática. Os jovens têm hoje muita informação — e cedo. O que pode levar a uma sexualização precoce e ao desejo de experimentar. Quando ocorre, essa prática em geral é interrompida assim que iniciam namoro com pessoas do sexo oposto.

A identidade sexual se faz em duas etapas principais: a primeira delas na fase edipiana, na infância, quando a criança, resolvido o problema da atração pelo genitor do sexo oposto, se identifica com o do mesmo sexo. Traduzindo em miúdos: na fase edípica, o menino "se apaixona" pela mãe e a menina pelo pai. O que é normal e até desejável, dentro do processo de identificação sexual. Em seguida, na maioria absoluta dos casos, a criança passa a admirar e a identificar-se, o menino com o pai e a menina com a mãe, o que denota a superação do complexo de Édipo. Essa evolução caracteriza o vencimento da primeira etapa no caminhar para a heterossexualidade.

A segunda etapa de identificação efetiva-se na adolescência. Em geral, as tendências homossexuais são bloqueadas, só vindo a estabelecer-se mais tarde, na idade adulta, quando já há independência financeira e profissional.

A esse respeito, os jovens têm também postura e visão bem definidas:

QUADRO 51
Acha o homossexualismo:
(em %)

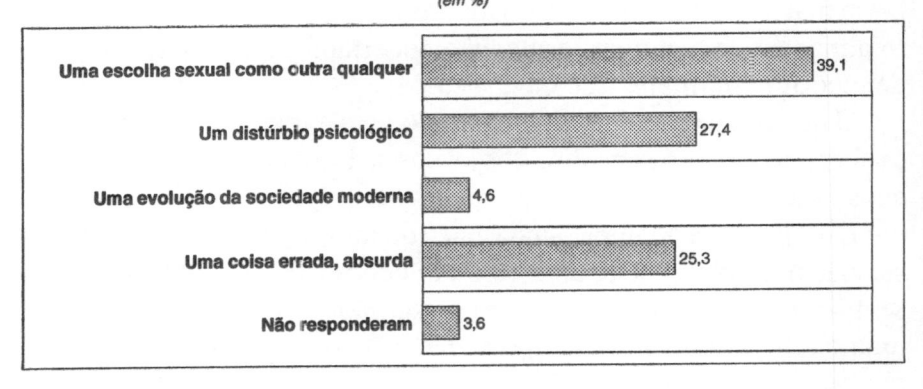

Uma escolha sexual como outra qualquer	39,1
Um distúrbio psicológico	27,4
Uma evolução da sociedade moderna	4,6
Uma coisa errada, absurda	25,3
Não responderam	3,6

A maioria (39,1%) revelou ter uma postura que reflete a tendência atual da sociedade brasileira. Acredita que o homossexualismo seja uma opção sexual como outra qualquer. Independentemente de qualquer outra consideração, o que importa é verificar que há, por parte das novas gerações, uma tendência a não discriminar aqueles que tenham este tipo de comportamento. Pessoalmente, como democrata, só posso apoiar todas as formas de não-discriminação. Não se trata de incentivar o homossexualismo, mas de encará-lo como algo que vem acontencendo desde antes de Cristo, em muitas sociedades que são modelo até hoje para as sociedades ocidentais. Na época de Sócrates, por exemplo, o homossexualismo já existia, bem como no império persa. Então não é, como querem crer alguns, uma coisa da sociedade moderna. O homossexualismo existe há séculos. O que está ocorrendo hoje é uma menor repressão e discriminação a ele. Então, alguns têm a impressão de que o homossexualismo "está aumentando". Nossos jovens, na pesquisa, mostraram que, em sua maioria, não têm essa idéia historicamente errada. Apenas 4,6% escolheram a opção "uma evolução da sociedade moderna" (que é incorreta do ponto de vista histórico), enquanto os demais dividiram-se de forma bastante equilibrada entre considerar "um distúrbio psicológico" e "uma coisa errada, absurda". Somando-se a 2ª e 4ª opções, totalizamos 52,7%. Mais da metade dos jovens posiciona-se contrariamente ao homossexualismo.

É interessante comentar que muitos dos jovens que ainda não têm vida sexual ativa apressaram-se a identificar sua opção pela heterossexualidade, mesmo não tendo que responder a essa questão (este item só foi dirigido aos que já têm vida sexual ativa).

O papel mais importante dos pais, com relação ao aspecto da sexualidade, situa-se nas áreas afetiva e educacional.

A influência de uma relação afetiva sadia e equilibrada entre pais e filhos é de fundamental importância para a identificação do papel sexual de cada filho.

Algumas correntes psicanalíticas afirmam que mães muito dominadoras e pais apagados, tímidos, levariam os filhos a comportamentos homossexuais, assim como pais excessivamente dominadores convivendo com mães submissas, espancadas ou dominadas também poderiam determinar comportamentos homossexuais, dependendo, evidentemente, da identificação de cada um. Quer dizer, segundo essas correntes, haveria modelos de pais que, por suas atitudes na família, ajudariam na determinação da escolha sexual dos filhos.

Na verdade, até hoje, não se tem certeza do que leva uma pessoa a fazer esta ou aquela escolha sexual. Na área médica, alguns grupos de pesquisadores e biólogos, por exemplo, tendem a achar que o problema seja orgânico, bioquímico. Mas nem todos. Existem outros que acreditam ser um distúrbio de comportamento. Enquanto não se descobre a verdade, o que os pais podem fazer, do ponto de vista afetivo, para que seus filhos cresçam emocionalmente equilibrados e felizes?

O que podemos fazer é, justamente, OFERECER AOS FILHOS UM LAR EQUILIBRADO, HARMÔNICO, DEMOCRÁTICO, EM QUE CADA UM, MÃE, PAI, FILHOS, TENHA PAPÉIS DEFINIDOS, BEM DIVIDIDOS, EM QUE UM NÃO BUSQUE A SUPERAÇÃO OU O DOMÍNIO DO OUTRO, E NO QUAL AS PESSOAS SE AMEM OU PELO MENOS SE RESPEITEM. Isso é o que de melhor podemos OFERECER aos nossos filhos. Tanto no plano afetivo, para seu equilíbrio emocional, sexual, pessoal, como no plano social. Uma família equilibrada, onde o afeto, o respeito e a justiça sejam a tônica, e eticamente estruturada tende a levar a criança e o jovem a comportamentos também equilibrados e socialmente produtivos.

Nada porém é certo, líquido e absolutamente infalível. Nunca se pode afirmar com total e completa segurança que agindo assim ou assado você terá tais ou quais resultados. Pode-se no máximo dizer que provavelmente você, agindo desse modo, terá mais chances de ter os resultados esperados, desejados. Por isso mesmo, oferecendo o melhor de nós mesmos, como pessoas, como seres humanos, teremos, pelo menos, a consciência do dever cumprido, de termos feito tudo que nos foi possível.

A melhor ajuda que podemos dar aos nossos filhos na adolescência é ter tranqüilidade (embora não seja nada fácil...) e entender as etapas pelas quais eles estão passando. Com relação à definição sexual, a melhor atitude, além de ter conhecimento sobre cada etapa, é não estabelecer padrões muito rígidos de julgamento a cada gesto ou a cada namoro, tentar não passar muita ansiedade sobre o assunto. Dar tempo ao tempo, confiar no que já fizemos e mostramos de positivo, principalmente tendo e dando muito amor e compreensão sempre. Este é o melhor caminho para a identificação sexual adequada: o nosso exemplo em casa, a forma pela qual vivemos com nosso marido ou mulher, a maneira pela qual vivemos a nossa própria sexualidade. Tudo isso junto tem papel marcante na formação afetivo-sexual dos nossos filhos.

GRAVIDEZ PRECOCE E CONTRACEPÇÃO

No que se refere à parte educacional, o papel da família é de esclarecer, informar, colocar os filhos a par de todo o processo de reprodução. Parece que, nesse sentido, não estamos trabalhando tão mal assim. Os jovens, pelo menos boa parte deles, demonstraram ter boa dose de informação, muito embora o ideal ainda não esteja alcançado. Com relação à contracepção, por exemplo:

QUADRO 52
Você evita gravidez de que forma?
(em %)

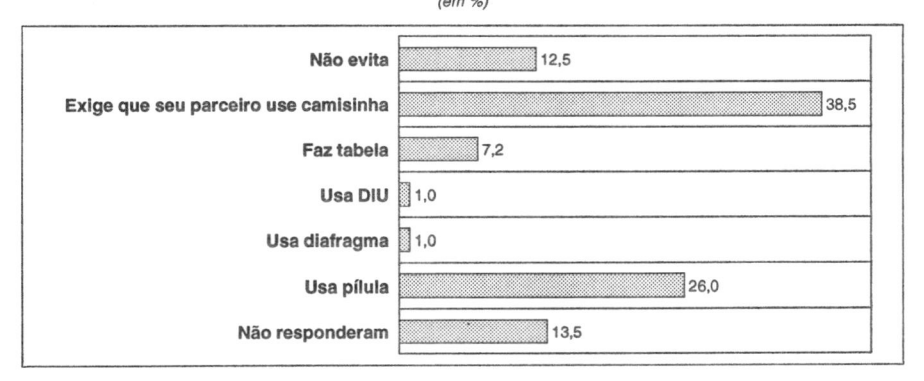

Não evita	12,5
Exige que seu parceiro use camisinha	38,5
Faz tabela	7,2
Usa DIU	1,0
Usa diafragma	1,0
Usa pílula	26,0
Não responderam	13,5

Esta questão foi colocada, evidentemente, apenas para as moças que já tinham vida sexual ativa (96 jovens). A maioria delas (73,7% — soma de todas as formas de contracepção escolhidas), de alguma forma, se protege contra uma gravidez indesejada, precoce. Sabem e se preocupam com a possibilidade. É bem verdade que escolhas como a "tabelinha" (da qual tantos somos filhos) poderiam ser questionadas quanto à sua eficácia contraceptiva. Seguramente a maioria absoluta dos bebês (aquele um milhão de bebês anuais que citamos anteriormente, filhos de adolescentes) provém desse grupo de jovens, que embarca numa experiência de vida sem qualquer responsabilidade pelas conseqüências que daí possam advir. **Ainda há muito o que fazer, muito a ensinar aos jovens**. O prazer, a deliberação de viver sua vida do jeito que achem podem ser maravilhosos e até um direito. Só não podem ser isentos de responsabilidade. Engravidar é fácil. Jogar para a família o problema também é fácil e cômodo. É fundamental alertar, esclarecer, informar para reduzir esse índice Num país de jovens como o nosso, 12,5% de jovens afirmando que não evitam filhos de forma alguma são um percentual muito, muito alto. Num país de 160 milhões de habitantes, pode representar algo como três ou quatro milhões de jovens, calculando por baixo. Quantas delas engravidarão, quantas serão contaminadas por doenças venéreas ou AIDS? É uma perspectiva assustadora, que nos leva a reafirmar a importância de se dar aos jovens muito, mas muito mesmo, conhecimento sobre sexo.

Tanto para as meninas como para os meninos, a gravidez precoce é um fato extremamente desestabilizador. Saber que a namorada está grávida representa também para os rapazes de boa formação um grave problema, porque eles querem e assumem a paternidade para a qual também não estão ainda preparados (nem física, nem emocional, nem economicamente). Mas, sem dúvida, em qualquer dos casos, a conseqüência mais grave é para a menina mesmo. Considero o problema da gravidez precoce um dos mais sérios. Acompanhei, durante este trabalho, vários casos de adolescentes que, tendo engravidado, casaram-se, tiveram o apoio integral da família, mas, mesmo assim, devido à imaturidade natural, separaram-se cerca de um ano depois do nascimento do bebê. O casamento se desfez, cada um seguiu sua vida, mas o bebê está lá, lindo, crescendo, sorridente. E a jovem mamãe chorando, irritada, revoltada contra ele, que lhe tolhe a liberdade, os movimentos e os desejos naturais da idade...

O Quadro 52 mostra ainda um outro dado muito interessante: na nova geração, as moças já estão dividindo muito mais as responsabilidades do engravidamento com os rapazes. A exigência do uso da "camisinha" é prova disso. Afinal, 38,5% a utilizam como forma de contracepção (o percentual mais alto), seguido do uso da pílula (26%). O que nos indica o caminho a seguir: continuar explicando, esclarecendo, orientando. Mesmo quando nos pareça que eles não nos querem ouvir... Eles ouvem sim, de cara feia, com ar de enfado, mas sempre acaba ficando alguma coisa do que dissemos!

E os rapazes? Será que eles também já se preocupam com esse aspecto? Encararão ainda a gravidez como assunto de mulher (postura das gerações passadas) ou já estarão numa fase menos machista, mais moderna, de maior igualdade de responsabilidades? Vejamos:

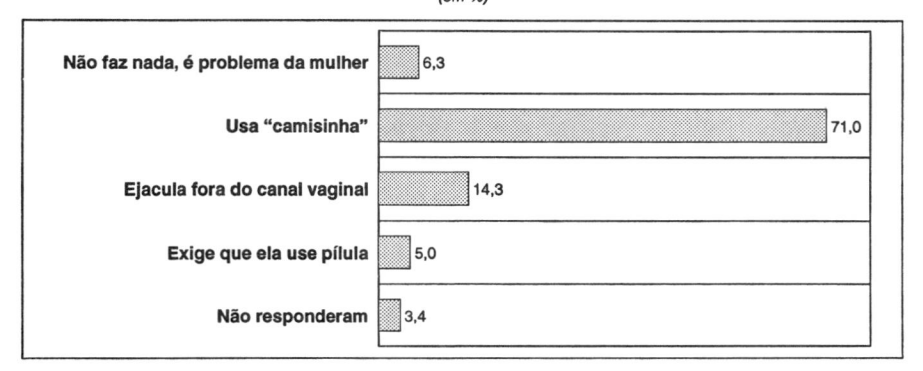

QUADRO 53
De que forma evita engravidar uma garota?
(em %)

Não faz nada, é problema da mulher	6,3
Usa "camisinha"	71,0
Ejacula fora do canal vaginal	14,3
Exige que ela use pílula	5,0
Não responderam	3,4

Evidentemente, esta questão foi direcionada apenas aos rapazes que já mantinham uma vida sexual ativa quando da realização da nossa pesquisa. Ao todo, eram 238 rapazes.

A constatação de que 71% dos jovens usam camisinha confirma a hipótese de que as responsabilidades começam a ficar, agora, mais bem divididas. Talvez muitos afirmem que este número, tão alto, se deva ao medo do contágio da AIDS (e seguramente tem muito a ver com isso), mas, de qualquer modo, seja por que motivo for, nesse ponto as coisas melhoraram para as mulheres, que sempre arcaram com todos os ônus do problema. É importante, entretanto, ressalvar que esse número talvez não corresponda muito à realidade, porque não coincide com o percentual encontrado na questão relativa à AIDS — em que apenas 22,7% afirmaram que só "transavam" usando camisinha. Por que então, aqui, o índice encontrado foi de 71%? A conclusão a que cheguei foi de que, provavelmente, eles têm duas condutas diferentes. Uma quando estão tendo um namoro sério, com uma garota que *consideram segura*, e, a partir desse conceito, dessa idéia, deixam de usar camisinha, voltando a fazê-lo apenas quando têm relações ocasionais ou quando *ficam* com alguém desconhecido.

Entretanto, as perspectivas de que as coisas mudem ainda mais a partir dessa geração são muito boas. Basta observar como é baixo o índice de rapazes que considera a gravidez um assunto de âmbito estritamente feminino — 6,3%. Num futuro próximo, quem sabe, continuando nosso trabalho juntos aos nossos filhos, não chegaremos a eliminar essa opção? Só depende de nós, principalmente de nós, mães.

Muitos pais evitam conversar com os filhos em geral e com as moças em particular, porque, como já dissemos anteriormente, temem que eles vejam nessa abertura uma licença, um consentimento para que iniciem sua vida sexual. Por isso, fazem-se de surdos e mudos em relação ao que ocorre à sua volta, acreditando que assim nada irá acontecer. Doce ilusão!... O quadro que se segue mostra que a gravidez precoce é bastante mais comum do que se pensa, e que, mais ainda, muitas vezes ela ocorre por desinformação ou por escolha inadequada dos métodos contraceptivos.

QUADRO 54
Já provocou algum aborto?
(em %)

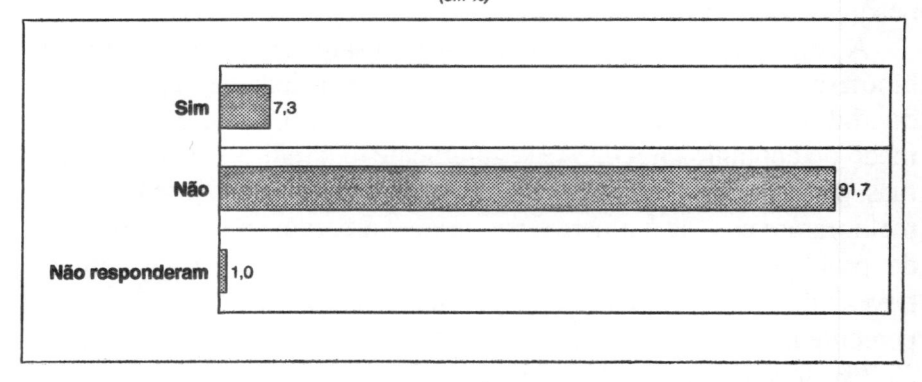

Ao contrário do que se pode pensar, 7,3% não é um percentual nada desprezível. São mais de sete jovens em cada cem...

Concebida a criança, restam, obviamente, duas opções: ter o filho — e, em conseqüência, assumir todas as responsabilidades que este fato irreversível exige — ou não o ter — e, praticando um aborto, submeter-se também às dificuldades e possibilidades da prática de um ato que no Brasil é considerado ilegal, o que acaba levando as meninas a recorrerem a profissionais talvez menos gabaritados ou até a curiosos, na tentativa de resolver o problema. Principalmente considerando-se que o aborto é um procedimento caro e que os jovens quase nunca têm tanto dinheiro disponível. Isso acaba levando as meninas às mãos de pessoas inescrupulosas, mas que cobram menos, a locais nem sempre bem higienizados, podendo comprometer sua saúde e trazer conseqüências futuras.

Se a opção acaba sendo ter a criança, não só a jovem terá sua adolescência abruptamente interrompida, pelo tamanho das responsabilidades e acúmulo das tarefas que terá de assumir — inclusive às vezes renunciar aos estudos —, como toda a família será também penalizada, no caso de assumirem a responsabilidade juntamente com a filha. Para o rapaz, as conseqüências não são menores. Se, tendo boa formação e caráter, decidir casar-se e assumir o bebê junto com a namorada, serão duas crianças, na verdade, brincando de ser pai e mãe, porque não têm condições de realmente assumi-la. Não podem alimentá-la, pagar suas roupas, remédios, brinquedos, consultas médicas. Nem orientá-la, porque nem bem ainda se orientam a si próprios. Por outro lado, a grande maioria dos casamentos que aconteceram desta forma costuma terminar rapidamente em separação. Afinal, nenhum dos dois estava pensando em casar, nem em ter filhos. Então a decisão surge de um fato exterior, e não de uma vontade interna, verdadeira. É uma composição que se faz, mas que na verdade não é autêntica. Encantados com a idéia de "ter um bebê deles", muitos jovens se entusiasmam e, ante a aprovação das famílias, resolvem casar. Mas a realidade é diferente do sonho. E, se criar um filho, mesmo para quem planejou, desejou e já tem maturidade, é muito complicado, imagine para um par de crianças que ainda nada viveram... Logo, logo, eles vêem que a coisa não é uma brincadeira. A realidade chega dura. E muitas vezes deixa marcas profundas.

Tive contato, no decorrer das entrevistas, com duas jovens mamães adolescentes (ambas com dezoito anos hoje, engravidaram aos quinze e têm, cada uma, um filho de dois anos). Lindas, lindas... Tão cheias de desencanto! Choraram muito durante as nossas conversas (confesso que eu também). Ambas tiveram o apoio da família, vivem sob a proteção e o amparo dos pais, continuam seus estudos, mas, na volta da escola, têm que assumir seu papel de mãe, pelo resto do dia e muitas vezes da noite também. Não podem mais ser as mocinhas que realmente são, que têm todo o mundo à sua frente, rapazes para flertar, cobiçar, amigas para trocar idéias e sonhos, fofoquinhas, intrigas gostosas, quem namorou quem, quem *ficou* com quem. As coisas normais da idade... substituídas por fraldas, choros, trabalho. Mesmo com toda ajuda, ambas estavam revoltadas. Com quem? Contra quem? Contra tudo e contra ninguém, que a ninguém se podia culpar. Uma delas, a que mais me impressionou, mal continha sua revolta, direcionando-a contra os pais, que, segundo ela *obrigavam-na a cuidar do bebê o tempo todo*. Não se dá valor ao que se tem, somente ao que não se tem. A família, que neste caso assumiu o problema e está arcando com todas as conseqüências emocionais, financeiras e sociais, ainda assim é o alvo da revolta da menina, que, pela imaturidade, não consegue aquilatar sua própria responsabilidade sobre o bebê e sobre o fato de o ter gerado... Ela só consegue enxergar o fato de que não pode sair, passear, namorar, como suas amigas... A avó cuida do neto enquanto ela vai à escola. Na volta, à noite e nos fins de semana, ela mesma é que tem que arcar com o trabalho e os cuidados do filho. E era isso que ela não perdoava à mãe...

Após o primeiro susto, após constatar-se a gravidez, muitos jovens futuros papais se deixam levar pelo sonho de um lindo e fofo bebê — aquele bebê Johnson dos anúncios... — e se sentem no céu! Imaginam-se com ele ao colo, abraçados, pai e mãe, embalados pelo amor e a ternura. Que quadro perfeito! Tudo parece, então, lindo, enternecedor, maravilhoso!... E aí querem e decidem ter o filho. Não compreendem ainda que ter um filho é uma decisão que, obrigatoriamente, se reveste da necessidade de ter condições de provê-lo, alimentá-lo, orientá-lo, educá-lo. E não só isso. Ouvir seu choro e exigências com paciência e atenção, atendê-lo nas suas necessidades e doenças. O bebê lhes parece um brinquedo fofinho que será deles, uma coisa gostosa e perfeita... Não compreendem que ter um filho é uma decisão difícil e sem retorno. Se até para adultos que planejam seu primeiro filho, tendo todas as condições materiais e emocionais, as coisas não são fáceis, o que dizer de duas crianças a quem *aconteceu* ter um filho? Quando a família assume o neto, embora muito edificante e louvável a atitude, na realidade isso não estava no programa, no planejamento familiar e acaba gerando situações de graves conflitos. A avó assume o neto para proteger não só o bebê, mas, antes de tudo, a própria filha. No entanto, despreparada para ser mãe, a jovem acaba ficando também inteiramente dependente nos aspectos financeiro e emocional. Aos poucos, ela vai se insurgindo contra essa dependência, se revoltando — às vezes, até contra o bebê, que é visto também como um empecilho para a realização das atividades normais da idade e que pode comprometer também futuros namoros e amizades.

E assim, quando a realidade se interpõe ao sonho, a desilusão e a frustração tomam conta dos jovens ou da jovem, caso ela tenha ficado sozinha. E, mesmo hoje, quando vemos tantas famílias, apesar de ser contra os seus princípios e desejos, adotarem o neto e a filha, cercando-os de atenção e carinho, apoiando-os... mesmo assim, o jovem age, por vezes, como se fosse obrigação dos avós, persistindo, em muitos casos, as brigas e as atitudes adolescentes... Não se deve abandoná-los à própria sorte, de modo algum! Mas o ideal é que nos sintamos fortes, seguros e maduros para não deixar de alertá-los, de prevenir, de esclarecer de forma a — se possível — evitar que surja o problema.

A responsabilização, volto a insistir, junto com o total conhecimento do assunto são as formas mais eficazes de evitar o risco de uma gravidez precoce.

A responsabilização começa desde a infância — quando nossos filhos erram ou agem de forma incivilizada e recebem orientação sobre a forma correta de agir. Se, pelo contrário, desde pequenos lhes passamos a mão na cabeça, concordando com tudo que fazem, com medo de agir, de educá-los verdadeiramente — é aí este exato momento que eles começam a pensar que podem tudo, que tudo lhes é devido, que tudo lhes devemos. O pai ou mãe que, por exemplo, quando um filho repete de ano na escola, o transfere para outra, mais fácil, que lhe garanta a promoção por uma série de artifícios, está tirando da criança as responsabilidades pela sua falta de empenho, está transformando-a em vítima, quando ela é, na maioria dos casos, a responsável pela reprovação. Do mesmo modo, os pais que não sancionam os filhos que estragam, por exemplo, o aparelho de som pelo mau uso também estão fazendo com que creiam (com toda a razão) que eles, pais, são os responsáveis por tudo que os filhos fazem... Assim, crescendo com este ponto de vista, é natural que elas achem que, se ficarem grávidas, terão, também nesse caso, alguém para assumir as responsabilidades por elas. Por isso, não é tão raro hoje encontrarmos jovens grávidas agindo como vítimas, e não como pessoas que tomaram uma decisão e agiram irresponsavelmente frente às suas prováveis conseqüências. Realmente, a família, frente ao fato consumado, tem que compreender e apoiar, mas aceitar todas as responsabilidades decorrentes é uma outra questão, que vai depender inclusive das possibilidades econômicas, da sua postura moral, religiosa e social.

A televisão (novamente ela...) vem, nesse sentido, fazendo muito a cabeça dos adolescentes. Numa novela ocorre exatamente isso... A filha de dezessete anos fica grávida, a mãe apóia, compra roupinhas, *curte* a coisa como se fosse superpositiva a situação de uma menina ficar grávida, o rapaz não estar *nem aí* para o problema, aliás achando tudo um *contratempo*... E o agravante mais terrível — a mãe ajuda a filha a ficar escondendo o fato do pai, que é *conservador* e vai *ficar uma fera*... Que belo exemplo para os nossos jovens!... Num outro seriado, semanal, um dos episódios apresenta a protagonista brigando com o pai e afirmando que *não sabia se algum dia poderia perdoá-lo* porque ele não recebera bem a notícia de sua gravidez. Quer dizer, uma inversão total de valores.

Evidentemente, não se trata de ninguém perdoar ninguém. Trata-se de o jovem assumir a sua responsabilidade por gerar uma criança inocente sem ter nem mesmo as mínimas condições emocionais e econômicas para isso. Trata-se de compreender que isso penalizaria toda a família, sem a qual ela própria ainda não sobrevive e que não foi chamada a participar dessa decisão, mas fatalmente arcará com as conseqüências dela. A família, diante do fato consumado, pode e deve dar apoio, analisar a situação, pensar junto o que fazer, mas nunca ser agredida ou culpada. A não ser que sejam aqueles pais que nunca tenham dado nenhuma orientação nesse sentido aos filhos. O ideal é que, desde cedo, ainda na puberdade, se converse com os filhos a respeito das possibilidades de engravidamento, de contágios de doenças, de tudo enfim, inclusive de como eles, pais, se vêem diante de uma gravidez indesejada da filha. Mesmo do filho. Deixar os jovens a par de qual seria a sua postura diante desse fato, quais as possibilidades de ajudar, inclusive financeiramente, quais os limites que haveria nesse caso. Sim, porque é muito natural que os avós possam não estar dispostos a criar o neto, ou não ter condições financeiras de arcar com mais um membro na família, e, indubitavelmente, são os pais dos adolescentes que acabam tendo que fazê-lo. Por isso, estabelecer os limites e as responsabilidades de cada um é tão fundamental.

Decidiram ter relações mas não podem ainda responder pelas suas próprias vidas? Então, pelo menos, têm que assumir o cuidado com a contracepção. Até um duplo cuidado, usando pílula, camisinha ou até os dois... É isso que tem que ficar claro nas nossas conversas com os filhos. Qual é o papel de cada um — da moça, do rapaz e da família de cada um. Agora, para conseguir isso é preciso que haja espaço para esse tipo de conversa. E este espaço só surge quando os pais, desde cedo, fazem os filhos compreenderem que, para eles, estão sempre disponíveis, seja qual for o assunto ou o problema.

RECADO DOS JOVENS PARA OS PAIS

As nossas decisões sobre sexo serão tomadas tendo por base o que pensamos sobre o assunto e o que queremos. Mas o que pensamos sobre sexo é formado por um conjunto de informações, valores e modelos que vamos obtendo no decorrer dos anos. Muitos desses modelos e valores tomam por base os modelos e valores de vocês, pais. Mas não podemos deixar de viver a nossa vida, a nossa época, a nossa realidade, como todos os jovens — como vocês também o fizeram, um dia, poucas décadas atrás.

Capítulo 11

Adolescência
e Violência Sexual

Um outro fator de grande preocupação para os pais é a violência sexual contra os jovens e crianças. Como evitar? Em que idade começar a alertar? Quando tocar no assunto pela primeira vez? Será que se deve falar com os meninos sobre aquelas brincadeirinhas famosas ("troca-troca", "brincar de médico")? Ou isso seria chamar a atenção para um assunto delicado? Não poderíamos, com isso, fazê-los ficar inseguros? Desconfiados dos coleguinhas e dos adultos? Como falar de estupro sem deixá-los apavorados, com medo de saírem sozinhos, com fobia de estranhos?

São questões que, por sua gravidade, induzem os pais à insegurança e ao medo. Como tratar do assunto?

Primeiramente, entendendo *o que é violência sexual, quais os tipos que existem e, principalmente, sabendo reconhecer onde mora o perigo.*

O QUE É

Existem vários níveis de violência sexual. Em geral, as pessoas, ao ouvirem falar no assunto, pensam logo em assaltos seguidos de estupro, ou em ataques nas ruas a jovens que circulam desacompanhadas(os). Mas o estupro não é a violência sexual mais comum. Existem outras formas muito mais sutis e usuais, inclusive porque o estupro é muito mais dificilmente mantido em segredo. Assim, essas pessoas — os molestadores sexuais — optam por formas de ação menos violentas porém mais seguras, que lhes garantem continuidade, isto é, ações nas quais a criança não percebe o que está ocorrendo e por isso tendem a permitir a repetição inúmeras vezes. Algumas formas de abuso são tão disfarçadas que podem se passar anos sem que ninguém perceba e possa ajudar a criança ou o jovem. Ao contrário do que se costuma imaginar, o molestador não age num crescendo, quer dizer, não começa fazendo carícias não-consentidas, por exemplo, e depois, aos poucos, vai avançando até chegar ao estupro. Em geral, cada molestador se excita de uma forma, com um tipo de atitude — e a mantém. O estuprador é, na maioria das vezes, estuprador mesmo. E o molestador, na maioria dos casos, se satisfaz com contatos físicos apenas, ou quando consegue que lhe toquem os genitais, por exemplo.

É importante saber também que molestadores de crianças e adolescentes existem em quaisquer ambientes, independentemente da classe social.

Nossa legislação classifica como atos libidinosos, passíveis de punição: as carícias eróticas, a palpação, a exigência de toque e carícias nos genitais do adulto, o *voyeurismo* (olhar escondido a nudez de um adulto ou criança), fotografar crianças em poses ou situações eróticas e mesmo falar ou sugerir, ainda que oralmente, situações envolvendo sexo (estupro auditivo).

O estupro, sem dúvida, é a forma mais violenta dessa relação, envolve situação de violência explícita e é passível de punição ainda mais severa que as demais.

Segundo dados da Abrapia (Associação Brasileira de Proteção à Infância e à Adolescência), do Rio de Janeiro, mais de 90% dos casos ocorrem dentro da própria casa da vítima, e, no mais das vezes, as vítimas são meninas em torno de seis anos de idade Em geral, o agressor é alguém conhecido e de confiança da criança.

O ato libidinoso, em certo sentido, é uma violência tão grave quanto o estupro, porque, dadas as suas características, nem sempre a criança o percebe ou pode defender-se. Em alguns casos, ela até consente, porque gosta da pessoa ou a respeita. Raramente, nesses casos, tem consciência do que está ocorrendo, ou de que está sendo vítima de uma agressão, já que, por vezes, pode até sentir prazer. E são estes fatos — a inocência e a confiança no agressor — que a levam a não relatar aos pais o que está ocorrendo. Ela não sabe que é vítima e confia na pessoa que a vitimiza.

Em outras situações, a criança um pouco mais velha e principalmente o adolescente (que já tem mais conhecimentos sobre o assunto e também mais percepção) sabem que estão sendo violentados, mas não reagem, mesmo se sentindo humilhados e horrorizados, para não envolver outros membros da família, ou por temerem não acreditarem neles. É o caso de, por exemplo, padrastos ou tios que abusam de enteados ou enteadas e sobrinhos ou sobrinhas, de pais que atacam as próprias filhas, mas o fazem de forma velada, a ponto de as deixarem em dúvida sobre suas reais intenções. São simples e leves roçares de braços nos seios das meninas; ou certas formas de se acercar por detrás, encostando-se mais do que o devido; é o sugerir que peguem algum doce ou bala nos bolsos de suas calças; o envolver a menina num abraço muito apertado e demorado; "a palmadinha inocente" no bumbum da mocinha e assim por diante. A capacidade inventiva desse tipo de gente é ilimitada.

Em geral, passar por essas experiências deixa seqüelas mais ou menos graves, em função do nível de violência e também do nível de consciência da criança sobre o problema. Essas conseqüências podem variar desde dificuldades de relacionamentos futuros até problemas bem mais sérios relacionados à sexualidade. Entretanto, existem terapias variadas para estes casos, de forma a atenuar os problemas decorrentes.

COM QUE FREQÜÊNCIA OCORRE?

Questionados sobre o assunto, os adolescentes entrevistados nos apontaram o seguinte:

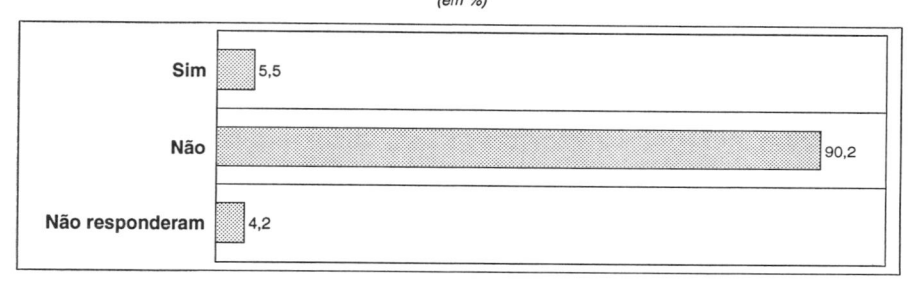

QUADRO 55
Já sofreu algum tipo de violência sexual?
(em %)

Sim	5,5
Não	90,2
Não responderam	4,2

Foram 52 os jovens que confessaram já ter sofrido algum tipo de violência sexual, o que corresponde a 5,5% do total de entrevistados. Um percentual muito alto, principalmente levando-se em conta que muitos dos que responderam "não" podem estar na categoria daquelas crianças que não perceberam a situação de violência, devido aos fatores acima descritos. Há que se considerar ainda o fato de que 40 (4,2%) não responderam à questão. Dentre eles, pode haver alguns que também tenham sido molestados, mas ainda temem referir o fato. É claro, é uma hipótese — pode não ser isso —, mas bem provável, já que esse tipo de ocorrência em geral é muito doloroso e poucos são os que querem ou não temem relatá-lo. Uns para esquecer, outros por temor, porque talvez ainda estejam sob o jugo do molestador, mas, de todo modo, é natural que uma parte das vítimas não consiga sequer falar sobre o assunto.

Seja como for, o quadro indica que os pais devem realmente agir, alertando-os para o problema. Calar, não esclarecer, é uma omissão que pode nos custar caro. A nós, que nos culparemos pelo silêncio, e a eles, pelo sofrimento. Mesmo que nos magoe tocar em assuntos tão amargos com nossos filhos, que nos olham com aqueles olhos de inocência e confiança na vida... Realmente é muito difícil decidir macular a imagem que eles têm do mundo com possibilidades tão medonhas. Nossa tendência natural é preservá-los, não *sujar* a forma confiante com que eles ainda vêem as pessoas e a sociedade. Mas, quando pensamos no quanto pode ser importante para que eles possam se defender, então fica mais fácil decidir falar.

Os números na nossa pesquisa não deixam margem a dúvidas. Nossos filhos têm direito e precisam de mais essa proteção.

Entre as formas de violência mais listadas no estudo pelos jovens, podemos relacionar:

• carícias não-consentidas (a mais numerosa);
• assédio;
• espancamento (porque não quis fazer o que o molestador pedia);
• carícias ao dormir (pessoa da família);
• ser obrigado/a a ter relações quando não queria (já mantendo relações anteriores);
• tentativa de estupro (sexo feminino);
• estupro (sexo feminino);
• arranhões e mordidas, ao ter relações sexuais.

A AÇÃO DOS PAIS

A melhor forma de agir é, sempre que possível, PREVENIR. E a prevenção, obrigatoriamente, está ligada à educação, à orientação. A pior coisa que se pode fazer pela criança é deixá-la na ignorância do perigo. Portanto, desde pequenas, elas devem saber que este tipo de desvio existe. É a melhor e a única forma de protegê-las. Conversando com seu filho, além de se conscientizar da realidade, ele compreende que pode e deve procurar os pais caso algo de estranho ou suspeito lhe aconteça.

Outra coisa importante é procurarmos evitar que a criança saia sozinha com adultos, principalmente aqueles não tão conhecidos por nós. O ideal é que estejam, o mais das vezes, em grupos, com outras crianças. Isso diminui muito as oportunidades dos molestadores (embora, em muitos casos, sejam pessoas da nossa inteira confiança, insuspeitas mesmo).

É bom lembrar ainda que os molestadores nem sempre são pessoas do sexo oposto ao da criança ou jovem. Esse tipo de desvio sexual ocorre tanto em homens como em mulheres. E seu alvo pode ser meninos ou meninas, púberes ou adolescentes, do sexo masculino ou feminino.

Por outro lado, pais atentos e disponíveis podem perceber, através de alguns sinais no seu comportamento, se o filho está passando por algum problema desse tipo. Na maior parte dos casos, pode, porém, passar despercebido. Em geral, não se deve diagnosticar o abuso quando apenas um ou dois dos sinais abaixo aparecem, mas é sempre bom observar e ficar atento. Pode ser apenas um mal-estar passageiro, sem nenhum envolvimento com situações de violência sexual, já que os sintomas que listaremos a seguir são bastante inespecíficos e podem ser também sinais de várias outras doenças orgânicas. Se for este o caso, os sintomas desaparecerão em poucos dias. Se, no entanto, a situação se prolongar ou agravar, surgindo novos sinais, então pode realmente estar acontecendo alguma coisa. Nesse caso, levar a criança ou jovem ao médico é a primeira providência que se faz necessária, para que se possa diagnosticar corretamente o problema.

Os sintomas mais freqüentes são:
- alterações de humor sem causa aparente (choro espontâneo, irritabilidade, agressões verbais ou físicas quando não habituais na criança);
- alterações alimentares (comer muito ou ficar sem apetite repentinamente), queixa de dores, em geral de barriga ou de cabeça;
- tristeza;
- depressão;
- alheamento;
- ansiedade;
- marcas estranhas no corpo;
- diminuição no interesse pela escola com conseqüente queda de rendimento;
- desinteresse pelas atividades habituais (esportes, brincadeiras, jogos).

Se vários desses sintomas surgirem, juntos ou alternadamente — e persistirem por vários dias ou semanas e já tendo sido afastada a possibilidade de uma causa orgânica, quando da ida ao médico —, é prudente conversar com o filho. Sem muita ansiedade e sem demonstrar desespero, é importante procurar saber se as suspeitas são verdadeiras. É bom encaminhar o assunto de modo que o jovem perceba, com clareza, que você está realmente se referindo a abuso sexual. Não camuflar a linguagem a ponto de ele ficar inseguro ou em dúvida quanto ao que você está referindo. Faça perguntas claras, diretas, para que ele possa responder também objetivamente.

A melhor forma de conversar é esta, porém devemos ter cuidado para não o alarmar. Às vezes, se isso acontece, eles se fecham com medo de críticas ou por culpa e não revelam o que está realmente ocorrendo.

Por isso, é importante mostrar desde o início que a criança ou jovem não será, de forma alguma, culpabilizado pelo ocorrido. Por terem consentido, ou por não terem denunciado o agressor, muitos sentem-se culpados e cúmplices e têm medo de serem julgados moralmente. Portanto, é preciso, para que ele se abra, que haja um clima de total apoio e confiança por parte dos pais.

Como se vê, a dedicação, a disponibilidade e a compreensão são, de fato, fatores fundamentais para a proteção dos filhos. Não ter medo dos temas, por mais difíceis e constrangedores que sejam, não ter preconceitos e estar disponíveis e atentos sempre.

Tem gente que olha e não vê. Tem gente que vê demais.

Temos que ter equilíbrio e bom senso, para que nossos filhos nos confiem seus mais íntimos temores e segredos.

Apesar de tudo, é sempre bom lembrar que, em alguns casos, mesmo com todo carinho, atenção e disponibilidade, muitos adolescentes agem de forma surpreendente para os pais, negando-se formalmente a conversar e a se abrir com eles. De certa forma, nesta idade de libertação, pode parecer a muitos deles uma fraqueza ou sinal de dependência apelar para os pais, conversar com eles, pedir ajuda. Infelizmente, esta é uma das características da fase, que embora positiva e necessária para o crescimento e amadurecimento, pode trazer esse tipo de problema. Nesse caso, muita paciência e a observação do comportamento dos filhos são os fatores com os quais podemos ainda contar. Mostrando a nossa compreensão e boa vontade, talvez, em algum momento, eles finalmente se decidam a aceitar o diálogo.

RECADO DOS JOVENS AOS PAIS

Mais do que as palavras, suas atitudes é que nos levarão a confiar-lhes os nossos mais terríveis medos. E mais que as palavras, seus gestos, seu olhar atento, sua confiança em nós e sua disponibilidade é que nos farão sentirmo-nos protegidos e livres das ameaças e chantagens de quem quer que seja.

Capítulo 12

O Adolescente e a Religião

O Brasil é um país em que as diferentes crenças religiosas convivem harmonicamente. Embora a religião oficial seja o catolicismo, historicamente, para cá convergiram imigrantes de todas as partes do mundo, trazendo consigo diferentes formas de fé. Na época da escravatura, os africanos trouxeram-nos o candomblé e uma série de santos e ritos religiosos que vieram mesclar-se à fé cristã da maioria dos colonizadores portugueses e à religião dos nossos índios. Por todos os lugares, cultos se processam. Nossas igrejas são ricas e numerosas. A paz religiosa impera na maioria dos estados e não é raro encontrarmos pessoas que professam um tipo de fé mesclada a ritos assimilados de outras religiões.

É importante distinguir, de forma muito clara, entre as religiões tradicionais, estruturadas, que têm, todas elas, uma sólida base ética, de outras crenças que não se relacionam, muitas delas, direta e especificamente à fé em Deus, envolvendo, ao contrário, toda sorte de crendices e superstições, algumas das quais conduzindo inclusive a atitudes negativas e anti-sociais ("encomendas de trabalhos" contra pessoas ou desafetos, por exemplo). Ao contrário destas últimas, as religiões de base judaico-cristã têm servido de freio inegável à humanidade, condenando e punindo atos de agressões contra terceiros e contra aquilo que o homem tem de mais precioso — a vida. As crenças e seitas a que nos referimos, ao contrário, levam pessoas ingênuas a um estado de inconsciência no qual são capazes de atos infames como assassinatos ou sacrifícios humanos, por exemplo, para retiradas de órgãos a serem utilizados em oferendas e rituais.

No Brasil e no mundo, há um crescimento inegável de uma forte onda mística. Na Argentina, considerado culturalmente o país mais desenvolvido da América do Sul, e onde 80% da população são constituídos de católicos, estudos demonstram um crescimento fabuloso do número de pessoas que freqüentam terreiros de umbanda ou apelam para búzios e outras crendices, que, acreditam, lhes resolverá a vida. Nesta nova era de misticismo que assola o mundo, adultos, até de bom nível cultural, declaram crer firmemente em duendes, fadas, gnomos, anjos e bruxas. Livros e mais livros sobre o assunto tornam-se sucesso de vendas. Autodenominados *bruxos, magos, videntes, sensitivos* fazem sua independência financeira através desse tipo de publicações. Colunas em jornais, programas no rádio e na TV são criados para *orientar* as pessoas através de jogos de búzios, mapas astrais, reconhecimento e apelos a *anjos da guarda* etc. Lojas e mais lojas são abertas para a venda de ícones, cristais, florais de Bach, plásticos com dizeres alusivos, camisetas, entre outras coisas. É a sociedade capitalista aproveitando para aumentar seus lucros à custa dessa nova faixa de consumidores: a dos homens que duvidam da racionalidade da humanidade.

Infelizmente, o dinheiro, para muitos, é o móvel principal e justifica tudo — mesmo o retrocesso cultural... Então, se o homem vive um momento de dúvida e desespero, pela crise social, pela recessão, pela violência, seja por que for — e por isso está mais vulnerável e propenso a crer em qualquer coisa, a se agarrar a qualquer coisa que lhe pareça uma tábua de salvação, principalmente uma milagrosa tábua de salvação —, essas pessoas ávidas não se envergonham, nem têm o mínimo escrúpulo em lançar mão de todo *marketing,* de toda publicidade, para fazer com que multidões creiam e, em função dessa crença, comprem produtos e mais produtos fabricados para esse fim. O objetivo é esse mesmo — abrir novos mercados consumidores. E aí estão então à venda pirâmides, cristais, ervas milagrosas, figuras de duendes, anjos, fadas, gnomos etc. (*para dar sorte* — principalmente para quem as vende...) E é muito triste constatar quantas e quantas pessoas embarcam nesse tipo de *onda*... Tendem a acreditar em soluções milagrosas, quando, na verdade, crises sociais só são vencidas pela participação de cada um, pelo trabalho, pela dedicação pessoal, pela honestidade, pela força de vontade e, principalmente, pela conscientização política — nunca pela alienação. Mas, sem dúvida, é muito mais fácil acreditar que o *anjo da guarda pessoal* vai interferir positivamente no seu destino do que ver que o destino depende mesmo é do nosso suor e do nosso trabalho...

Há, sem dúvida, hoje, uma crise da razão. O homem comum, assustado diante da impossibilidade de se resolverem problemas como as guerras, que passaram a fazer parte do panorama mundial, a escravidão — que continua a existir em muitos países, de forma velada ou totalmente aberta —, a exploração de menores, a violência contra o indivíduo, o isolamento e a falta de perspectivas, torna-se suscetível a acreditar ou a procurar consolo em crenças, cultos e superstições que o façam, ainda que ingenuamente, vislumbrar perspectivas para sua desesperança. Historicamente, repete-se, então, o florescimento desse tipo de oportunismo, que ressurge sempre nos momentos em que a razão parece já não conseguir explicar a realidade.

Pessoas de renome no meio artístico e cultural suprimem ou acrescentam letras aos seus nomes de batismo, acreditando que assim irão melhorar suas perspectivas de sucesso — através da orientação de um numerólogo. Cartas de tarô são utilizadas para explicar e/ou prever os acontecimentos passados e futuros da vida das pessoas. Políticos aconselham-se com "gurus" das mais variadas seitas antes de tomarem decisões que poderão afetar a vida de toda a nação... Um ex-presidente brasileiro, recentemente, levava em sua comitiva, por onde fosse, uma guia espiritual, para orientá-lo antes de cada ato de governo...

As religiões tradicionais assistem, estupefatas, à debandada de muitos adeptos para essas seitas e crenças que ressurgem, algumas, da Idade Média ou até de bem antes de Cristo. As igrejas, esvaziadas de fiéis nas missas, tentam modernizar sua linguagem, atualizar-se para atraí-los de volta.

Jornais de altíssima circulação incluem em seus levantamentos de livros mais vendidos seções destinadas exclusivamente a livros esotéricos, tal a profusão de publicações e de leitores.

Estaremos vivendo uma crise das fés tradicionais? É possível. Ao mesmo tempo, estamos assistindo também a uma explosão de misticismo. Estaria o homem, diante da constatação de que a humanidade na verdade não se humanizou, na sua acepção mais ampla (afinal, não tendo resolvido problemas básicos como a fome, as guerras, a violência no campo e nas cidades, a distribuição de riquezas, a preservação do ambiente etc.), tentando encontrar, através de novas crenças, o caminho da salvação pessoal e global? Parece que sim. Infelizmente. Quando o homem perde a fé naquilo que o diferencia dos outros animais — a sua racionalidade — e se deixa envolver por quaisquer acenos mágicos, é sinal de que a humanidade caminha para trás. No século XVIII, a razão encontrou seu maior espaço. Assistimos agora, com tristeza, ao final do século XX, às vésperas de entrarmos nos terceiro milênio, a um retrocesso, em que as superstições voltam a embalar o homem, afastando-o daquilo que o diferencia dos animais e o alça à categoria do SER — a RAZÃO.

E o nosso adolescente? Qual é a sua postura frente a tudo isso? E em relação à religião? Freqüentam a igreja? Seguem a religião de seus pais? Acreditam em Deus? Serão místicos ou agnósticos os nossos jovens?

Os quadros que se seguem mostram o pensamento do jovem brasileiro com relação a essas questões.

QUADRO 56
Você tem religião?
(em %)

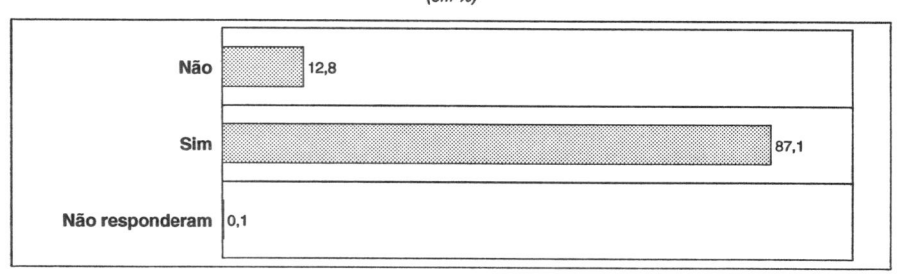

Não	12,8
Sim	87,1
Não responderam	0,1

O levantamento acima mostra, sem sombra de dúvida, que o Brasil continua sendo um país de fé. A maioria absoluta dos jovens tem algum tipo de religião (87,1%), muito embora alguns tenham afirmado que apenas acreditam em Deus, num Deus pessoal, próprio e desvinculado de qualquer instituição religiosa.

Indagados sobre "qual é a sua religião?", foram relacionadas as seguintes (em ordem alfabética):

- Assembléia de Deus
- Batista
- Budista
- Católica apostólica romana (maior número)
- Católica essênia shivaísta
- Espírita
- Evangélica luterana

- Judaica
- Messiânica
- Mórmon
- Presbiteriana
- Protestante
- Rosacruz
- Testemunha de Jeová
- Umbandista

Depois de levantarmos a religião de cada um — em que ficaram constatadas a riqueza e a profusão de credos entre os jovens —, perguntamos-lhes se são religiosos, ou seja, se freqüentam a sua igreja com regularidade, seguindo seus preceitos, proibições e orientação na vida. E eles nos responderam o seguinte:

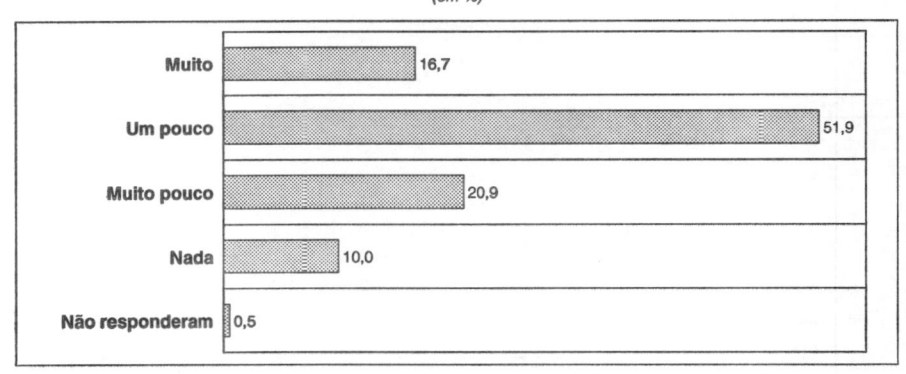

QUADRO 57
Você é religioso?
(em %)

Muito	16,7
Um pouco	51,9
Muito pouco	20,9
Nada	10,0
Não responderam	0,5

Embora a maioria absoluta, como vimos no Quadro 55, tenha uma religião, apenas 16,7% (*muito religiosos*) seguem decididamente seus preceitos. É muito alto o índice dos que se dizem *um pouco religiosos* (51,9%), isto é, vivem segundo alguns dos princípios e regras de sua igreja, freqüentando-a algumas vezes, mas não sempre.

20,9% se confessam *muito pouco religiosos,* quer dizer, têm religião, mas não vivem a religião, enquanto 10% se posicionaram como *nada religiosos.*

De qualquer forma, somando-se as duas primeiras opções (*muito e um pouco religioso*), temos um altíssimo percentual de 68,7% de jovens que praticam uma religião.

Outra coisa que procuramos saber foi se os adolescentes desse final de século, os cidadãos adultos do terceiro milênio, acreditam ou não em Deus. Vejam:

QUADRO 58
Você acredita em Deus?
(em %)

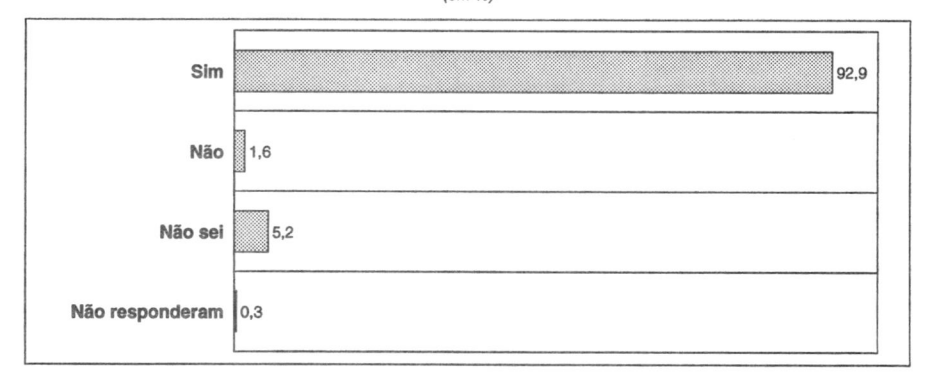

Embora não sejam em sua maioria muito religiosos, quase todos os jovens acreditam em Deus (92,9%). Apenas 1,6% afirma não acreditar, enquanto 5,2% estão em dúvida quanto à Sua existência.

Um aspecto que procuramos verificar foi se existe alguma relação entre o nível sócio-econômico e a fé e se os adolescentes que trabalham seriam mais ou menos religiosos do que os que não trabalham. Quer dizer, fomos verificar se esses dados, ter ou não ter dinheiro, trabalhar ou não trabalhar, afetam de alguma forma a fé religiosa das pessoas, dos jovens especialmente. Na comparação desses dados (religião X classe social; adolescentes que só estudam X adolescentes que trabalham), não houve diferença significativa quanto à fé. Ou seja, o percentual de crentes e não-crentes independe do nível sócio-econômico e do fato de já participarem ou não da força de trabalho.

O único item comparado que apresentou diferença importante foi em relação aos que moram nas cidades grandes ou nas cidades do interior. Quanto ao local de moradia, houve diferença significativa: **o percentual de jovens que têm religião é maior nas cidades do interior do que nas capitais — 16,6% dos jovens da capital afirmam não ter religião, contra apenas 5,8% nas cidades do interior.**

Outra pergunta que lhes fizemos foi sobre reencarnação. E o resultado foi o seguinte:

QUADRO 59
Acredita em reencarnação?
(em %)

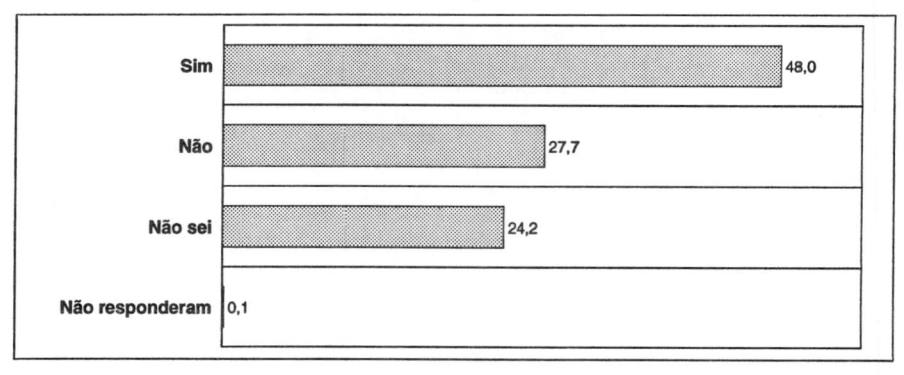

Neste item, as respostas estão certamente ligadas às concepções de cada religião sobre o assunto. De todo modo, 24,2% apresentaram-se com dúvidas sobre o assunto, enquanto a maioria (48%), quase a metade, afirmou acreditar na reencarnação. Um dado muito interessante foi o resultado da comparação dos que crêem em reencarnação residentes nas capitais ou nas cidades do interior. Surpreendentemente, **foi maior o percentual dos que crêem na reencarnação nas capitais**

(52,1%), enquanto dos jovens do interior apenas 40,5% afirmaram acreditar na reencarnação.

E o misticismo? Uma coisa que me preocupava muito era realmente saber se, independentemente da religião professada, os jovens acreditam em outras entidades místicas como gnomos, fantasmas, bruxas, fadas etc. E a resposta que deram à minha pesquisa, confesso, deixou-me muito feliz e aliviada. Afinal, uma das coisas que mais me preocupam hoje é justamente o grande número de adultos voltando-se para esse tipo de superstições. Mas o nosso jovem parece que é bem racional:

QUADRO 60
Acredita em fantasmas, gnomos, duendes, alma do outro mundo, fadas etc.?
(em %)

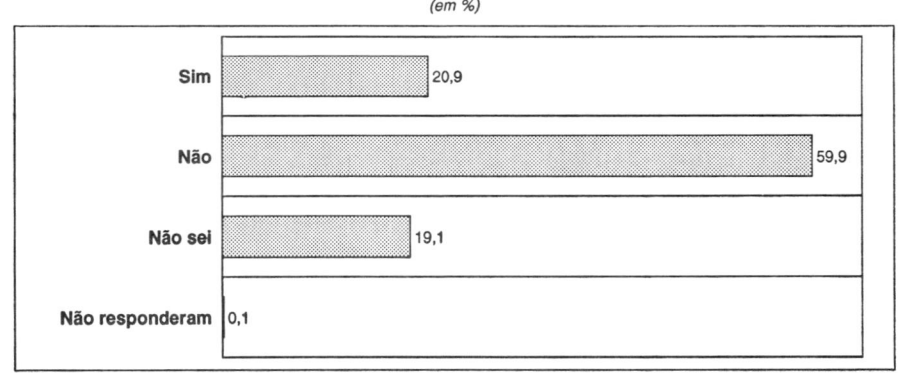

Embora eu considere 20,9% um índice muito alto em se tratando desse assunto, por outro lado é bem animador verificar que praticamente 60% não acreditam nesse tipo de coisa. Há ainda 19,1% que não se definiram a respeito, têm dúvidas, mas a maioria não crê em bruxas, gnomos e outros seres criados pela imaginação e pelo atraso cultural. O que já é muito bom, num país em que a partir de 1971 foram retiradas do currículo do segundo grau as disciplinas que ensinam a pensar — como filosofia, sociologia e outras — justamente daqueles alunos que estão em plena adolescência, a idade da dúvida e das grandes tomadas de decisão.

Muitos pais cujos filhos sempre os acompanharam nas idas à missa ou outros eventos religiosos ficam perplexos quando, repentinamente, os jovens começam a negar-se a acompanhá-los. Sentem-se em dúvida sobre como agir em relação a isso. Obrigar ou não? Conversar? Tentar convencer?

Essa atitude do adolescente está dentro da mesma perspectiva de autodefinição que já esmiuçamos anteriormente. Ele quer, neste momento da vida, decidir se acredita ou não nas mesmas coisas que seus pais. Sejam valores, forma de viver, modo de encarar e conviver com a sociedade, seja com relação à fé religiosa.

É normal, portanto, que eles comecem a questionar também esse aspecto da vida familiar. Eles querem poder decidir por si sós, se desejam continuar, por exemplo, indo à missa todos os domingos. Ou, ao contrário, nas famílias em que isso não é um hábito, são capazes de questionar os pais, para saber por que eles não costumam comparecer sempre. É a mesma necessidade de auto-afirmação e independentização que surge também aí.

Cada pai e cada mãe saberão, certamente, descobrir por si mesmos como agir em relação a este fato. O importante é estarem cientes de que estas dúvidas, estes questionamentos, são apenas mais uma forma de exteriorização da necessidade de os jovens caminharem, neste momento, por suas próprias pernas, perguntando-se a si próprios *no que crêem, e se crêem*. O importante é que os pais saibam que, também neste campo, as sementes já foram lançadas e trabalhadas no decorrer de toda a infância e pré-adolescência, como se pode constatar pelos quadros 56, 57 e 58. A base ética e religiosa que tiver sido trabalhada com certeza deixou raízes. Agora, é aguardar e respeitar o direito de cada pessoa de autodeterminar-se em relação às questões básicas da vida. Quem sou? Para onde vou? De onde venho? Estas questões são algumas das mais importantes para todo ser humano, e, na adolescência, surgem com muita força.

RECADO DOS JOVENS AOS PAIS

Na adolescência, precisamos de um tempo para pensar, para rever nossas crenças e fé, antes exercida apenas por conta do modelo familiar. O tamanho desse tempo é pessoal, varia de indivíduo para indivíduo, de jovem para jovem. Aos poucos, teremos condições de decidir por nós mesmos se a nossa fé é a mesma que a de vocês, e de que forma a queremos professar. Não nos impeçam de desenvolver nossa intelectualidade. Precisamos desses momentos de dúvida para emergirmos como indivíduos...

Capítulo 13

Adolescência e Política

Os anos 60 e 70 viram e conviveram, no Brasil e no mundo, com uma geração de jovens dos quais parte significativa estava extremamente preocupada com a sociedade e era muito politizada. Naqueles anos agitados e intensos, *vivia-se politicamente*. A cabeça de boa parte dos adolescentes estava voltada para os problemas sociais, para as grandes discussões geradas pelo confronto entre direita e esquerda, entre o existencialismo, o fascismo e o comunismo. O jovem respirava política, discutia problemas sociais, lia Marx e Engels; em contrapartida, os *hippies*, na mesma época, enriqueciam o painel multifacetado, trazendo com suas idéias românticas uma aura de idealismo, num momento em que a palavra de ordem era o racionalismo e o cientificismo.

No Brasil, estudantes de segundo grau e universitários caminhavam juntos pelas ruas, exigindo melhorias sociais. As reivindicações podiam ir desde a melhoria da comida dos *bandejões* das universidades até problemas conjunturais, com facções moderadas e radicais que defendiam a derrubada do governo militar, seja por meios pacíficos ou através da luta armada. E não foram poucos os que morreram por este ideal de liberdade e democracia.

No plano individual, os jovens estavam lutando pela liberdade sexual, pelo direito de decidir seu destino, pelo direito de dizer *não à guerra e sim ao amor*. O advento da pílula anticoncepcional deu às moças o direito de decidir *"quando e se"* iniciavam uma vida sexual, sem mais o medo da gravidez a persegui-las. Morar em pequenos apartamentos, mesmo sem nenhum conforto, era o objetivo de cada um dos jovens, a maioria de classe média. Ter o seu cantinho, poder viver à sua moda, não dar satisfações a ninguém — esse era o maior dos objetivos em termos pessoais. Assim que conseguia qualquer empreguinho, umas aulinhas aqui outras acolá, lá ia o jovem morar numa *república*, ou alugar um quartinho em sociedade com um ou dois amigos — tudo pela liberdade! Nada de depender de pai e mãe. Isso era *reacionário*... Abriam mão do conforto da casa paterna em troca de serem independentes, mesmo que passassem, alguns, muita necessidade nesse caminhar. A liberdade pressupunha independência financeira.

As drogas, principalmente o LSD, atraíam muitos adolescentes, que ansiavam por novas emoções e por ampliar suas possibilidades de percepção (alguns acreditavam, como ainda muitos crêem, que as drogas aumentam a capacidade perceptiva). *As portas da percepção*, de Aldous Huxley, era um dos livros da moda. Fumar constituiu, na época, de certa forma, um forte símbolo da independência feminina. Assim como não usar sutiã... Os filmes políticos — quanto mais herméticos, melhor — eram os que faziam maior sucesso — verdadeiras legiões constituíam os fãs de Godard. Mesmo quem não entendia nada gostava... Os cinemas de arte, como o Cine Paissandu, no bairro do Flamengo, no Rio de Janeiro, vivia cheio de gente *da turma*... Havia palavras de ordem para tudo... o tipo de filme, o tipo de roupa, o jeito de falar... A arte que fazia sucesso era engajada, o teatro era engajado... Todo mundo queria mostrar que fazia parte de um grupo que lutava e acreditava numa sociedade melhor e pela qual estava disposto a tudo, até a dar sua vida...

E hoje? Já se disse e escreveu a respeito do desinteresse do adolescente em termos políticos. Será mesmo assim? Tivemos o episódio dos *caras-pintadas*, quando do movimento do *impeachment* do presidente Collor. Esporadicamente, um jovem sobressai no cenário político. Mas parece que não há realmente um movimento uniforme, um interesse geral dos jovens pela política e pelos políticos.

Sem dúvida, vivemos hoje momentos menos motivadores em relação ao que ocorre no mundo. O perigo da bomba atômica parece ter diminuído sensivelmente. A *guerra-fria*, que aqueceu corações e despertou medos, pânico mesmo, em muitos de nós há apenas algumas décadas, parece atualmente muito distante. Esquerda e direita também soam como posturas meio desencaixadas da realidade atual, em que apenas uma ou duas nações conservam ainda governos radicalmente marxistas. Até Cuba vem, gradualmente, se abrindo para o capitalismo. A China, baluarte do comunismo há menos de quinze anos, vive hoje uma experiência mista, que soma capitalismo e comunismo. Será este um dos fatores para a aparente frieza dos jovens com relação às ideologias políticas? E será que realmente eles estão desinteressados do assunto?

Há hoje também, sem dúvida, uma situação de grave descrédito com relação à figura dos políticos. A sucessão de escândalos financeiros envolvendo pessoas públicas, no exercício de funções que carecem, de forma inquebrantável, de confiabilidade e ética, vem, como não poderia deixar de ser, abatendo e abalando todos aqueles que, no seu dia-a-dia, suam e lutam para não se deixar vencer pelas oportunidades de subir aplicando ou ajudando a aplicar pequenos, grandes ou médios golpes, preferindo continuar a enfrentar dificuldades financeiras, dívidas, juros etc., para não deixar sucumbir seus princípios morais. Como então crer naqueles que, por força de sua função legislativa ou judiciária, deveriam defender os direitos mais simples dos cidadãos e, ao contrário, a cada dia, parecem estar mais e mais submersos num mundo de corrupção e, principalmente, impunidade? Não seria este também um fator decisivo no suposto desinteresse dos jovens pela política, pela coisa pública?

Antes de continuarmos a especular, vejamos se a realidade confirma as impressões tantas vezes expressas pelos meios de comunicação.

Com esse propósito — avaliar o grau de interesse dos jovens por política —, os adolescentes em nossa pesquisa foram convidados a responder a algumas questões básicas, para que pudéssemos realmente verificar se há ou não motivação pelo tema, e como eles se definem a respeito:

QUADRO 61
Costuma acompanhar o que acontece na política?
(em %)

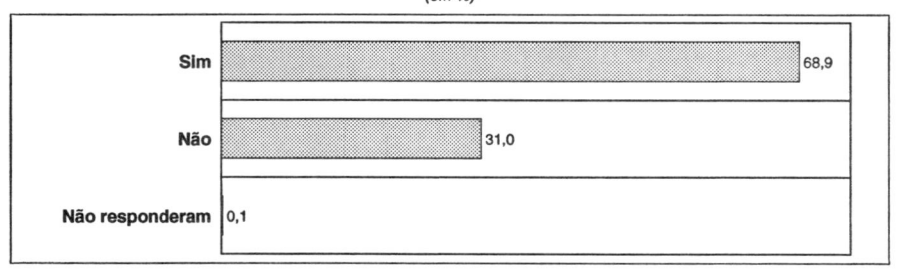

QUADRO 62
A política pela qual você se interessa costuma ser:
(em %)

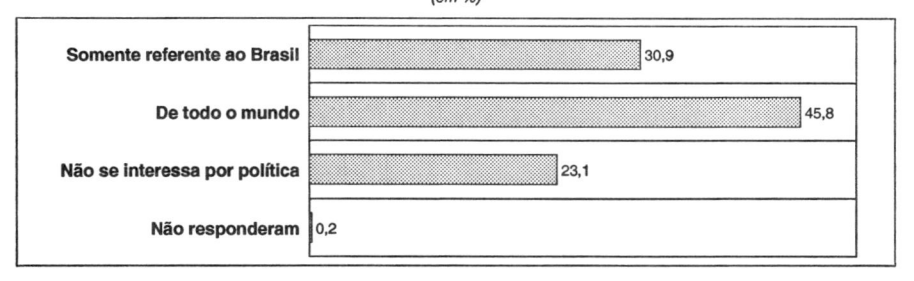

O Quadro 61 mostra que apenas **1/3 (aproximadamente) dos jovens decididamente não acompanha os fatos políticos.** Os números são bastante semelhantes quando se procura saber "qual o tipo de fato político que os interessa"; 76,7% interessam-se por fatos apenas do Brasil ou de todo o mundo (maioria). Há, como se pode ver, uma pequena discrepância entre os que afirmam, no Quadro 61, *não acompanhar* o que acontece na política (31%) e os que, no Quadro 62, afirmaram *não se interessar* por política de uma maneira geral (23,1%). Talvez essa diferença se deva ao fato de que 31% não acompanham o que acontece, isto é, não lêem jornais, nem vêem com regularidade noticiários no rádio ou na TV, enquanto 23,1% realmente não se interessam, o que é um pouco diferente e poderia explicar esses 7% a menos. De qualquer modo, fica patente que a maioria se interessa e acompanha o que acontece no Brasil e no mundo, mesmo que não da forma decididamente ativa que era comum na geração passada. O que nos permite vislumbrar esperanças nessa geração. Eles poderiam, talvez, interessar-se mais se lhes oferecêssemos opções e possibilidades confiáveis.

Indagados sobre como se definiriam politicamente, os jovens apresentaram a seguinte posição:

QUADRO 63
Você se aefiniria em termos de POSIÇÃO POLÍTICA como sendo de:
(em %)

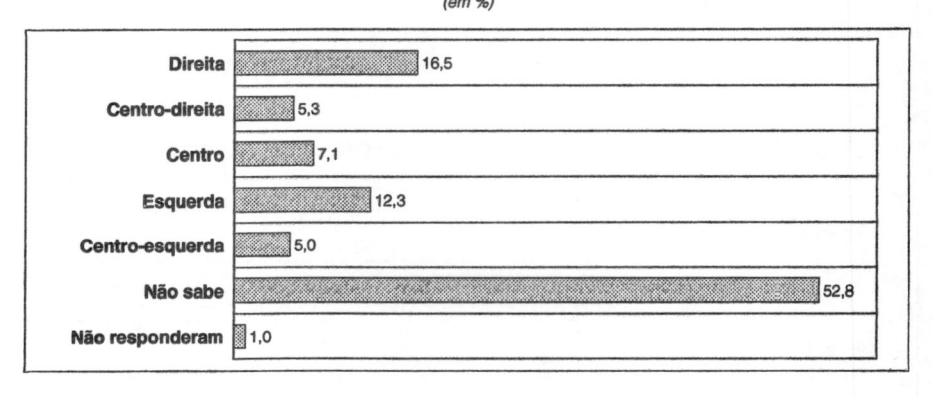

Mais da metade dos jovens entre quatorze e dezoito anos (52,8%) ainda não se definiu politicamente. É interessante comentar que foi expressivo o número de adolescentes que, quando respondia ao questionário, ao chegar a essa questão, me perguntavam *o que é ser de centro-esquerda, de direita ou de esquerda?*. São questões que, parece, atualmente, não se discutem muito na escola, na família, nem com os amigos (ver Quadro 13, capítulo 4). Quer dizer, hoje, muitos jovens nem sabem o que significa *ser de direita ou de esquerda*. Pode-se também atribuir este alto índice ao fato de serem ainda muito novos, e também porque vivem uma época em que não há mais a flagrante exacerbação entre direita e esquerda. Assim, é bem provável que estes conceitos tenham perdido boa parte do significado para grande número de pessoas, a não ser para aquelas que realmente estão muito ligadas às questões sociais.

Analisando os que se dizem de direita e centro-direita e os que se alinham à esquerda ou centro-esquerda, pode-se observar uma pequena preponderância percentual a favor da direita: 21,8% contra 17,3% —

diferença de 4,5% a favor da direita, portanto. É um retrato provisório, evidentemente, já que, como vimos, a grande maioria, mais da metade, ainda não se definiu politicamente. Em todo caso, possivelmente, a queda dos regimes de esquerda do leste europeu, a queda do Muro de Berlim e a tendência nitidamente mais individualista da nossa sociedade nas últimas décadas devem ter influência sobre esse fato.

QUADRO 64
Você se considera uma pessoa politicamente:
(em %)

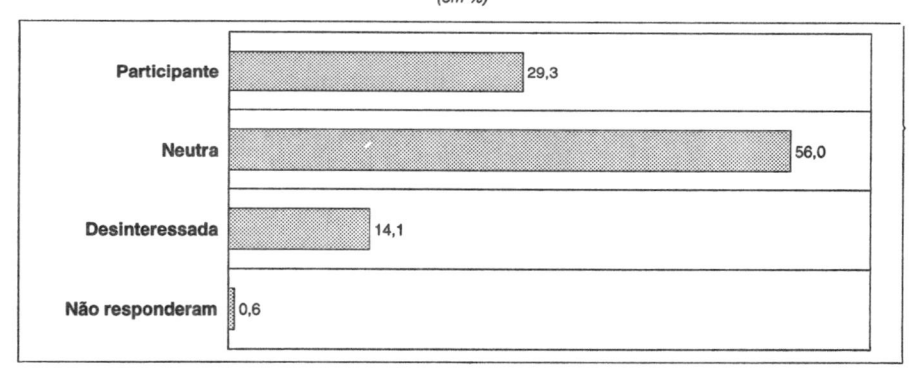

Mais da metade dos jovens entre quatorze e dezoito anos (56%) afirma sua neutralidade em relação à política — ou seja, age como espectador passivo, embora não totalmente desinteressado do que acontece no país e no mundo, em termos governamentais e legislativos. Quase 30%, em contrapartida, declaram-se participantes, contra aproximadamente 14% que se declararam desinteressados do ponto de vista político.

A pesquisa veio, portanto, referendar a idéia de que o jovem de hoje é desligado dos problemas políticos (como eles mesmos afirmaram).

Essa postura pode ter origem em vários fatos. No início do capítulo, levantamos algumas hipóteses, tais como a distensão política entre as grandes potências mundiais, o abrandamento da radicalização entre esquerda e direita com a queda de inúmeros regimes comunistas em vários países, como os do leste europeu, por exemplo, a surpreendente caminhada da China e de Cuba em direção à abertura para capitais estrangeiros, para o liberalismo de forma geral, o descrédito em que caiu a maior parte dos políticos, envolvidos com esquemas de corrupção e conchavos degradantes do ponto de vista ético (no Brasil e no mundo), entre outros.

Acredito também que o forte esquema individualista a que as sociedades capitalistas vêm conduzindo as pessoas, com o impressionante apelo consumista patrocinado pela mídia, especialmente a eletrônica, além da forte tendência psicologizante com que esta geração foi criada, possa ter conduzido os jovens a uma postura muito mais personalista e individualista, levando-os portanto a uma visão de mundo onde o "eu", o indivíduo, a satisfação do ego se sobrepõe ao social, ao comunitário, ao conjunto, à humanidade, enfim. Não por isso temos visto, completamente horrorizados, o recrudescimento de posturas nazifascistas e a chegada ao poder de governos confessadamente fascistas, muito embora mal se tenham passado cinqüenta anos do término da Segunda Grande Guerra.

Junte-se a esse fato a onda de misticismo que estamos vendo crescer (como mostramos no capítulo anterior) e teremos todos os ingredientes para uma rápida volta ao Obscurantismo, à Idade Média, à destruição de tudo que o homem conseguiu até agora em termos de evolução e crescimento. Foi pouco, é bem verdade, mas estamos hoje muito melhor do que há três séculos. Temos que caminhar para o aperfeiçoamento do que foi alcançado. Nunca dar marcha à ré, retornar ao misticismo, à manipulação das massas, às crendices e à alienação. **Temos que mostrar aos nossos filhos que, embora com sérios problemas, a democracia ainda é, de longe, o melhor sistema, porque através da liberdade que ela permite ficamos sabendo das irregularidades, das desonestidades, da corrupção. E, assim, podemos agir contra elas. Temos que parar de repetir que todo político é corrupto. Mesmo que, no momento, eles pareçam ser maioria, apontemos aos nossos jovens os que são coerentes, justos, honestos e que lutam realmente pela população. Mostremos-lhes que através do voto, e unicamente através dele, podemos punir e condenar os que não corresponderem às nossas expectativas.**

É importante voltar a trabalhar a mente dos jovens no sentido de uma postura ideológica onde o social, a igualdade, a ética e os direitos humanos — enfim, as liberdades democráticas — prevaleçam. Voltar a incluir no currículo das escolas de primeiro e segundo graus disciplinas que desenvolvam o raciocínio crítico e a consciência individual e grupal é urgente — é fundamental. A filosofia, a sociologia e a antropologia devem voltar a ocupar o espaço que lhes foi cruelmente roubado. **Devemos isso aos nossos jovens: o direito de ensinar-lhes a pensar, a criticar, a refletir com base em estudos concretos da realidade, para que não se deixem manipular por pessoas ou grupos inescrupulosos que se aproveitam de sua inexperiência, ingenuidade e paixões.** Dar-lhes o instrumental necessário para que eles possam fazer suas escolhas com consciência e segurança é o papel que a escola e a família devem perseguir juntas.

Desenvolver a humanidade que há em cada um em estado latente e a formação ética dos nossos jovens no sentido da participação, da produção e do pensamento comunitário é tarefa de pais e educadores. Se nos furtarmos a esse objetivo urgente, poderemos ver ressurgir — como aliás já estamos vendo — e recrudescer perseguições étnicas, o esmagamento das minorias, a marginalização das grandes massas populares. E, com isso, estaremos condenando as futuras gerações a viverem num mundo cada vez mais insano, de desamores, violência e desesperança.

Esse fato — transmitir a fé no homem em geral e no Brasil em particular — é tão importante que reservamos na nossa pesquisa uma pergunta destinada apenas a avaliar os sentimentos da nova geração em relação à possibilidade de justiça, de igualdade, de democracia — de melhores dias, enfim. De que forma teriam eles interpretado toda a luta do povo brasileiro nos últimos e marcantes episódios da nossa política, que desvendaram um mundo de corrupção e de desonestidades, de um grupo de políticos unicamente interessados em se locupletar, culminando com a cassação de alguns deles e até no impedimento de um presidente? Veriam nestes fatos algo de positivo — a vitória da justiça e da lei — ou teriam encarado tudo com descrença e pessimismo — como muitos adultos o fizeram?

QUADRO 65
Os últimos acontecimentos na política brasileira (*impeachment* do Collor, escândalo do Orçamento, esquema PC, desvio de verbas públicas, julgamento dos "Anões do Congresso" etc.) fizeram com que você:

(em %)

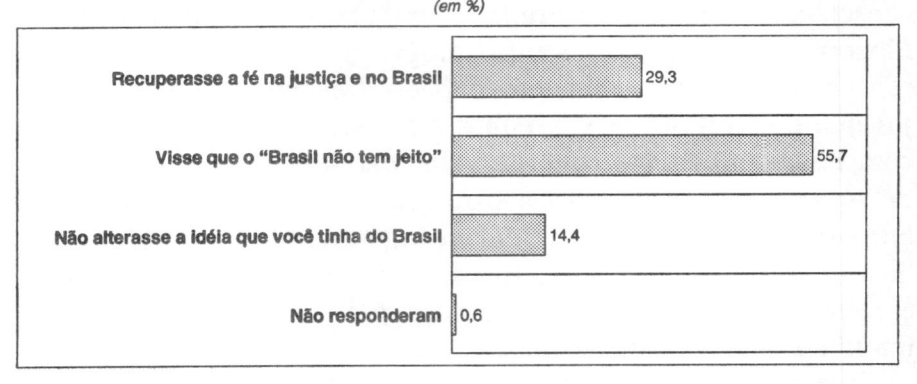

Recuperasse a fé na justiça e no Brasil	29,3
Visse que o "Brasil não tem jeito"	55,7
Não alterasse a idéia que você tinha do Brasil	14,4
Não responderam	0,6

É contundente o que expressa o quadro acima — mais da metade dos jovens (55,7%) mostrou total descrença na possibilidade de as coisas melhorarem. Apenas cerca de 30% escolheram a primeira opção — justamente a que representa a esperança num Brasil melhor e mais justo. Acredito que seja muito importante, fundamental, caso de vida ou morte mesmo, mostrarmos para nossos filhos que a justiça não se faz em um dia, que após quase trinta anos de ditadura um país não pode surgir pronto, perfeito. E que todas essas vitórias, embora pequenas e incompletas, nos mostram que — ao contrário do que possa parecer à primeira vista — o Brasil tem jeito sim! Porque estamos indo atrás do prejuízo, punindo, esclarecendo, tentando aos poucos ir melhorando nossas leis e vencendo o emperramento da justiça. Que toda essa mudança não se faz em um dia, nem em um ou cinco anos. É importante saber para não esmorecer, para não se deixar levar pela filosofia da desesperança que serve apenas àqueles que desejam ver o Brasil continuar cada vez mais desorganizado e desigual, porque é daí que essas pessoas auferem suas vantagens. Lembrar aos nossos filhos sempre que o Brasil é um país jovem — adolescente como eles, procurando portanto o seu caminho ainda — e que o Primeiro Mundo, a Europa, com séculos à nossa frente, ainda se debate com os mesmos problemas... Lá também se rouba, também se encontram políticos corruptos. Não foi agorinha mesmo que assistimos à **Operação Mãos Limpas** na Itália?

Acreditar e fazer acreditar — eis uma tarefa linda, difícil mas crucial e que pode trazer muito bons frutos para nossos filhos e para a sociedade como um todo, num futuro próximo.

RECADO DOS JOVENS PARA A CLASSE POLÍTICA

Ou triunfam aqueles que lutam pela verdade, pela justiça e pela igualdade, ou seremos uma geração descrente, sem fé e sem esperança num Brasil melhor. Precisamos que vocês nos façam voltar a crer, para que queiramos participar da construção de um país melhor e mais democrático.

Capítulo 14

O Adolescente
e a Felicidade

Com que sonha o jovem?

O que é mais importante, na sua escala de valores? Sucesso financeiro, profissional ou afetivo?

Será que as moças de hoje pensam como as de ontem? O casamento será ainda um desejo, uma meta, um ideal de vida, como foi para suas avós? Estará o casamento nos planos do adolescente da década de 90, depois de assistirem a tantas separações — dos próprios pais, de conhecidos, de pais de amigos?

O que será felicidade para eles?

Em matéria de amor, serão românticos e idealistas ou pragmáticos, descompromissados e individualistas?

Qual será a verdadeira postura dos jovens em relação ao amor? O que consideram importante para uma relação *dar certo*?

Foram estas algumas das questões que nossa pesquisa enfocou no que se refere à questão da felicidade pessoal para os jovens de hoje.

CASAMENTO

A primeira coisa que procuramos verificar foi se o casamento ainda consta dos planos de vida dos jovens:

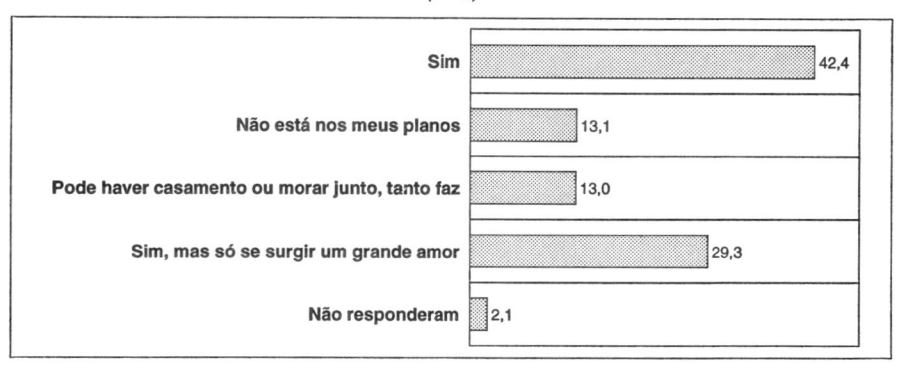

QUADRO 66
Você inclui o casamento em seus planos de vida?
(em %)

Sim	42,4
Não está nos meus planos	13,1
Pode haver casamento ou morar junto, tanto faz	13,0
Sim, mas só se surgir um grande amor	29,3
Não responderam	2,1

O casamento, instituição que muitos já decretaram falida, parece estar na ordem do dia — 42,4% desejam, planejam e incluem o casamento nos seus planos de vida. Se somarmos àqueles que o incluem apenas se surgir um grande amor (29,3%), teremos um total de 71,7%. Percentual mais do que expressivo, conclusivo. Os jovens de hoje continuam a desejar constituir família. Seja casando de *papel passado*, seja apenas *juntando os trapinhos* (13%), constituem um total de 84,7%. Somente 13,1% não incluem o casamento nos seus planos de vida.

Mesmo vivendo, como vivemos, a era dos divórcios, separações e desquites, o casamento continua sendo uma instituição poderosa. Sem dúvida, a família, como temos afirmado seguidamente em nossos trabalhos, tem grande força. Mesmo tendo hoje uma conformação nova, um modelo bem diferente do das gerações passadas, a sociedade depende em grande parte do que faz, do que cultiva, dos valores e esperanças que a família passa aos filhos.

A flexibilização das atuais relações maritais talvez possa explicar essa adesão à idéia do casamento, isto é, saber que a união poderá ser desfeita se as coisas não correrem bem pode ser um fator estimulante e incentivador à continuidade do casamento como instituição, porém dentro de bases mais realistas e autênticas. Tendo perdido a rigidez do passado, quando casar significava um compromisso *até que a morte as separasse*, as pessoas talvez se sintam mais tranqüilas ao assumir uma vida a dois, vendo nessa iniciativa uma tentativa de união e não algo que, obrigatoriamente, *tinha que dar certo*, quando então continuava-se a conviver, mesmo infelizes, pelo resto da vida.

De qualquer forma, é interessante comentar que, na comparação por classes sociais, houve diferença significativa — **os jovens das camadas mais altas têm o casamento como meta em muito mais alto percentual do que os de classe mais baixa: 70% na classe A; 46,1% na classe B; 43,9% na classe C; 37,5% na classe D e 34,1% na classe E.** Como se observa, vai diminuindo sensivelmente o número de jovens que incluem o casamento em seus planos à medida que vai baixando o nível sócio-econômico. Coerentemente, a segunda opção (*não está nos meus planos*) tem índices mais baixos nas classes mais elevadas e vai crescendo nas camadas menos favorecidas — 5% na classe A; 9,2% na classe B; 12,6% na classe C; 18,7% na classe D e 20,5% na classe E. Talvez em função da realidade mais difícil em que vivem, esses jovens das camadas mais pobres amadureçam mais rápido e tenham menos ilusões sobre a vida. Desde cedo devem observar as dificuldades dos pais para pagar as contas, para comprar comida, para fazê-los estudar... E, talvez por isso, é possível que optem por deixar o casamento de lado, colocando outras opções como prioritárias.

Outro aspecto interessante que quisemos avaliar foi **a questão da virgindade**. Foi na nossa geração, a famosa geração de 68, que o fato de uma mulher ter ou não experiência sexual pré-conjugal começou a deixar de ser um fator determinante de julgamento de conduta moral. Mas foi um processo complicado, e muitos homens tiveram sérias dificuldades em aceitar essa modificação do perfil feminino. Alguns, inclusive, não aceitaram mesmo. Foi muito difícil — até para muitas mulheres — parar de julgar ou dividir as moças em *fáceis* ou *de família*, segundo o tipo de comportamento que elas tivessem. Bastava uma ser um pouquinho mais namoradeira para ficar falada ou malvista. Ainda era muito grande o número de rapazes que separavam as moças em dois grupos (seus próprios pais o faziam) — as que eram para casar e as que eram para se divertir. Assim, o que a nossa geração propôs, numa tentativa de igualar as prerrogativas dos dois sexos, foi uma verdadeira revolução de costumes, que provocou grandes resistências por um lado e entusiasmadas adesões de outro.

E hoje, como se comportam os jovens a respeito? Terão eles caminhado, progredido na direção criada por seus pais? Ou teria havido um retrocesso?

A questão levantada está no quadro que se segue, que foi, obviamente, dirigida apenas aos rapazes que participaram do estudo:

QUADRO 67
Se fosse casar, daria preferência a uma moça virgem?
(em %)

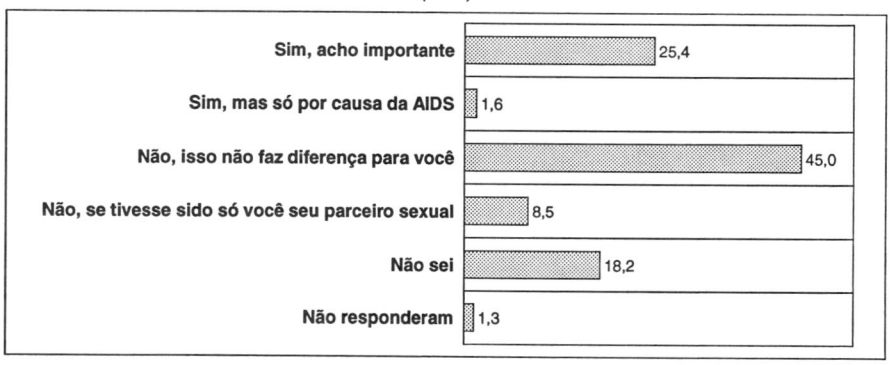

Sim, acho importante	25,4
Sim, mas só por causa da AIDS	1,6
Não, isso não faz diferença para você	45,0
Não, se tivesse sido só você seu parceiro sexual	8,5
Não sei	18,2
Não responderam	1,3

Que as coisas progrediram muito não há dúvida. Afinal, 45% (quase metade) dos rapazes consideram a virgindade um aspecto irrelevante quando se trata de escolher a esposa. Esse tema — virgindade —, fizemos questão de comparar entre as cinco classes sociais, entre os jovens que trabalham e os que não trabalham e também entre os que moram nas capitais e no interior, **em nenhum desses casos a comparação mostrou diferença significativa.** Ou seja, independentemente de estar ou não no mercado de trabalho, de ter mais ou menos dinheiro e de morar em locais considerados *menos avançados*, a virgindade mostrou-se um valor em queda acentuada entre os jovens.

Entretanto, é importante notar que 25,4% (um quarto do total, portanto) ainda consideram a virgindade um fator importante para o casamento.

Muitas pessoas afirmam que a volta à monogamia, ao casamento e à fidelidade que está ocorrendo nos dias atuais está diretamente ligada ao surgimento da AIDS. Nossa pesquisa mostrou que isso não parece ser verdade — **apenas 1,6% dos jovens coloca a virgindade como um fator de proteção contra a AIDS** (ver opção 2, Quadro 67).

Também é bastante expressivo o número dos que ainda não se definiram a respeito — 18,2%. Uma parte deles, realmente, é muito jovem ainda para adotar uma posição definitiva num assunto tão complexo.

PARA VIVER UM GRANDE AMOR...

O quadro que se segue teve como objetivo verificar como o jovem encara a relação afetiva, ou seja, quais os aspectos que considera mais importantes para uma relação ter sucesso, *dar certo*:

QUADRO 68
Para um grande amor dar certo você acha MAIS importante (*marque apenas uma*):
(em %)

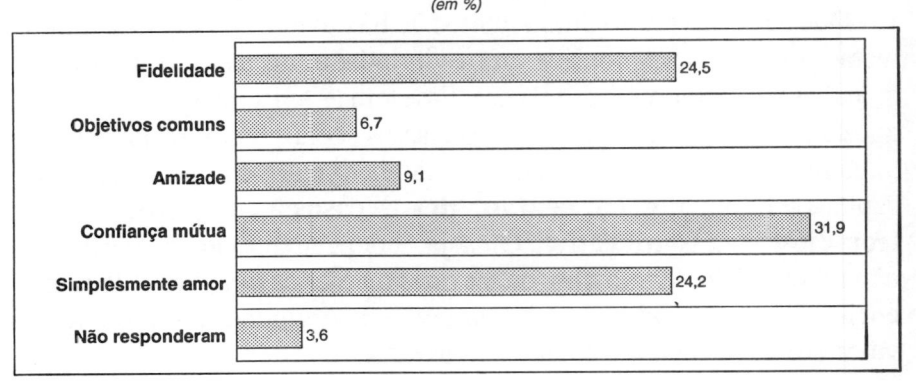

O item mais importante para um grande amor dar certo foi, em primeiro lugar, a **confiança mútua** (31,9%), seguido da **fidelidade** (24,5%), e esta praticamente empatada com **simplesmente amor** (24,2%).

O jovem brasileiro mostrou, neste aspecto, uma grande maturidade, porque, sem dúvida, a confiança entre as pessoas é a base de uma relação estável e duradoura. Por outro lado, demonstrou, ao lado desse precoce e louvável realismo, também um desejo de preservar a relação (fidelidade) e um bem nítido romantismo (simplesmente amor). Acreditar que *simplesmente amor* é suficiente para uma relação afetiva dar certo denota, sem sombra de dúvida, uma visão romântica e idealista das inter-relações pessoais. Acho muito importante, saudável e positivo que os jovens continuem a sonhar, a desejar encontrar a sua *cara-metade*, alguém com quem dividir todas as coisas, a vida, os sonhos, os desejos, os pensamentos. Afinal, se nem nesta idade as pessoas acreditarem no amor, na felicidade, na possibilidade de encontrar o *príncipe encantado* ou a *bela adormecida*, quando então? Além do mais, fala-se tanto do crescente descompromisso entre as pessoas, do fechamento, do isolamento... É muito positivo, portanto, verificar que, pelo menos da parte dos jovens, o sonho não acabou...

Na comparação dos resultados entre adolescentes das capitais e de cidades do interior é interessante observar que houve diferença significativa em dois aspectos — dos jovens das capitais, 28,6% optaram pela alternativa *simplesmente amor*, enquanto os do interior apenas 18,3% fizeram essa escolha. Em relação à *confiança mútua* nas capitais, foram apenas 30,9% que fizeram esta opção como a mais importante para o amor dar certo. Nesse aspecto, os jovens do interior somaram 37,3%.

Em resumo, *simplesmente amor* é fator mais importante para os jovens das grandes cidades para um grande amor dar certo, enquanto a *confiança mútua* é preponderante para os do interior.

A interpretação dessa diferença é difícil, mas pode estar relacionada ao fato de talvez os jovens do interior terem feito uma inter-relação entre confiança mútua e fidelidade. Mas é apenas uma suposição. Na verdade, o que queríamos avaliar era o grau de idealismo dos jovens em relação ao amor. E, se considerarmos friamente os números encontrados, teríamos que afirmar que os jovens das grandes cidades são mais idealistas em relação ao amor do que os do interior.

QUADRO 69
Para você, paixão e amor são:
(em %)

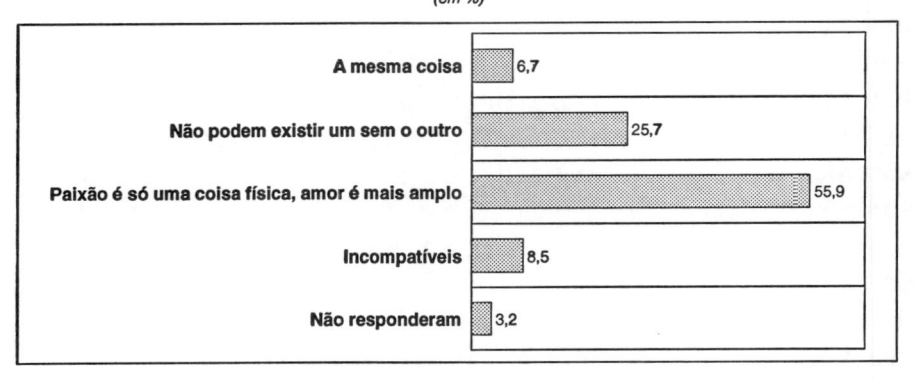

A mesma coisa	6,7
Não podem existir um sem o outro	25,7
Paixão é só uma coisa física, amor é mais amplo	55,9
Incompatíveis	8,5
Não responderam	3,2

Desse ponto de vista também, os jovens demonstraram equilíbrio e sensibilidade ao diferenciarem, com bastante propriedade e maturidade, amor e paixão. Mais da metade (55,9%) mostrou compreender que a combustão fantástica e emocionante dos primeiros momentos de uma relação não dura para sempre, colocando o amor num plano mais complexo e amplo. Isso nos dá a dimensão da possibilidade de muitos e muitos encontros e uniões na nova geração virem a se concretizar de forma mais duradoura e verdadeira, já que não se revestem de demasiadas ilusões.

Finalmente, a última questão relacionada à felicidade pessoal nos revelou um adolescente romântico, pleno de sonhos e de amor.

Quem andou por aí dizendo que "no nosso tempo" era assim, era assado, que hoje ninguém quer nada, que está tudo pior está falando sem base... É mero saudosismo da juventude que perdeu. A grande prova está aí. No Quadro 70, **55,5% dos jovens continuam colocando o amor como base para a felicidade.** Encontrar alguém, amar e ser amado — esta a grande meta de mais da metade dos nossos jovens.

QUADRO 70
O que você considera que MAIS PRECISA para ser feliz (marque apenas uma, a mais importante):
(em %)

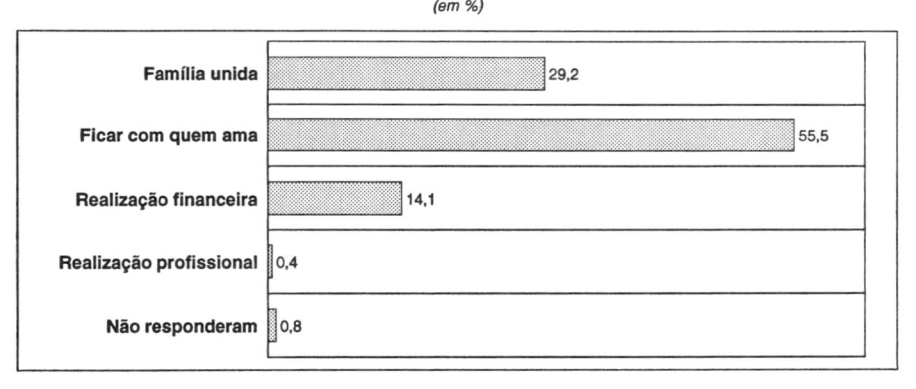

Em segundo lugar, e aí fica bem claro o quanto ela é fundamental — com quase 30% —, a família unida. Logicamente, pelas colocações vistas acima, ao lado de quem se ama... Tem coisa melhor e mais bonita para o bem-estar do homem?

As outras opções também trouxeram contribuições surpreendentes — **o nosso adolescente é bem pragmático**: a realização financeira ganhou de longe da realização profissional (14,1% contra 0,4%). O que significa que, para eles, ter uma remuneração boa, que lhes garanta a independência, é mais importante do que trabalhar no que gosta, fazendo o que gosta. Ou seja, os dados indicam que, possivelmente, se tiverem que escolher entre a profissão dos sonhos e uma outra que lhes ofereça maiores chances de sucesso financeiro, muitos optariam pela segunda.

RECADO DOS JOVENS SOBRE FELICIDADE

Felicidade para nós é, primeiramente, ficar com a pessoa que amamos; em segundo lugar, construir ou pertencer a uma família que se entenda bem e viva harmoniosamente, e, em terceiro, ter um trabalho que remunere bem. Só assim poderemos nos dizer realizados.

Capítulo 15

Na Atitude dos Pais, a Construção do Cidadão do Futuro

Uma das coisas mais difíceis para os pais é entender e aceitar o processo de crescimento e independentização dos filhos. Às vezes, teoricamente se pensa que está aceitando tudo muito bem (achando-se até orgulhoso do crescimento deles), mas aí, de repente, sua filha — linda, meiga, tão carinhosa — chega em casa com um rapaz desconhecido, de aparência nem sempre impecável, com aquelas calças *jeans* rasgadas, um tênis imundo, todo devagar, falando muita gíria... e que, além disso tudo, ainda lhe dá a maior *esnobada*... Nessas horas, os pais enlouquecem (o pai mais ainda, que não criou uma moça tão educada e fina para entregar a um estranho, o primeiro que aparece...) Ou então é o seu filho, aquele menino que agora é dois palmos mais alto que você, cheio de músculos, voz grossa, barba, mas que você continua vendo como *o seu menino*, que chega com uma mocinha — tão *insignificantezinha* para aquela maravilha de homem em que se transformou o seu filho! — e assim, sem nem avisar ou pedir licença, vão entrando, aos beijos, quase nem falam com você, parece que, subitamente, você se tornou transparente, invisível mesmo — se trancam no quarto... Meu Deus! Aí é a mãe que fica desesperada pensando, *tão cedo, será que vão querer casar? Será que eles já estão transando? Mil elucubrações, receios, ciúmes, apreensões...*

Ou então eles resolvem escolher uma profissão que você considera absurda — ser detetive, por exemplo... Ou parar de estudar e ir trabalhar numa butique, ou cantar numa boate... E você oferecendo curso superior, pós-graduação, tudo...

Ou você fica sabendo que sua filha está namorando um homem casado... Ou um que podia ser pai dela. E quando é o filho que lhe aparece com uma mulher mais velha? Com filhos da idade dos seus... Tudo que você sempre temeu para seus filhos em termos afetivos, profissionais ou sociais pode realmente acontecer... Isso sem falar de decisões que podem afetar sua vida e a da família como um todo — drogas, alcoolismo, AIDS...

Como entender e, principalmente, respeitar as escolhas dos filhos?

Com relação à parte afetiva, antes de mais nada, compreendendo que na adolescência há uma primeira fase de encontros e namoricos em que ficam juntos, em geral por pouco tempo. Há uma troca constante de pares. Portanto, nada de cenas e desespero antes da hora... Há uma necessidade, uma fome de viver, de conhecer, de colocar na prática o que eles já viram tantas e tantas vezes no cinema, na TV, nas conversas com os amigos. Experimentar o sexo, reafirmar sua condição de macho ou de fêmea são necessidades muito presentes nesta fase. Depois, mais adiante, já com dezoito, vinte anos, surge uma outra tendência — a do namoro firme. Um rapaz e uma moça, nesta fase, costumam ter relações estáveis, que duram vários meses ou mesmo mais de um ano, em que, em geral, praticam sexo, aprofundam o conhecimento mútuo e treinam a difícil arte da convivência. É uma fase de maior estabilidade emocional, de relacionamentos mais profundos. Ambas são caminhadas normais em direção à maturidade psicoafetiva e sexual.

Desde que os filhos não estejam fazendo nada de grave, nem de ilegal ou realmente prejudicial, o que os pais precisam fazer é **apenas entender que os filhos cresceram**. E que, daí por diante, a nossa influência irá sendo, cada vez, decididamente menor. E é justo que assim seja. Temos que fazer um esforço e *cortar o NOSSO cordão* *umbilical...* Não são apenas os nossos filhos que necessitam independentizar-se, somos nós também que temos que compreender e viver essa nova realidade, esse novo momento.

Entender e aceitá-los como pessoas diferenciadas, por vezes completamente diferentes de nós em suas escolhas afetivas, profissionais, pessoais, ideológicas — este é o verdadeiro desafio dos pais: perceber seus filhos como seres humanos únicos, que independem de você, que não precisam mais de você para muitas das coisas que antes necessitavam e que, a cada dia, precisarão menos. Encarar essa realidade e descobrir nessa caminhada uma nova fonte de realização é, para muitos pais, extremamente difícil e doloroso. Alguns nunca o conseguem e passam o resto da vida agindo como se os filhos fossem crianças dependentes e incapazes de gerir seu destino. Outros, aos poucos, num esforço racional e consciente, vão conseguindo viver a nova fase. E, quando isso acontece, é tão bom, tão rico... De repente, você está ao lado de um adulto, de um amigo, de um igual. Alguém com quem se pode conversar, trocar idéias, às vezes até se aconselhar. É um salto gigantesco e maravilhoso. Mas depende de esforço, de vontade e de sabedoria. E de saber esperar...

Se não gostamos da namorada ou do namorado — a menos que haja realmente algum grave defeito de caráter ou problemas pessoais sérios —, podemos agir de duas formas. Se há clima e hábito de diálogo, poderemos externar nossa opinião — desde que FUNDAMENTADA em algo concreto, real, e não em nossos ciúmes, é claro. A outra forma é dar tempo ao tempo. Às vezes, é apenas um encontro que pode acabar em um mês. Uma carga contrária muito forte pode apenas alongar o namorico, já que, como vimos, a auto-afirmação é uma das grandes características da adolescência.

Se é a escolha profissional que não aprovamos, conversemos, discutamos os prós e os contras, mas sempre tendo em mente que a decisão final sobre namoro, profissão e outras deve caber única e exclusivamente ao próprio. É a vida deles que está em jogo. E não podemos e não devemos vivê-la por eles. Como não permitimos que os nossos pais fizessem opções e vivessem por nós...

Se são as companhias que nos preocupam, o caminho é o mesmo — conversar, conversar, conversar...

Mesmo se estivermos certos de que eles estão *fazendo bobagem,* não adianta impor ou querer fazer prevalecer a nossa idéia pela força. O que deve e pode acontecer é a conversa, o *papo* amigo, fundamentado, sincero. Uma, duas, dez vezes, tantas quantas se fizerem necessárias. E, de preferência e se possível, de forma calma.

Quanto mais tivermos plantado, provavelmente melhores frutos colheremos e menos preocupações teremos. É claro, como já afirmei anteriormente, nunca se pode ter certeza absoluta dos resultados de um trabalho com o ser humano, já que são vários os fatores intervenientes na formação da complexa trama que é a personalidade de cada um. Mas, seguramente, se tivermos desenvolvido sólidos conceitos de, por exemplo, lealdade, dignidade, honradez, honestidade, produtividade, cooperação, respeito ao outro e a si mesmo, nossas chances de termos problemas com eles diminuirão muitíssimo.

Se, ao contrário, na infância e na adolescência tivermos deixado as coisas correrem muito frouxas, sem diretrizes educacionais, sem desenvolver a consciência do quanto é necessário e imprescindível ter metas na vida — estudo, trabalho e contribuição social entre outros —, se os tivermos criado como *senhores do mundo*, pessoas acostumadas a somente usufruir daquilo que os pais produziram, incentivando o individualismo e o consumismo apenas, então poderemos ter sérios problemas a enfrentar. Fastio, tédio, incivilidade, falta de motivação para o estudo e o trabalho, egoísmo, egocentrismo, falta de sensibilidade e empatia com relação aos mais velhos e a todos os demais são apenas alguns dos mais simples problemas que poderemos ter que enfrentar — nós e, principalmente, eles próprios. Sem falar em outros mais graves como delinqüência, drogas, marginalidade.

Mas se, ao contrário, nossos filhos, seguindo nosso exemplo e em função do trabalho desenvolvido ao longo de anos e anos de persistência, carinho, atenção e amor, se tiverem transformado em verdadeiros cidadãos, cônscios da necessidade de produzirem, trabalharem, contribuírem, se tivermos tido a capacidade de transmitir-lhes o desejo de vencer na vida através de seu esforço pessoal, do trabalho e da sua capacidade (mesmo que os ajudemos um pouco no início, evidentemente), então, sem dúvida, teremos cumprido a nossa função. **Uma função social ímpar, sem equivalente em nenhuma outra tarefa ou profissão — educar as novas gerações para o futuro, para a vida e para a democracia.**

ANEXOS

Anexo 1

Objetivos do Estudo
e Nota Metodológica

Uma série de conceitos predeterminados é atribuída aos adolescentes. Diz-se das novas gerações que se sentem inseguras, que são irreverentes e questionadoras, que o grupo é mais importante que a família, que transam muito, que são promíscuas, que não pensam, não lêem, não desejam participar nem contribuir socialmente, e que são voltadas para um pragmatismo e um consumismo exagerados. Que sexualmente começam muito mais cedo do que as gerações passadas, que se iniciam com os amigos ou amigas, que usam drogas mas fumam pouco, que a aparência física é o que mais importa, que *ficam com*, que não estudam ou estudam o mínimo possível, não se interessam por política nem por desenvolver um projeto social etc. etc. etc.

Expressões são cunhadas para designar a fase: aborrecente é uma que vem virando moda.

Mas como será que o próprio adolescente se percebe?

Hipóteses e mais hipóteses são levantadas, teses são defendidas por especialistas de diversas áreas. Mas o que será que realmente se passa na cabeça e no coração deles próprios?

A melhor maneira de responder a isso, pareceu-me, seria perguntando a eles mesmos. Tendo em vista o tanto que se diz, acreditei ser importante investigar de forma sistemática quem é realmente o jovem de hoje. E, para isso, nada melhor do que ouvi-lo diretamente, sem intermediários e sem idéias preconcebidas.

Nosso objetivo era, portanto:

a) levantar dados suficientes para permitir traçar um perfil do adolescente brasileiro, estudante e estudante/trabalhador, calcado em dados de realidade, em estudo de campo;

b) incluir no estudo também o perfil do adolescente das camadas populares, considerando que a maioria dos estudos existentes exclui estes grupos;

c) comparar os dados coletados a fim de verificar a configuração nas diversas camadas sociais da população e, caso existam, quais as diferenças essenciais entre umas e outras.

d) estudar o pensamento dos jovens acerca dos seguintes itens:

- estudos;
- escola;
- vida profissional;
- família;
- sexo;
- lazer;
- conhecimento sobre AIDS;
- drogas;
- política;
- religião.

Para tal fim, construímos e validamos um instrumento de aplicação individual, no qual os tópicos acima puderam ser investigados. A metodologia utilizada foi a da *pesquisa quantitativa do tipo survey,* que consiste na aplicação de questionários estruturados e padronizados a uma amostra representativa do universo a ser investigado. A aplicação se deu após a validação interna e externa do instrumento (validação individual, em pequeno grupo, e em grande grupo, e validação por especialista).

Esse tipo de estudo de campo permite a construção de tabelas de distribuição de freqüência simples, bem como o cruzamento de variáveis e outros procedimentos estatísticos. No total foram 104 respostas, grupadas em oito seções, nos 84 itens de cada questionário.

A construção, validação e aplicação do questionário, bem como o tratamento estatístico dos dados, foram feitas de março de 1994 a março de 1995. A análise dos resultados foi realizada no período de abril a junho de 1995, quando iniciamos a fase de escrever, analisar e comentar os resultados encontrados.

Foram aplicados 943 questionários a adolescentes na faixa etária entre quatorze e dezoito anos, em sete capitais (Belém, Brasília, Fortaleza, Belo Horizonte, Curitiba, Rio de Janeiro, São Paulo — representando cada uma das regiões brasileiras) e nove cidades do interior (Carius, Jucás, Coronel Fabriciano, Ipatinga, Divinópolis, Juiz de Fora, Viçosa, Santa Cruz do Sul e Itu). Participaram os adolescentes que demonstraram interesse espontâneo em responder as questões, preservada a identidade de cada um para permitir maior fidedignidade ao estudo.

Os dados obtidos foram tratados estatisticamente calculando-se a freqüência, o percentual, o percentual de respostas válidas e o percentual acumulado. Foram ainda feitos os cálculos das médias, medianas e desvio-padrão de cada uma das questões respondidas no instrumento. O cruzamento das variáveis foi feito utilizando-se o cálculo do qui-quadrado, que tem como objetivo verificar se um determinado resultado ocorreu por acaso ou não, bem como a medida em que dois ou mais atributos ou variáveis estão relacionados e em que nível de significância. Utilizamos o nível de significância $p > 0,05$ (o que significa possibilidade de erro de 5 em cada 100 casos). Dado o tamanho da amostra estudada, é possível, segundo as normas da pesquisa em área humana, fazer generalizações para todo o universo visado — O ADOLESCENTE BRASILEIRO ESTUDANTE E/OU TRABA-LHADOR.

Anexo 2

Instrumento de Pesquisa

Este questionário faz parte de uma pesquisa sobre o que faz, o que pensa e como vive o adolescente brasileiro. Todos os dados serão utilizados de forma estritamente confidencial. Portanto, não é preciso assinar nem se identificar de forma alguma. O resultado será mais ou menos **VERDADEIRO** de acordo com o grau de sinceridade que cada um utilizar ao respondê-lo. Por isso, não deixe nenhuma questão sem resposta e reflita bem antes de responder. **FAÇA UMA REVISÃO AO TERMINAR. AO FINAL, DOBRE-O AO MEIO E GRAMPEIE, PARA GARANTIR SEU ANONIMATO**. Desde já agradecemos sua valiosa colaboração. Muito grata,

Profª Tania Zagury

Faça um "X" no parêntese que corresponde à sua resposta em cada item:

Escolha sempre apenas UM ITEM, aquele que mais se aproxime do seu modo de pensar e sentir, a não ser que a questão permita expressamente a escolha de mais de uma opção.

Seção I

DADOS GERAIS

1. Sexo
   ( ) masculino
   ( ) feminino

2. Idade
   ( ) 14 anos
   ( ) 15 anos
   ( ) 16 anos
   ( ) 17 anos
   ( ) 18 anos

3. Cor
   ( ) branca
   ( ) negra
   ( ) mestiça
   ( ) amarela

4. Nº de irmãos
   ( ) não tem
   ( ) um
   ( ) dois
   ( ) três
   ( ) mais de 3

5. Seus pais são
   ( ) casados
   ( ) separados
   ( ) solteiros
   ( ) viúvo/a
   ( ) não tem

6. Vive com
   ( ) seus pais
   ( ) a mãe
   ( ) o pai
   ( ) outra pessoa. Quem? _____

7. Cidade e estado em que reside _____

8. Trabalha?
   ( ) sim
   ( ) não

9. Nível de escolaridade *(marcar apenas o mais alto)*
   ( ) 1º grau incompleto
   ( ) 1º grau completo
   ( ) 2º grau incompleto
   ( ) 2º grau completo
   ( ) 3º grau incompleto
   ( ) 3º grau completo

10. Nível sócio-econômico da família:

Mora em casa própria?
   ( ) sim
   ( ) não

A família possui outro/s imóvel/is?
   ( ) sim
   ( ) não

Tem carro?
   ( ) sim
   ( ) não

Tem aparelho de som?
( ) sim
( ) não

Tem máquina de lavar roupas?
( ) sim
( ) não

Nº de quartos da sua casa
( ) um
( ) dois
( ) três
( ) quatro ou mais

Nº de TVs em casa
( ) zero
( ) uma
( ) duas
( ) três ou mais

Já viajou para o exterior?
( ) sim
( ) não

Empregados da casa, inclusive faxineiras
( ) zero
( ) um
( ) dois
( ) três ou mais

A renda mensal **da família** é de **aproximadamente:**
( ) até 3 salários mínimos
( ) mais de 3 até 6 salários mínimos
( ) mais de 6 até 10 salários mínimos
( ) mais de 10 até 25 salários mínimos
( ) mais de 25 salários mínimos

Seção II

DADOS SOBRE OS ESTUDOS

11. Atualmente estuda na:
( ) rede pública
( ) rede particular
( ) não estuda

12. Se respondeu "rede pública" na questão anterior, responda *(caso contrário, passe para a questão 13)*:

Alguma vez já estudou em colégio particular?
( ) sim
( ) não

13. Já **repetiu** de ano alguma vez?
( ) sim, somente uma vez
( ) sim, mais de uma vez
( ) não, nunca

14. **Se você estuda**, estuda porque:
( ) acha importante para a sua vida
( ) seus pais obrigam
( ) muitos dos seus amigos estudam
( ) nunca pensou no assunto

15. **Se você não estuda**, não estuda porque:
( ) preferiu trabalhar
( ) tinha que estudar e trabalhar junto
( ) simplesmente quis parar e hoje não estuda nem trabalha
( ) repetiu de ano, uma ou mais vezes

16. Em geral, você considera que **o que aprende na escola:**
    ( ) é completamente desnecessário e sem utilidade para a sua vida profissional
    ( ) em sua maioria é pouco importante
    ( ) tem coisas úteis e inúteis em número equilibrado
    ( ) tem tudo a ver com o que você necessita para sua vida profissional

17. Com **relação aos professores** que teve até hoje, você acha que:
    ( ) a maioria explicava mal e tinha pouco conhecimento sobre a matéria
    ( ) muitos sabiam a matéria, mas ensinavam mal
    ( ) muitos eram excelentes em tudo, e outros, em igual número, muito ruins
    ( ) a maioria tinha bom conteúdo e ensinava bem
    ( ) todos sabiam ensinar bem e conheciam a matéria ensinada

18. Na **escola** você:
    ( ) "mata aula" sempre que pode e se assiste quase não presta atenção
    ( ) só "mata aula" quando o professor é ruim ou o assunto não interessa
    ( ) não "mata aula" mas em geral não presta atenção
    ( ) só "mata aula" quando sabe que a escola não pune
    ( ) não "mata aula" nunca e em geral presta atenção

19. Na **escola** você:
    ( ) nunca teve nenhum professor como "modelo" profissional e/ou pessoal
    ( ) teve poucos professores como "modelo" profissional e/ou pessoal
    ( ) teve muitos professores como "modelo" profissional e/ou pessoal
    ( ) não costuma ter modelos de modo geral

20. Em termos de **avaliação na escola**, você se sente ou sentiu:
( ) mal avaliado e injustiçado todo o tempo
( ) muitas vezes foi mal avaliado e injustiçado
( ) algumas vezes foi mal avaliado e injustiçado
( ) sempre foi avaliado de forma justa

21. Se você fosse convidado a **reformar o currículo** e **a forma de ensinar** de sua escola:
( ) não teria nada a propor, porque acha que está OK assim
( ) teria algumas propostas já prontas a apresentar
( ) teria muitas propostas já prontas a apresentar
( ) teria propostas a fazer, mas teria que defini-las antes
( ) acha que mudaria tudo, mas não sabe ainda o que faria

22. Durante **suas provas** você:
( ) só responde o que sabe, não "cola" nunca
( ) tenta não "colar", mas, às vezes, quando não sabe, "cola"
( ) "cola" sistematicamente sempre que pode
( ) prepara previamente as "colas", não sai de casa sem elas

23. A sua opinião sobre o **Serviço de Orientação Educacional** é de que:
( ) funciona bem, ajudando a resolver os problemas entre alunos e escola
( ) funciona apenas em algumas poucas situações
( ) serve apenas para fazer o aluno pensar que existe espaço para suas colocações
( ) não serve para nada, se acabasse não faria falta

Seção III

VIDA PROFISSIONAL

24. Já escolheu uma profissão?
( ) sim
( ) não

25. **O mais importante** para você em termos profissionais é ter um trabalho que:
( ) não exija muito e pague muito bem
( ) pague muito bem, mesmo que tenha que trabalhar muito
( ) lhe permita realizar-se
( ) o faça sentir-se útil à comunidade

Caso tenha respondido "não" à questão 24, pule para a 29:

26. O que influenciou sua escolha profissional? (*Marque apenas uma, a que mais influenciou*):
( ) é o meu ideal de trabalho
( ) existe mercado de trabalho favorável
( ) é o trabalho de meu pai ou mãe
( ) é uma profissão que dá dinheiro
( ) através dela, penso dar minha contribuição ao meu país

27. O que **mais o preocupa** com relação à profissão escolhida?
( ) não se preocupa
( ) não conseguir sustentar-se através dela
( ) não permitir conciliar com o lazer
( ) não me realizar profissionalmente

28. Na sua escolha profissional, a pessoa que **mais o influenciou** foi.
( ) sua mãe
( ) seu pai
( ) o pai e a mãe
( ) amigos

( ) algum professor
( ) ninguém
( ) outra pessoa. Quem? _____

Seção IV

LAZER

29. Na maior parte das vezes, como você gasta **seu tempo livre** (*pode marcar mais de uma*)?
( ) praticando esportes
( ) lendo
( ) vendo TV
( ) ouvindo música
( ) freqüentando cinemas e/ou teatros
( ) indo a barezinhos e/ou restaurantes
( ) "batendo papo" com amigos na rua, na sua casa ou na deles
( ) outra opção. Qual?_____

30. O que você **lê mais** :
( ) revistas tipo *Veja, IstoÉ* etc.
( ) jornal
( ) livros
( ) quadrinhos
( ) não lê

31. Em geral, você faz **programas com sua família** (pais e irmãos)?
( ) nunca, não gosta
( ) só quando seus pais obrigam
( ) só em ocasiões como casamentos, batizados etc.
( ) algumas vezes sai espontaneamente com eles
( ) freqüentemente saem juntos e você acha bom

32. **Entre amigos,** o assunto **mais** comum é:
( ) garotas, garotos (sexo, namoro)
( ) política em geral

( ) situação do Brasil
( ) problemas com a família
( ) amenidades ("fofocas", "besteirol", TV, cinema...)

33. Utiliza ou utilizou algum **tipo de droga** e com que freqüência? (*não deixe nenhum item sem resposta*)

Maconha
( ) nunca
( ) às vezes
( ) freqüentemente

Cocaína
( ) nunca
( ) às vezes
( ) freqüentemente

Crack
( ) nunca
( ) às vezes
( ) freqüentemente

Heroína
( ) nunca
( ) às vezes
( ) freqüentemente

Remédios para emagrecer
( ) nunca
( ) às vezes
( ) freqüentemente

Calmantes
( ) nunca
( ) às vezes
( ) freqüentemente

Álcool

( ) nunca
( ) às vezes
( ) freqüentemente

Solventes (cola, éter)

( ) nunca
( ) às vezes
( ) freqüentemente

Se respondeu afirmativamente a um ou mais dos itens da questão 33, responda à 34 e à 35, caso contrário passe para a de número 36:

34. Com que idade começou?

( ) 14 ou menos
( ) 15 anos
( ) 16 anos
( ) 17 anos
( ) 18 anos

35. Ainda utiliza ou parou?

( ) parou
( ) não conseguiu parar
( ) não tentou parar
( ) ainda nem pensou em parar

Seção V

FAMÍLIA

36. Observando sua **família no dia-a-dia**, você:

( ) jura que fará tudo diferente quando tiver a sua própria família
( ) acredita que poderia ser melhor em muita coisa
( ) se conseguir construir o que eles conseguiram, ficará feliz

37. Com relação aos **seus irmãos:**
    ( ) na maior parte do tempo, preferia que eles não existissem
    ( ) às vezes os ama, às vezes odeia
    ( ) se dá razoavelmente bem com eles
    ( ) se dá muito bem com eles, ama-os, são amigos
    ( ) não tem irmãos

38. Considera a **educação** que recebeu de seus pais:
    ( ) muito tradicional, antiquada mesmo
    ( ) tradicional em algumas coisas, moderna em outras
    ( ) muito moderna, liberal, deixam você livre para fazer as coisas
    ( ) contraditória e confusa, deixando-o inseguro em muitas coisas

Caso tenha escolhido o primeiro item na questão anterior, responda esta; caso contrário, vá para a questão 40:

39. Considera a educação que recebeu **tradicional** porque (*pode marcar mais de uma*):
    ( ) a frase que eles mais usam é "o que os outros vão pensar?"
    ( ) morrem de medo de que você "transe", fume maconha, tenha relações homossexuais etc.
    ( ) não conversam com você sobre assuntos como sexo, drogas, problemas da família etc.
    ( ) não há clima para dialogar, eles mandam e acham que você tem que obedecer

Caso tenha escolhido o terceiro item na questão 38, responda esta; caso contrário, passe para a questão 41 (*pode marcar mais de uma opção*):

40. Considera a educação que recebeu **moderna e liberal** porque:
    ( ) pode conversar com seus pais sobre todos os assuntos
    ( ) em sua casa é permitido falar palavrões
    ( ) seus pais têm, eles próprios, um comportamento moderno e livre
    ( ) em sua casa todos têm direitos e deveres

41. Quando precisa de **dinheiro**, em geral dirige-se **primeiramente** a:
( ) seu pai
( ) sua mãe
( ) outra pessoa. Quem? _____

42. Quando precisa **conversar**, está triste, com problemas ou mesmo feliz, dirige-se preferencialmente a:
( ) seu pai
( ) sua mãe
( ) um irmão
( ) um/a amigo/a
( ) outra pessoa. Quem? _____

43. Já fez ou faz **coisas escondidas** da família:
( ) sempre
( ) muitas vezes
( ) raramente
( ) nunca

44. Como são seus pais em relação a **você como pessoa** (seus estudos, seus amigos, no todo enfim)?
( ) têm atitudes controladoras em excesso
( ) são preocupados demais, mas o respeitam
( ) em geral são equilibrados, procuram ouvi-lo
( ) não se preocupam com você

45. Considera **seus pais**, de uma maneira geral:
( ) pessoas completamente inseguras e geralmente injustas
( ) injustas com você, tratam melhor seus irmãos
( ) pessoas razoavelmente equilibradas
( ) equilibrados e justos com todos, na maior parte do tempo

Só responda esta questão se tiver PAIS SEPARADOS.

46. Com relação à separação deles, você:
    ( ) sentiu-se terrivelmente inseguro na época e criou muitos problemas
    ( ) sentiu-se inseguro, mas procurou não criar problemas para eles
    ( ) achou uma coisa natural e aceitou com facilidade
    ( ) até hoje não aceita bem e gostaria de vê-los novamente juntos

Só responda esta questão se for o seu caso (se não vá para a 48):

47. Seu pai ou mãe (ou ambos) separaram-se e constituíram **novas famílias.**
    Com relação a isso, você:
    ( ) odiou e continua odiando essa situação
    ( ) no início resistiu, mas agora se dá bem com o(s) novo(s) companheiro(s) dele(s)
    ( ) aceitou logo de início os novos companheiros de seus pais porque eram pessoas legais
    ( ) aceitou logo, porque acha que cada um decide sua vida, mesmo sendo seus pais.

Responda esta apenas se seus pais não são separados.

48. Você considera **a vida deles como casal:**
    ( ) excelente, entendem-se em todos os níveis
    ( ) boa, embora às vezes briguem
    ( ) moram juntos, mas cada um tem sua própria vida
    ( ) moram juntos, mas se detestam, brigam sempre

49. Você já **apanhou** de seus pais?
    ( ) sim
    ( ) não

50. Hoje em dia eles **ainda lhe batem**?
( ) sim
( ) não

51. Se lhe batem ou bateram, com que **freqüência**?
( ) raramente, só quando você "exagera na dose"
( ) em geral só batem quando estão com problemas eles próprios
( ) batem com freqüência, mas sempre por alguma coisa errada que você tenha feito
( ) batem muito e sempre, tenha você dado motivo ou não

52. Excluindo bater, seus pais costumam aplicar-lhe algum **tipo de castigo**? Qual?
( ) não castigam
( ) costumam cortar a mesada
( ) costumam proibir algum programa
( ) deixam de dar algo que você queria
( ) outra forma. Qual?_____

53. Quando seus pais o **punem**, em geral você:
( ) faz um escândalo, para ver se eles "afrouxam"
( ) tenta refletir sobre o fato que gerou o castigo
( ) acha que na maioria das vezes você mereceu e aceita
( ) acha-os injustos na maioria das vezes
( ) apenas cumpre o "castigo" e não pensa em mais nada
( ) não o punem

54. **Se tivesse filhos**, você, para educá-los:
( ) utilizaria exatamente o modelo de educação que recebeu
( ) faria a maioria das coisas como seus pais têm feito
( ) faria apenas algumas poucas coisas como seus pais têm feito
( ) não faria absolutamente nada igual ao que eles fizeram

55. Costuma ajudar nos **serviços de casa**?
( ) nunca
( ) raramente
( ) freqüentemente
( ) sempre

Seção VI

SEXO

56. Sua **primeira experiência sexual** ocorreu com:
( ) 14 anos ou menos
( ) 15 anos
( ) 16 anos
( ) 17 anos
( ) 18 anos
( ) ainda não ocorreu

Se você ainda não teve experiência sexual (e, portanto, marcou o último item na questão anterior), vá diretamente para a questão 64; caso contrário, responda todas.

57. Sua **primeira experiência sexual** ocorreu com:
( ) um amigo/a
( ) um namorado/a
( ) prostituta/garoto de programa
( ) outra pessoa. Quem? _____

58. Se já tem vida sexual, **seus pais:**
( ) nem desconfiam
( ) sabem, mas fingem que não sabem
( ) sabem, vocês conversam sobre tudo
( ) vocês não conversam sobre isso

59. Na sua vida sexual, você sente-se realizado/a, isto é, **tem prazer:**
( ) sempre
( ) quase sempre
( ) algumas vezes
( ) nunca

60. Em termos de sexo você é:
( ) heterossexual
( ) homossexual
( ) bissexual

Responda esta apenas se for MULHER:

61. Você evita **gravidez** de que forma?
( ) não evita
( ) exige que seu parceiro use camisinha
( ) faz tabela
( ) usa DIU
( ) usa diafragma
( ) usa pílula

Responda esta apenas se for MULHER:

62. Já fez algum **aborto provocado?**
( ) sim
( ) não

Responda esta apenas se for HOMEM:

63. De que forma **evita engravidar** uma garota?
( ) não faz nada, é problema da mulher
( ) usa camisinha
( ) ejacula fora do canal vaginal
( ) exige que ela use pílula

64. Já teve alguma **doença** relacionada ao sexo como monília, trico-monas, sífilis, gonorréia etc?
( ) sim
( ) não
( ) não sabe

65. Já sofreu algum tipo de **violência sexual** (desde carícias não consentidas em partes íntimas até estupro):
( ) não
( ) sim. De que tipo?_____

66. O que você acha de **"ficar com"**:
( ) válido sempre
( ) válido quando não se está namorando
( ) acha falta de respeito, "galinhagem"

67. Você inclui o **casamento** em seus planos de vida?
( ) sim
( ) não está nos meus planos
( ) pode haver casamento ou morar junto, tanto faz
( ) sim, mas só se surgir um grande amor

68. Para um **grande amor** dar certo você acha **MAIS** importante (*marque apenas uma*):
( ) fidelidade
( ) objetivos comuns
( ) amizade
( ) confiança mútua
( ) simplesmente amor

Responda esta somente se for HOMEM:

69. Se fosse casar, daria preferência a uma moça **virgem**?
( ) sim, acho importante
( ) sim, mas só por causa da AIDS
( ) não, isso não faz diferença para você

( ) não, se tivesse sido só você seu parceiro sexual

( ) não sei

70. A **AIDS** é uma doença que se transmite através de (*pode marcar mais de uma opção*):

( ) sexo anal

( ) relações homossexuais

( ) sexo oral

( ) transfusão de sangue

( ) uso de agulhas contaminadas

( ) relações heterossexuais

( ) contato sangue/sangue

71. Com relação à **AIDS**, você:

( ) não se preocupa, porque só tem relações com pessoas conhecidas, "seguras"

( ) só transa usando, ou se o parceiro utilizar, camisinha

( ) não se preocupa porque não está no grupo de risco

( ) acha que há muito exagero em relação a isso

( ) ainda não transa

72. Para você, **paixão e amor** são:

( ) a mesma coisa

( ) não podem existir um sem o outro

( ) paixão é só uma coisa física, amor é mais amplo

( ) incompatíveis

73. Acha o **homossexualismo:**

( ) uma escolha sexual como outra qualquer

( ) um distúrbio psicológico

( ) uma evolução da sociedade moderna

( ) uma coisa errada, absurda

Seção VII

RELIGIÃO

74. Você tem **religião?**
( ) não
( ) sim. Qual? _____

75. Você é **religioso?**
( ) muito
( ) um pouco
( ) muito pouco
( ) nada

76. Você acredita em **Deus**?
( ) sim
( ) não
( ) não sei

77. Acredita em **reencarnação?**
( ) sim
( ) não
( ) não sei

78. Acredita em **fantasmas, gnomos, duendes, alma do outro mundo, fadas** etc.?
( ) sim
( ) não
( ) não sei

Seção VIII

POLÍTICA

79. Costuma acompanhar o que acontece na **política?**
( ) sim   ( ) não

80. A política pela qual **você se interessa** costuma ser:
( ) somente referente ao Brasil
( ) de todo o mundo
( ) não se interessa por política

81. Você se definiria em termos de **posição política** como sendo de:
( ) direita
( ) centro-direita
( ) centro
( ) esquerda
( ) centro-esquerda
( ) não sabe

82. Você se considera uma **pessoa politicamente**:
( ) participante
( ) neutra
( ) desinteressada

83. Os últimos acontecimentos na política brasileira (*impeachment* do Collor, escândalo do orçamento, esquema PC, desvio de verbas públicas, julgamento dos "anões" do Congresso etc.) fizeram com que você:
( ) recuperasse a fé na justiça e no Brasil
( ) visse que, como dizem alguns, o "Brasil não tem jeito"
( ) não alterou a idéia que você tinha do Brasil e dos brasileiros

84. O que você considera que **MAIS precisa** para ser feliz (*marque apenas uma, a mais importante*):
( ) família unida
( ) ficar com quem ama
( ) realização financeira
( ) realização profissional

Anexo 3

Dados Sociométricos da Amostra

Este anexo tem por finalidade apresentar ao leitor os dados so-ciométricos que caracterizaram a amostra utilizada no estudo. Os quadros que se seguem apresentam ao leitor estas informações.

VARIÁVEL 1
Sexo
(em %)

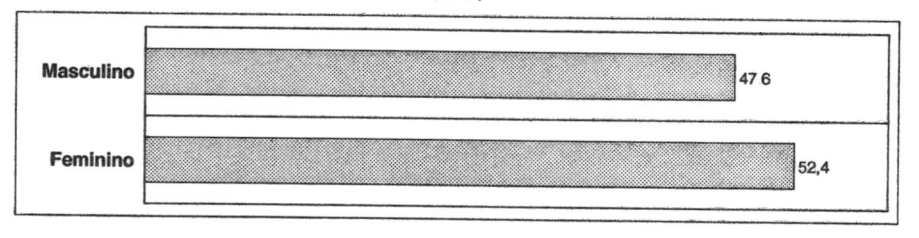

VARIÁVEL 2
Idade
(em %)

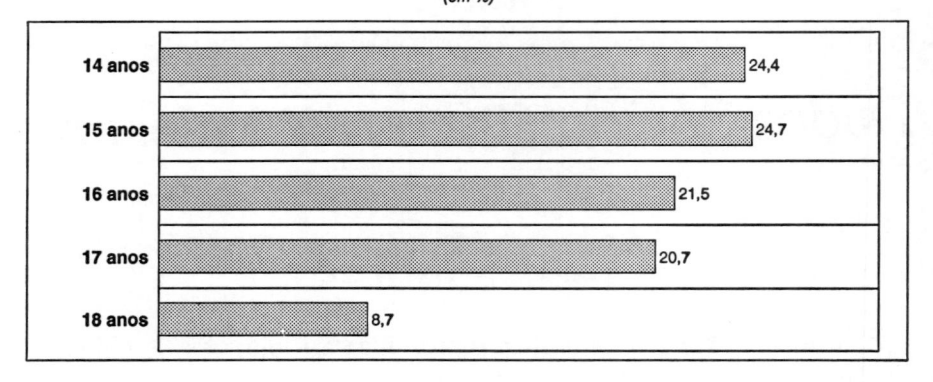

VARIÁVEL 3
Cor
(em %)

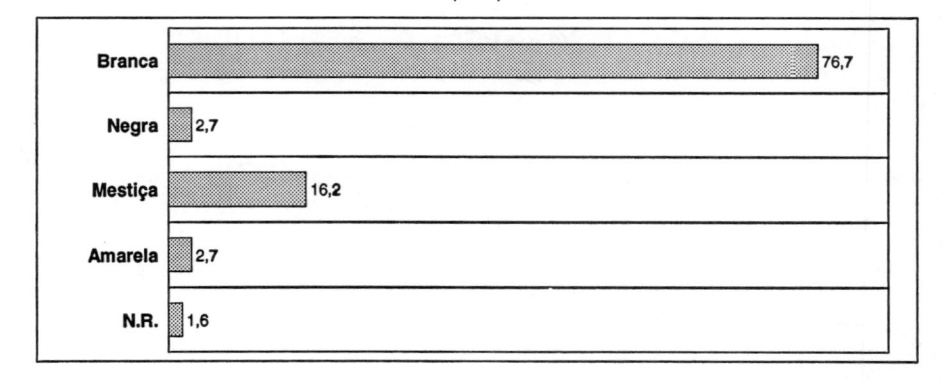

VARIÁVEL 4
Nº de irmãos
(em %)

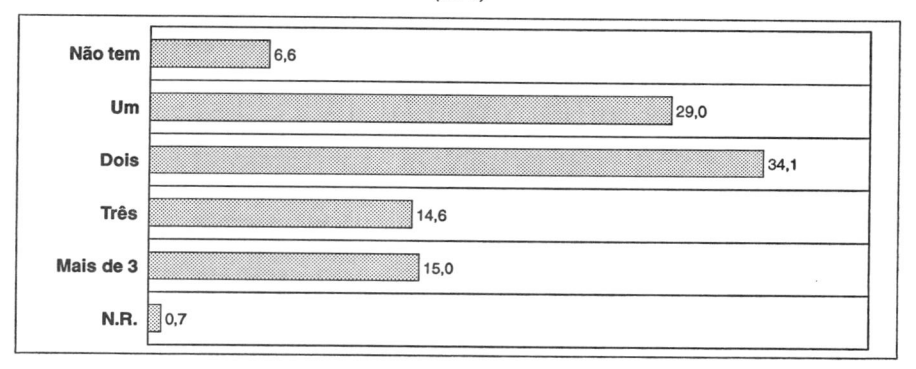

VARIÁVEL 5
Estado civil dos pais
(em %)

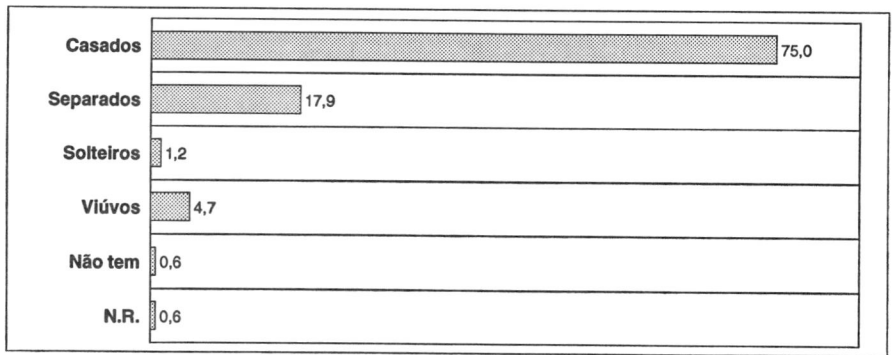

VARIÁVEL 6
Com quem vive
(em %)

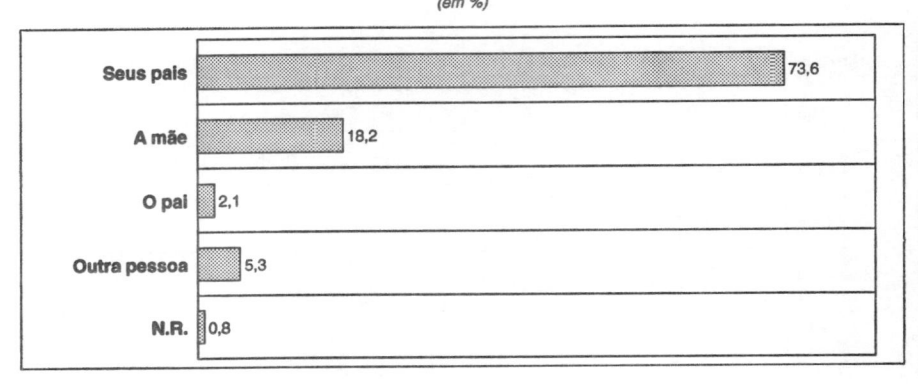

Seus pais	73,6
A mãe	18,2
O pai	2,1
Outra pessoa	5,3
N.R.	0,8

VARIÁVEL 7
Local de residência
(em %)

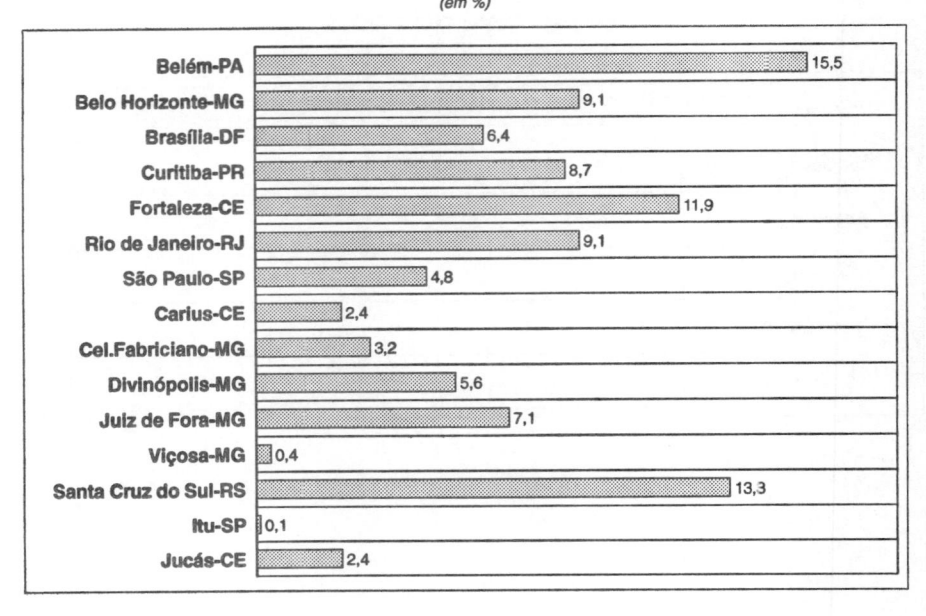

Belém-PA	15,5
Belo Horizonte-MG	9,1
Brasília-DF	6,4
Curitiba-PR	8,7
Fortaleza-CE	11,9
Rio de Janeiro-RJ	9,1
São Paulo-SP	4,8
Carius-CE	2,4
Cel.Fabriciano-MG	3,2
Divinópolis-MG	5,6
Juiz de Fora-MG	7,1
Viçosa-MG	0,4
Santa Cruz do Sul-RS	13,3
Itu-SP	0,1
Jucás-CE	2,4

VARIÁVEL 8
Local de residência
(em %)

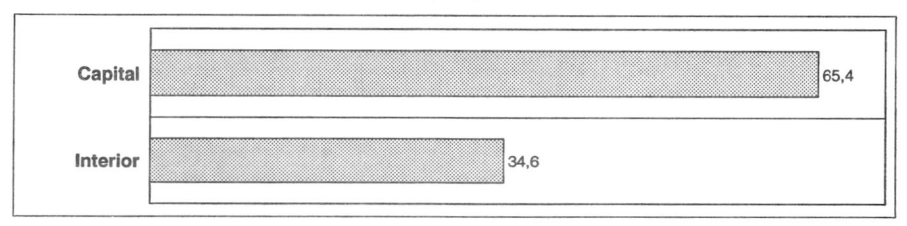

VARIÁVEL 9
Estudante/Trabalhador — trabalha?
(em %)

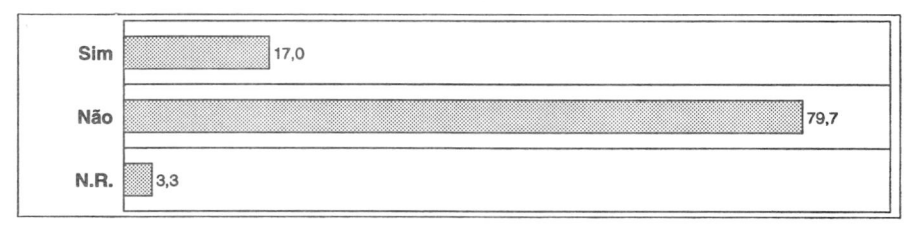

VARIÁVEL 10
Nível de escolaridade
(em %)

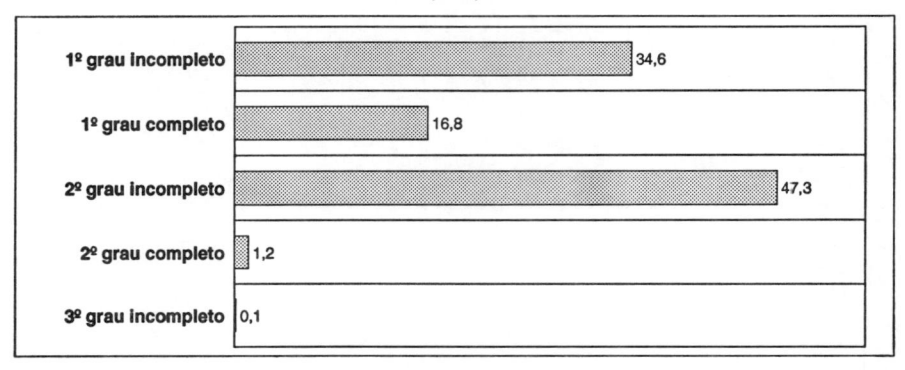

VARIÁVEL 11
Nível sócio-econômico da família
(em %)

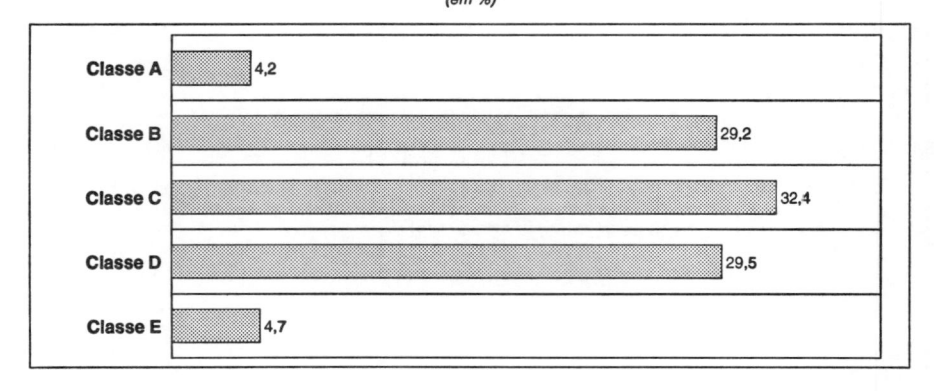

VARIÁVEL 12
Estuda atualmente em escola
(em %)

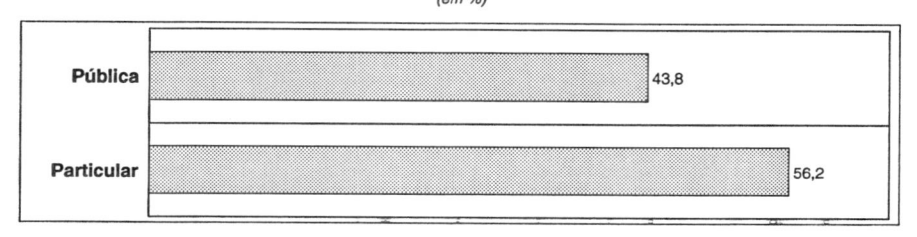

Pública	43,8
Particular	56,2

VARIÁVEL 13
Estudou em colégio particular
(em %)

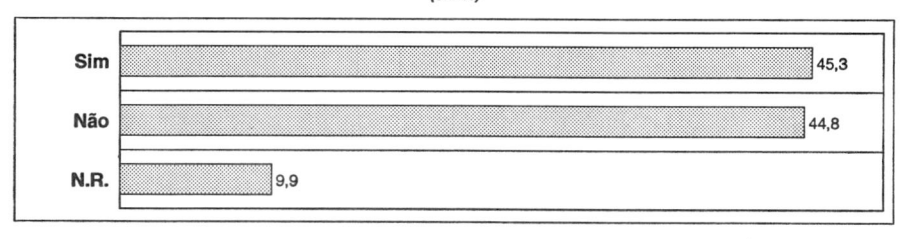

Sim	45,3
Não	44,8
N.R.	9,9

VARIÁVEL 14
Já repetiu de ano
(em %)

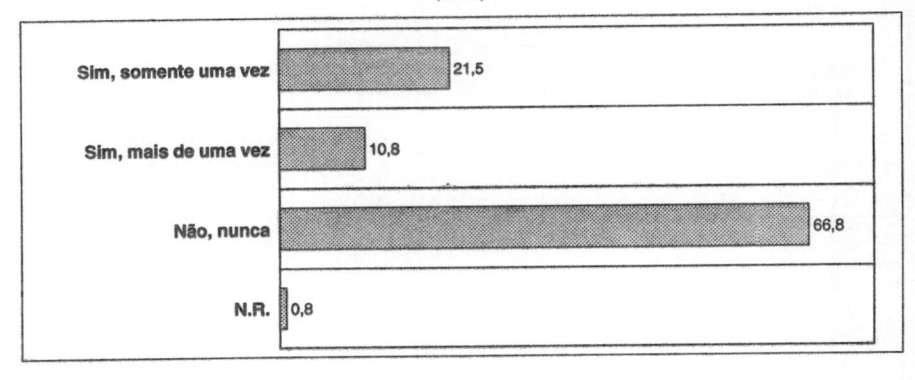

Anexo 4

Referências Bibliográficas

BECKER, DANIEL. *O QUE É ADOLESCÊNCIA*, Brasiliense, SP, 1994.

BUCHER, R. *DROGAS, O QUE É PRECISO SABER PARA PREVENIR*, Governo de São Paulo, SP, 1993.

CAMPOS, D.M.S. *PSICOLOGIA DA ADOLESCÊNCIA*, Vozes, Petrópolis, 1976.

CHAUÍ, M. *REPRESSÃO SEXUAL, ESSA NOSSA (DES)CONHECIDA*. Brasiliense, SP, 1984.

FUNDAÇÃO IBGE, Secretaria de Planejamento e Coordenação da Presidência da República, *CRIANÇAS E ADOLESCENTES, INDICADORES SOCIAIS*, Volumes 1 a 4, RJ, 1989.

SANDSTROM, C.I. *A PSICOLOGIA DA INFÂNCIA E DA ADOLESCÊNCIA*, Zahar, RJ, 1975.

UNICEF, *PACTO PELA INFÂNCIA, EDUCAÇÃO PARA TODOS, O DESAFIO BRASILEIRO*, Brasília, DF, 1994.

UNICEF, *TODOS PELA SAÚDE*, P & LA, Brasília, DF.

UNIVERSIDADE SANTA ÚRSULA, Coordenação de Estudos e Pesquisa, *A MENINA E A ADOLESCENTE NO BRASIL*, Amais Livraria e Editora, RJ, 1994.

ZAGURY, T. *SEM PADECER NO PARAÍSO, EM DEFESA DOS PAIS OU SOBRE A TIRANIA DOS FILHOS*, Record, RJ, 1991.

—————. *EDUCAR SEM CULPA, A GÊNESE DA ÉTICA*, Record, RJ, 1993.

Impresso no Brasil pelo
Sistema Cameron da Divisão Gráfica da
DISTRIBUIDORA RECORD DE SERVIÇOS DE IMPRENSA S.A.
Rua Argentina 171 – Rio de Janeiro, RJ – 20921-380 – Tel.: 2585-2000